U0700601

Treasures for Scholars Worldwide

中國基督宗教史料叢刊

[美] 吴小新／主编

英斂之集

The Works of Ying Lianzhi

周萍萍／編

·上·

广西师范大学出版社
GUANGXI NORMAL UNIVERSITY PRESS
·桂林·

圖書在版編目（CIP）數據

英斂之集 / 周萍萍編．—影印本．—桂林：廣西師範大學出版社，2013.10
（中國基督宗教史料叢刊 / （美）吳小新主編）
ISBN 978-7-5495-3748-8

Ⅰ．①英… Ⅱ．①周… Ⅲ．①英斂之（1867～1926）－文集 Ⅳ．①Z429.6

中國版本圖書館 CIP 數據核字（2013）第 093539 號

廣西師範大學出版社出版發行
（廣西桂林市中華路 22 號　郵政編碼：541001
網址：http://www.bbtpress.com）
出版人：何林夏
全國新華書店經銷
桂林廣大印務有限責任公司印刷
(廣西桂林市臨桂縣金山路 168 號　郵政編碼：541100)
開本：787 mm ×1 092 mm　1/16
印張：86.25　　字數：1380 千字
2013 年 10 月第 1 版　　2013 年 10 月第 1 次印刷
定價：1680.00 元（上、下）

如發現印裝質量問題，影響閱讀，請與印刷廠聯繫調換。

目録

叢刊總序

這一套原始資料集是美國舊金山大學亞太中心利瑪竇中西文化歷史研究所與中國的一些高等院校及學者合作，近年在中國開展的一項教育與研究計劃中的一部分。該項目名爲『遠方敘事』（Narratives from the Hinterland），於2009年開始實施，旨在通過對基督宗教在中國的研究以更廣泛地理解中西文化交流，并拓展其研究領域。它致力於推動過去主要由中國基督宗教研究領域的學者倡導的狀態，轉向當前和今後對該專題進行更廣泛、更深入的多學科交叉的學術研究。

數十年來，國内學界對西方傳教士自明末清初（16—17世紀）到民國時期（20世紀中期）在華的活動，以及由此而產生的中西文化的相遇與交往一直都十分關注，特别是最近20年來，此方面的學術重點已從主要側重於歷史領域的研究，發展爲包括歷史學、社會學、人類學、自然科學、哲學、神學和比較研究的廣泛範疇，并吸引了越來越多的中國年輕學者參與。同時，除了來自龐大的萬維網的信息外，相當數量的原始資料也被開發出來。

許多學者一直抱怨在中國有關基督宗教的中文第一手資料欠缺。實際上，近20年來大量中文資料在不同的城市、學術機構乃至私人的圖書館、檔案館中不斷地被披露出來。這些材料爲從中國的視角來研究中國近代史提供了新的信息。

『遠方敘事』項目由美國亨利·路思基金会贊助，舊金山大學亞太中心利瑪竇中西歷史文化研究所負責執行。它旨在通過教育、研究，以及學者訪問等内容，促進中西文化交流的研究，同時也特别注重開發迄今較難獲得或新近發現的有關原始資料。該項目通過與中國較偏遠及内地地方高等院校的合作，爲當地的學者提供新的學術研究機會。傾聽來自這些地區的學術聲音，有助於超越迄今形成的該領域以西方爲中心的狀態，促進更加平衡的學術研究視角。換句話説，歷史上西方傳教士在中國相對偏遠地區和當地文化的衝突與交融也許比大城市更爲豐富活躍。與這些地區的高校和學者合作，也正契合柯文（Paul A. Cohen）在30年前提出的『更真實的歷史是植根於中國而非西方的歷史經驗』。

作为该项目的一分子，我以及利瑪竇研究所的同事和衆多中國學者爲此親密合作，策劃、開發、組織并編輯了此套資料集。它包括來自中國不同地域，形式不一的數卷原始資料，反映了可用於教育與研究的資料的多樣性。作爲對現有中西文文獻資料的補充，它將豐富和深化我們對近代中國史上中西之間跨文化交流的歷史與互動的理解。

爲編寫本套資料，各卷本編輯持續不懈地收集不同來源的資料，并對其進行了十分認真的整理與編輯。儘管困難重重，但我們的共同目標是爲今後的研究提供最好的資料。我想和所有受益於這些資料的研究者們一起向這些編輯以及他們的同事致謝，他們的貢獻巨大。也衷心感謝廣西師範大學出版社有限責任公司董事長兼總裁何林夏教授，廣西師範大學出版社有限責任公司文獻圖書出版分社社長雷回興女士。没有他們的支持和專業的編輯工作，這套資料也不可能出版面世。

俗话说得好，『衆人拾柴火焰高』，我們希望本專輯能抛磚引玉，激勵更多的學者去挖掘更多史料，進一步推進本領域的研究。

吴小新

2011年元月於美國舊金山

FOREWORD

The publication of this collection is part of a larger educational and research initiative in China. Entitled "Narratives from the Hinterland", the project was inaugurated in 2009 and is designed to cultivate a rapidly expanding area of study by generating knowledge and understanding in Chinese-Western cultural history through the study of Christianity in China. It endeavors to promote—on a much broader and deeper national level than previously undertaken by scholars in the field—the study of Christianity in China as a viable multi-disciplinary academic field for higher education today and in the future.

The encounters between Western missionaries and the Chinese people from the late Ming-early Qing (16th-17th centuries) to the Republican Era (mid 20th century) have attracted scholarly attention for decades. Yet, it was only in the last twenty years that it advanced from a field focusing primarily on history to include historical, sociological, anthropological, scientific, philosophical, theological, and comparative studies, with an increasing number of young Chinese scholars involved. In addition to the considerable amount of information on the World Wide Web, a significant number of primary resources have also become available.

Many scholars have long complained about the lack of primary materials for the study of Christianity in China, especially materials in the Chinese language. However, within the past two decades an increasing amount of material in Chinese has been re-discovered in libraries and archives in different municipalities, academic institutions, and even individuals. These materials have provided fresh information as part of the modern Chinese history from Chinese perspectives.

The "Narratives from the Hinterland" project is sponsored by the Henry Luce Foundation, and administered by the Ricci Institute for Chinese-Western Cultural History at the University of San Francisco Center for the Pacific Rim. It aims to promote study in the field of Chinese-Western cultural history through research and educational programs, and to study hitherto less accessible and/or newly available primary documents at regional universities in China. To work with institutions in remote areas of China with voices from the hinterland, the project seeks to contribute to a more balanced scholarly appraisal of the subject than Western-based perspectives alone have thus far provided. In other words, by working with scholars and institutions in relatively remote areas in China where interaction between Western missionaries and the local Chinese was perhaps even more active than that in major metropolitan areas, our purpose is to promote "a more genuine *other*-centered historiography, a historiography rooted in the historical experience not of the West but of China," as Paul A. Cohen suggested three decades ago.

As part of the project, my colleagues at the Ricci Institute and I have worked very closely with Chinese scholars on this series. It consists of multiple volumes of primary sources from different locations in China, reflecting the diversity of materials that can be employed for research and education. Complementing existing materials in both Chinese and Western languages, they will enrich and deepen our understanding of the historical and cross-cultural interactions between China and the West in modern Chinese history.

In preparing this publication, individual volume editors have worked tirelessly to collect, re-organize, and edit materials from different sources. In spite of many difficulties, our common goal has been to provide the best materials for future research. I would like to join all researchers who benefit from these volumes in thanking the editors and their colleagues for their outstanding contributions. Sincere gratitude also goes to Prof. He Linxia, CEO and Chairman of the Board of Directors of the Guangxi Normal University Press, and Ms. Lei Huixing, Director of the Rare Historical Materials Reprint Department at Guangxi Normal University Press. Without their commitment, continuing support and professional editorial work, this publication would not have been possible.

As a Chinese saying goes, "the fire burns higher when everybody adds wood to it," and we hope that this publication will inspire more scholars to embark on a journey to discover or re-discover more materials that will serve the purpose of our endeavors.

Wu Xiaoxin

San Francisco, U. S. A.

January 2011

前言

英斂之（1867—1926），姓英名華，字斂之，號安蹇齋主、萬松野人，赫佳氏，正紅旗人，近代著名教育家、慈善家、愛國天主教徒。《清史稿》載：（英華）『博學善詩文，工書法。著書立説，中外知名。』①

英斂之雖是旗人出身，但家世并不顯赫，早年曾習武，後發現習武已經不爲社會所重視，遂棄武從文。他目睹當時國家衰敗、社會風氣日下，一心想尋求挽回補救的法子。但他在傳統儒釋道中没有找到答案，一個偶然的機會，使他接觸到明末清初來華耶穌會士的著述，『讀之既久且多，因多而疑、而問、而思、而辨，弗慊弗信，信豈苟然已哉』②。英斂之視西方宗教及其思想爲振興國家的良方，在22歲時領洗入教。

1902年，英斂之在天津創辦《大公報》，以『開風氣，牖民智，挹彼歐西學術，啟我同胞聰明』③作爲宗旨。《大公報》倡行白話文，且刊載了很多不避權貴、針砭時弊的文章，廣受讀者歡迎。1911年辛亥革命後，英斂之名義上仍負責《大公報》，實際已回北京香山隱居，以主要精力創辦靜宜女學、輔仁社。1917年，北京、直隸等地發生水災，英斂之受聘出任慈幼局長，主持收養災童的各項日常工作，『成績井然』④，後又參與香山慈幼院的籌建工作。

① 《清史稿·列傳二七三》，北京：中華書局，1977年版，第13436頁。
② 馬相伯：《萬松野人言善録序》，英斂之：《萬松野人言善録》，天津大公報館，1916年。
③ 英斂之：《大公報序》，《大公報》，1902年6月17日。
④ 熊希齡：《熊督辦慰留慈幼局長英斂之先生函》，《益世主日報》，1918年3月24日。

英斂之所處的時代，中國教會爲西方傳教士所掌控。他對部分傳教士宣揚的偏狹愛國觀非常反感，希冀中國教會能夠擺脱外來羈絆，自主傳教。1912 年，英斂之與好友馬相伯一起上書羅馬教廷，請求在華創辦一所天主教大學，廣收教内外學生。1917 年，英斂之撰寫《勸學罪言》一文，直言中國教會中的種種病症，建議培養傳教人才，并勸勉信徒要研習中國文化。英斂之的籲請終於得到教廷的重視，於是始有輔仁大學的創辦。爲實現其『數十年誘掖獎勸人才之志願』①，英斂之對於輔仁大學的創建可謂鞠躬盡瘁，最終因憂勞過度於 1926 年 1 月 10 日病逝。

可以説，英斂之的身上兼具中國傳統思想和西方宗教思想，終其一生，他希望以知識分子兼天主教徒的身份拯世濟民，這從其著述中亦可窺豹一斑。英斂之一生著述頗豐，已彙編出版的作品集有《敝帚千金》、《也是集》、《也是集續編》、《萬松野人言善録》、《安蹇齋叢殘稿》、《安蹇齋隨筆》、《萬松心畫》、《蹇齋賸墨》和《勸學罪言》等九種，主要收録了英斂之與友人的唱和詩作、雜文、演説詞以及書法作品等。此外，臺灣學者方豪編輯整理的《英斂之先生日記遺稿》收録了英斂之的日記手稿，爲學界研究提供了極寶貴的資料。除此之外，英斂之還有一些零散發表於各種報刊的詩文，以及與友人往來的書信等，多爲没有收入文集的作品。

目前，這些作品集分散收藏於各個圖書館，研究者如查閲使用，則需奔走於各地，給研究帶來極大的不便。而英斂之零散發表在《益聞録》、《大公報》、《格致新報》、《知新報》、《廣益録》、《中華公教青年會季刊》和《輔仁生活》等報刊上的文章，因許多没有收入作品集，故更需要費時、費力逐一查找。有感於此，本書整理，彙編了國内所能搜集到的英斂之相關作品，旨在開發中文原始資料，推動學界對英斂之的進一步研究，同時也免去學者索閲資料的艱辛與不易。

需要説明的是，所影印資料中，除《萬松心畫》和《勸學罪言》兩書外，全部來源於上海圖書館、首都圖書館和北京師範大學圖書館等，在此向提供大力幫助的樊兆鳴主任、劉乃英主任、楊健主任等表示誠摯的感謝！本書能夠影印《萬松心畫》，則需要向民間收藏家曹洪江先生表示感謝！曹先生抱著『學術乃天下之公器』的信念，無償提供此書！《勸學罪言》一書則要向臺灣輔仁大學陳方中教授表示深深的謝意！在我查閲資料的過程中，還得到了陶飛亞教授、華濤教授、孫尚揚教授、胡堅博士、黄

① 英杕：《英杕附識》，英斂之：《勸學罪言》，1929 年，第 11 頁。

薇小姐、黄蘭麗小姐、宋炯博士、方向紅博士和陳苗苗同學等的幫助。而本前言的英文翻譯，也得到了美國舊金山大學亞太中心利瑪竇中西文化歷史研究所的馬克文先生的幫助，在此一一致謝！

作爲舊金山大學利瑪竇中西文化歷史研究所的『遠方敘事』學術項目的一部分，《英斂之集》的整理與出版得到美國舊金山大學利瑪竇中西文化歷史研究所、美國亨利·路思基金會的共同資助，并得到同濟大學歐洲思想文化研究院的支持。廣西師範大學出版社文獻圖書出版分社的雷回興社長十分關注此書的進展，多次關切地詢問資料收集情況，并給予多方幫助！責任編輯馬豔超盡心盡職，仔細核對每一個條目。在本書定稿之際，張淑瓊博士、肖清和博士和劉家峰教授都給予很好的建議，這些都讓編者感念不已！

『文章千古事，得失寸心知』。《英斂之集》雖然只是一部資料彙編集，但是編者絲毫不敢懈怠。奈何時間與能力有限，錯漏之處仍然難免，甚盼識者指正！

周萍萍

2013年4月於同濟大學

INTRODUCTION

Ying Lianzhi (1867-1926) [surname Ying, given name Hua, also known as Lianzhi, style names *Anjianzhaizhu* and *Wansongyeren*], was born into the Manchu Hega family (Plain Red Banner) and was a well-known educator, philanthropist, and patriotic Catholic in modern China. According to *Qingshigao* (Manuscripts of Qing History), he [Ying Hua] was "a learned and well-versed man with excellent calligraphy. He was prolific in writing and well known both nationally and internationally."

Although Ying was born into a Manchu family, it was not a distinguished or wealthy household. His early years were devoted to military studies, which he later abandoned for civics and social science. He witnessed the deteriorating vitality of the nation and the social atmosphere going from bad to worse. Under the sway of poverty and life's vicissitudes and in conjunction with his reading of books both ancient and modern, he began searching for restorative and remedial measures. "Because of reading so many works for so long," he reflected, "numerous doubts arose [in my mind]; questions, thoughts, arguments and counter-arguments, with none satisfactory nor blindly believed, and belief is not in the least a casual thing." However, he was unable to find solutions in the traditional Confucian, Buddhist, or Daoist classics until accidentally encountering some works written in China by Jesuit missionaries during the late Ming and early Qing dynasties. Following this, Ying ultimately considered Western religious thought a prescription for aiding humanity and world. At the age of twenty-two he was baptized in the Catholic faith.

In 1902, Ying founded *Da Gong Bao* (Ta Kung Pao) in Tianjin with the mission to "enlighten the social atmosphere, inspire human intelligence, draw from Western learning, and awaken our citizens' wisdom." *Da Gong Bao* was broadly welcomed by readers, its popularity due in part to its advocacy of written vernacular Chinese and publication of critical articles on contemporary problems without regard for the rich and powerful. After the 1911 Xinhai Revolution, while nominally responsible for this newspaper, Ying had in reality withdrawn himself to the Jingyi Garden of the Fragrant Hills in Beijing and devoted most of his energy to the establishment of the Jingyi Women's School and Furen Academy. When in 1917 floods spread in Beijing and Zhili (Hebei Province), Ying was hired as Director of Orphanages in charge of daily care and adoption operations for children orphaned as a result of natural disasters, and carried out his work in orderly fashion. Later, he began preparations for the founding of the Beiping Fragrant Hills Orphanage.

Ying lived in a period when the Chinese Church was controlled by Western missionaries. He questioned the narrow patriotism espoused by some of these missionaries and hoped that the Chinese Church could free itself from the limitations imposed by foreign influence and independently practice self-promulgation. In 1912, Ying and his friend Ma Xiangbo petitioned the Holy See requesting the establishment of a Catholic university in China, one which would include non-Christian students. In 1917, Ying wrote an article entitled *Quanxue Zuiyan* (Exhortation to Diligent Study for National Welfare), directly pointing out problems that existed in the Church in China, suggesting that both evangelical personnel and Chinese Christians be encouraged to engage in the study of Chinese culture. Ying's appeal eventually received the attention of the Holy See and led to the establishment of Fu Jen University. In order to realize his desire to guide and reward talent, Ying worked himself to exhaustion on behalf of the founding of this university, leading to his untimely death on January 10, 1926.

One could say Ying embodied both traditional Chinese and Western religious traditions. Throughout his life, he hoped to revive his country and help his people as a scholar-Catholic and his published works reveal this desire. Ying was a prolific writer, and his published works consist of the following nine titles: *Bizhou Qianjin* (Shabby Broom Sweepings), *Yeshi Ji* (Is Too Collection), *Yeshi Ji Xubian* (Is Too Collection Supplement), *Wansongyeren Yanshanlu* (Worthy Words by Wansongyeren), *Anjianzhai Cong Cangao* (Fragments from the Contented Cripple Studio), *Anjianzhai Suibi* (Jottings from the Contented Cripple Studio), *Wansong Xinhua* (Pictures of Heart by Wansongyeren), *Jianzhai Shengmo* (Surplus Ink from the Contented Cripple Studio), and *Quanxue Zuiyan.* These consist primarily of Ying's exchanges of prose and poems with friends, essays, public speeches, and calligraphy. *The Journal Manuscripts of Mr. Ying Lianzhi* (1974) compiled and edited by Fang Hao, a scholar from Taiwan includes the manuscripts of Ying's dairies and provides researchers with invaluable material. Additionally, there are published items in various newspapers not included in any collection, such as random essays, correspondence with friends and so forth.

These works are currently scattered in libraries throughout the country requiring researchers travel to different locations for examination. Furthermore some of Ying's articles were randomly published in periodicals such as *Yiwen Lu*, *Da Gong Bao*, *Gezhi Xinbao* (Scientific Review), *Zhixin Bao* (The Reformer China), *Guangyi Lu*, and *Zhonghua Gongjiao Qingnianhui jikan* (Chinese Catholic Youth Association Quarterly) without being included in any volumes of his collected works, requiring even more time and effort to locate. For this reason our collection includes all of Ying's works that can be found nationally. Our goal is to develop primary Chinese language sources and further promote academic attention to the study of Ying Lianzhi. Meanwhile, it will eliminate some of the hardships and difficulties scholars face searching for material.

It should be noted that all of the facsimiles included in this collection come from the Shanghai Library, Capital Library and Library of Beijing Normal University except *Wansong Xinhua* and *Quanxue Zuiyan*. Heartfelt gratitude is due for the support of Director Fan Zhaoming, Director Liu Naiying, and Director Yang Jian of the above institutions. The reproduction of *Wansong Xinhua* is made possible by Mr. Cao Hongjiang, a private collector. I want to profoundly thank Mr. Cao, who held strongly that "scholarship is a tool for everyone in the world" and generously offered us the copy in his collection free of charge. Gratitude is due to Prof. Chen Fang-Cung of Fu Jen Catholic University for providing us with a copy of *Quanxue Zuiyan*. I also want to thank Prof. Tao Feiya, Prof. Hua Tao, Prof. Sun Shangyang, Dr. Hu Jian, Ms. Huang Wei, Ms. Huang Lanli, Dr. Song Jiong, Dr. Fang Xianghong, and Miss Chen Miaomiao for the assistance they provided me during the information gathering process. Special thanks to Mr. Mark Mir of the Ricci Institute for Chinese-Western Cultural History at the University of San Francisco for his assistance in translating this introduction.

As a component of the "Narratives from the Hinterland" Project sponsored by the Ricci Institute for Chinese-Western Cultural History at the University of San Francisco, the compilation and publication of this volume is jointly supported by the Henry Luce Foundation and the Ricci Institute, with assistance from the Academy of European Cultures at Tongji University. Ms Lei Huixing, Director of the Rare Historical Materials Reprint Department at Guangxi Normal University Press, took a strong interest in the preparation of this volume, and inquired on many occasions about the materials collected and offered her help in many ways. Mr. Ma Yanchao, publishing editor of this volume, devoted his efforts to a line by line review of the manuscript. Upon the final stage of manuscript preparation, Dr. Zhang Shuqiong, Dr. Xiao Qinghe and Prof. Liu Jiafeng, all provided excellent suggestions. My profound appreciation goes to them all.

"Literature may live a thousand years, but who knows the authors' smiles and tears?" I have made every effort to carefully compile *The Works of Ying Lianzhi* and neglected no details. Nonetheless, given my limited time and capabilities, errors are unavoidable. I welcome correction from our insightful readers.

Zhou Pingping

Tongji University

April 2013

編輯説明

一、《英斂之集》影印收録英斂之存世的文集及散見於各處的詩文，所收資料大體分爲兩類：

（一）清末民初出版的英斂之作品集，共九種，按照出版時間的先後排序；

（二）英斂之零散發表於當時國内幾種報刊上的詩、文、信件、演説詞等，分爲「《益聞録》散見詩文」、「《大公報》散見詩文」及「其他報刊散見詩文」三部分。

除上述之外，1905年後續出之《敝帚千金》三十册，係英斂之、劉孟揚等人主編，其中英斂之個人撰寫的文章難於一一辨别，故本書不收；另，《英斂之先生日記遺稿》已收入臺灣沈雲龍主編《近代中國史料叢刊續編》第三輯，本書不再重複收録；此外，英斂之還有一部没有刊印的作品《春蠶集》，爲致友人函稿，但遺憾的是經多方搜尋，仍舊無果。

二、清末民初出版的英斂之作品集共九種，情況如下：

（一）《敝帚千金》第一集，光緒甲辰（三十年，1904）三月天津大公報館鉛印本，上海圖書館藏本；《敝帚千金》第二集，光緒甲辰四月天津大公報館鉛印本，北京師範大學圖書館藏本。

英斂之編撰的《敝帚千金》第一集、第二集，學界認定爲英斂之最早的作品集，因此全部影印收入本文集。以下就二書所收文章，作簡單説明：

《敝帚千金》第一集、第二集所收録的文章，共分五類，曰「開智」、「闢邪」、「合羣」、「勸戒纏足」、「寓言」，大部分爲英斂之所撰，但亦有少數幾篇爲其他作者的稿件，爲保持資料的原貌，影印時未作删除。如《敝帚千金》第一集中的《説看報的好處》、《勸士》、《踐行》、《勸工》、《可以》、《講中國文法太深的弊病》、《就中國現勢籌畫女學初起辦法》等，《大公報》皆標爲『來稿』；《敝帚千金》第二集的《説門神》、《觀活搬不倒兒記》、《爛根子樹》、《説合羣》，原書注明爲『竹園稿』；另有卷末一篇名《北京啓蒙畫報館來稿》，亦非英斂之作品，敬請讀者留意。

（二）《也是集》，附《安蹇詩存》，光緒丁未（三十三年，1907）天津大公報館鉛印本，首都圖書館藏本。

（三）《也是集續編》，宣統庚戌（二年，1910）十一月天津大公報館鉛印本，北京師範大學圖書館藏本。

（四）《萬松野人言善録》，1916年天津大公報館鉛印本，上海圖書館藏本。

《萬松野人言善録》於1919年秋再版，1932年三版，較1916年初版新增一些篇章，整理者將該部分附列於初版之後，於目録中以『附録』標示，并於題名之後標以版次，供讀者參照。

（五）《安蹇齋叢殘稿》：《安蹇齋文鈔》，《安蹇齋詩鈔》，《安蹇齋題跋》，1917年鉛印本，上海圖書館藏本。

（六）《安蹇齋隨筆》，1920年據英斂之手稿照相版印，上海圖書館藏本。

（七）《萬松心畫》，1922年據英斂之手稿照相版印，曹洪江先生藏本。

（八）《蹇齋賸墨》，1926年鉛印本，首都圖書館藏本。

（九）《勸學罪言》（與《覆友人駁〈勸學罪言〉書》合刊），1929年鉛印本，臺灣輔仁大學陳方中教授提供。

爲便於讀者使用，編者分别爲以上九種圖書撰寫了解題，簡要介紹各書的版本、版式、内容等，附在各書輯封的背面。

三、『《益聞録》散見詩文』、『《大公報》散見詩文』及『其他報刊散見詩文』收英斂之零散發表於當時國内幾種報刊上的詩、文、信件、演説詞等，均以有其署名（如英斂之、英華、安蹇、萬松野人、蹇叟）者爲準，其中尤以《益聞録》和《大公報》所載爲多，同時兼及《格致新報》、《知新報》、《廣益録》、《益世主日報》、《中華公教青年會季刊》和《輔仁生活》等。爲便於讀者閱讀，編者爲每一幅圖片添加了圖注，圖注主要由以下幾部分内容組成：撰者，題名，期/號數，發表時間。英斂之本人單獨撰寫的文章，不標注撰者；英斂之與他人合著的文章，標注撰者；英斂之所作『附識』，標注原文撰者，并於撰者後標注『英斂之附識』。一篇文章由多幅圖片組成時，在圖注末標示本文包含的圖片總數及當前圖片在本文所有圖片中的位置。需要指出的是，本書所收報刊散見英斂之文章，皆爲上述九部作品集未見收録者，如作品集中已有，原則上不作重複收録。

（一）《益聞録》中英斂之詩文比較分散，同一版上往往同時排有數首詩文，個別詩文存在複見於文集的情況，若對複見的個別詩文作挖改，由此將導致部分版面空白，故保留了個別複見的詩文，如『乞兒行』（初刊於《益聞録》1891 年 8 月 29 日，後收入《安蹇詩存》，《安蹇詩存》誤標爲『辛丑［1901］』）、『貧病吟』、『寫懷四律』、『殘秋晚眺』、『和趙君秀珊秋興韻』、『自勗』、『昆明湖』、『金山口』、『種竹』、『自在園觀荷』、『寄意』、『偶題』、『寫懷』、『過亂塔寺』、『數日蕭閒得於蓬室飽閲書史書二十八字』、『贈榮霖臣孝廉』、『有笑余詩爲點鬼簿者口占一絶』等，并在目録中題名後標示以『（複見）』；另有『題板橋集』（下册頁 611 中）、『感懷』（下册頁 644 左）二首詩文，因其全文已收入《安蹇詩存》，故本次未影印後續的文字，并對複見的文字加了灰度，以區別於其他全文收録的詩文。

（二）《大公報》中英斂之的一些文章没有題名，收入文集時由整理者作了『擬題』，并於題名後標『（擬題）』；另有部分作品是以『安蹇附識』等評論形式出現的，本書整理者將所評論文章一併收録，以爲讀者提供研究之便利。

（三）《大公報》中存在同一篇文章重複見於多期的情況，本次影印過程中，爲便於讀者使用，遂揀選底本最清晰的圖片影印出版，故選用的部分圖片的實際時間并非最早發表的時間，需請讀者注意。如『小小慈善會書畫助賑啓』首發於第 1645 號（1907 年 2 月 1 日），本文集使用的底本爲第 1646 號（1907 年 2 月 2 日）；『江北賑捐書畫慈善會廣告』首發於第 1648 號（1907 年 2 月 4 日），本文集使用的底本爲第 1649 號（1907 年 2 月 5 日）；『公益善會李公祠開演電影新戲助賑啓』首發於第 1650 號（1907 年 2 月 6 日），本文集使用的底本爲第 1652 號（1907 年 2 月 8 日）；『書畫慈善會擇地定期開會告白（擬題）』首發於第 1659 號（1907 年 2 月 24 日），本文集使用的底本爲第 1670 號（1907 年 3 月 7 日）；『慈善會演戲助賑告白』首發於第 1846 號（1907 年 8 月 31 日），本文集使用的底本爲第 1848 號（1907 年 9 月 2 日）；『下天仙戲園演戲助賑廣告』首發於第 1847 號（1907 年 9 月 1 日），本文集使用的底本爲第 1848 號（1907 年 9 月 2 日）；『天津東馬路宣講所内國民捐局最後之廣告』首發於第 2484 號（1909 年 6 月 21 日），本文集使用的底本爲第 2485 號（1909 年 6 月 22 日）；『演戲助賑告白』首發於第 2651 號（1909 年 12 月 5 日），本文集使用的底本爲第 2653 號（1909 年 12 月 7 日）。

四、部分底本因原件紙張較薄，造成部分頁面的正反面相互透印，如上册中的《也是集續編》，下册中的《安蹇齋叢殘稿》、《安蹇齋隨筆》、《萬松心畫》等，本文集在影印時，爲儘量體現原書的原始形態，在不影響閲讀的情況下，未對原書存在的透印、污漬等進行技術上的特別處理。另有部分原件頁面因印刷等方面的原因而偶有文字漫漶，爲便於讀者閲讀使用，編者對這些頁面的文字進行了釋讀，并對原圖中需要釋讀的部分用 0.15 毫米黑綫框起；釋讀文字一依原文，對原文中存在的錯別字、異體字、舊字形等，不作改動；對無法辨認的文字例以『□』標識。

篇名目録

上册

敝帚千金

第一集

第二集

也是集附安蹇詩存

也是集

安蹇詩存

也是集續編

下册

萬松野人言善録

安蹇齋叢殘稿

安塞齋文鈔

安塞齋詩鈔

安塞齋題跋

安蹇齋隨筆

萬松心畫

蹇齋賸墨

勸學罪言

益聞録散見詩文

大公報散見詩文

其他報刊散見詩文

敝帚千金

解題

《敝帚千金》第一集，光緒甲辰（三十年，1904）三月天津大公報館鉛印本。半葉十一行，行二十九字，四周雙邊，單黑魚尾，白口，版心鎸葉碼。綫裝，一册。本書所據底本爲上海圖書館藏本。封面題簽題『敝帚千金』，内封鎸『光緒甲辰三月/敝帚千金/天津大公報館印』。卷首冠《序》，末署『光緒甲辰上巳天津嚴修謹識』，次《敝帚千金序》，末署『光緒三十年三月安蹇主人自序』。正文首卷卷端題『開智』。

《敝帚千金》第二集，光緒甲辰四月天津大公報館鉛印本，行欵同《敝帚千金》第一集，綫裝，一册，本書所據底本爲北京師範大學圖書館藏本。封面題簽題『敝帚千金』，内封鎸『光緒甲辰四月　每本小洋壹角/敝帚千金/天津大公報館印』。卷首冠《敝帚千金第二集序》，末署『光緒甲辰四月初八日江安傅增湘敘』，次《敝帚千金第二本序》，末署『光緒甲辰四月望日英斂之自敘』。正文首卷卷端題『敝帚千金』。

敝帚千金

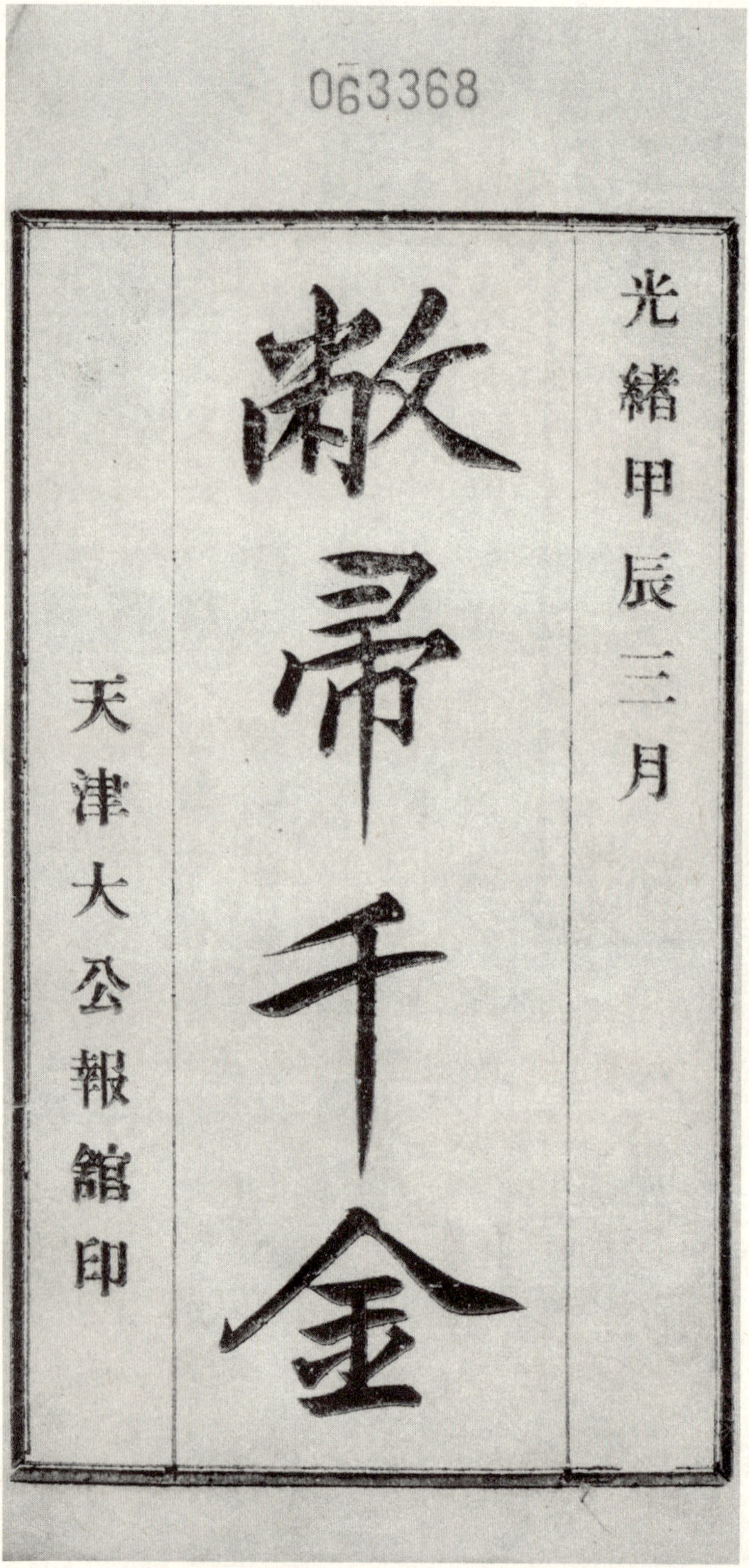
063368

光緒甲辰三月

敝帚千金

天津大公報館印

序

文言不可以諭俗俗不徧諭則教育不能普及教育不普及則民族日趨於拙劣處羣雄角逐之世將不可以倖存近頃以來吾國志士主張是義者日衆文章鉅子往往內閟其瑰麗奧邃之詞而下規乎謠諺說部之體若京話報啓蒙畫報杭州白話報之類皆已風行一時爲益甚廣而都門英君斂之又於所爲大公報中日綴數行以寓諷戒積年餘乃最集爲一册而索序於予君之爲人純而理強固而慈惠不喜張新學徽志而眞有愛國之

誠故其發之於言深切而平實無過高過激之論所謂爲言既易知感人尤易入者也且君籍隸京中能爲京語者宜莫善於君今制高等小學中有習官話一課官話者京語也吾見是書之不脛而走也

光緒甲辰上巳天津嚴修謹識

敝帚千金序

中國這幾年來　外侮內亂　岌岌可危　自庚子以後　更弄得國不成國了　推求這個根源　總是民智不開的原故　民智不開　故此見識乖謬　行爲狂妄　有利不知興　有弊不懂除　惡習不能改　好事不肯做　更加上信異端　喜邪說　沒有遠大的志氣　就知道自私自利　絕沒有合羣愛國的意思　有這樣樣的壞根子　纔生出那種種的惡苗兒　如今弄得是民窮財困　國亂邦危　那知道起首不過是失於敎化　民智不開　纔成了這個結果　我等無權無位　又無才學　偏不自量　妄想擔這個重大的責任　所以創辦大公報　那報上的總意思就是爲開民智　也不論見效不見效　也不管討嫌不討嫌　但是盡我們的這點血誠　自己可以信得過　絕不是私心歹意　到底報上所

寫的那些議論　雖然不是十分深奥　然而平常讀書不多的人　也不容易懂得　故此想了一個方法　時常在報後面加上一段白話　後來屢次接到外邊的來函　狠多的人誇讚這白話好　說是用意正大美善　句法淺近明白　婦女小孩子畧認得幾個字的也可以看看　是開民智最相宜的　以後看見別家的報　常有抄我們白話的　也有仿照這樣附一段白話的　可見好善之心　人有同情　到底我們還有兩件事不狠滿意　一件是每天事情過忙　這白話不能細細的思想　不過是信手一揮　故此難得精美　又一件是報上的地位不大　不能長篇大論的說個痛快　然而大約還沒有什麽十分悖謬不合理的　有時候或是過於刻薄　過於憤激　那不過是恨不得中國一時好了　恨不得中國立刻强了　如同古人說的　言雖可惡　意實無他　這句話了

尙求衆位體諒　如今既然有人說這白話與開民智大有益　又有狠多的人喜歡看　故此把從前報上所登的　另印成一本書　共分五類　一開智　二闢邪　三合羣　四勸戒纏足　五寓言　起個名字叫作敝帚千金　賤價發賣　不敢說化民成俗　但願是善與人同　至於這白話出於在下寫的　約十分七八　其餘長篇大論　多是竹園主人及淸醒居士所作　如今也不一條條的分析出來　但願愛人如己的君子　買去給大衆講說講說　還不至於有損無益　枉費精神

光緒三十年三月　安蹇主人自序

開智

講看報的好處

從前我常說　我們中國可憂慮的　不在乎貧窮　不在乎軟弱　可憂慮的單單是糊塗　因爲什麼糊塗呢　也是因爲中國書難念　所以平常人家的小兒　不過念上三年兩載的書　也就作個營生去了　那無力之家連學房也不進的　既然不念書　怎麼能明白呢　那些沒有營生作的　不過游手好閒　喫款玩樂　有一等好學的　不過聽上些瞽兒詞　胡云亂扯　雖然也有講說忠孝節義的　到底裡頭奸盜邪淫狠多　從小兒聽了　記在心上　不是才子佳人　便是上山學道　呼風喚雨　撒豆成兵　什麼綠林豪傑　坐山爲王　這些個不合正理的事一代傳一代　風俗越來越壞　直不知眞假是非　前年鬧出義和拳

這樣笑話　差不多把國鬧丟了　還是沒一點省悟　最可歎的　到如今還有人信老團沒有出來　若老團出來　一定不怕鎗砲　能滅洋人的　這等人的糊塗眞是可憐　總因爲沒有人化導的緣故　要知道外國人富足强盛的根子　並不在乎鎗砲利害在乎通國一心　不論男女從小兒的時候　個個都入學堂　不論士農工商　沒人不識字的　更因爲報館最多　人人都喜歡看報　中國古語說　秀才不出門　能知天下事　這話靠不住　要說常常看報的人　能知天下事　那眞是不錯的　有人說　知道天下事　有什麽用處呢　我說這話太糊塗了　世上糊塗事　爲非作歹　都是不懂事人作出來的多　那有一個明白人　肯瞎胡鬧呢　所以看報的大好處　還不在乎單單知道天下事　更能𣪍長人的見識　增人的學問　那一樣好　那一樣歹　什麽有

益處　什麼沒有益處　往大裏說　治國安邦　往小裏說　養家費己各事都可以比較比較　考察考察　人的見識　越經歷越高　人的能幹　越磨練越大　最苦的是我們中國文字眼兒難懂　所以有許多明白人　如今開了許多白話報館　爲的是叫識字不深的人　也能明白有人勸我　在大公報上　也要添上點兒白話　我不敢偷閒躲懶以後得了工夫　就寫幾句　這是我們開導人的一片苦心　也是眞正京話　不要拿着當貧嘴惡舌呀

再講看報的好處

我們北方人　多是不喜歡看報的　雖然是這個風氣不開　也是那許多的報不好　我把這緣故說說　許多報上　不是弄些冷字眼兒的虛文　就是寫些個邪僻不堪的話　在開人的見識不足　在亂人的聰明

二

有餘　或是合誰不合式　就造做他幾句　壞他的名聲　或是遇點小
事　言過其實　烏烟瘴氣　再不然雲山霧罩　不是東家婆媳吵嘴
就是西家夫妻打架　再不然拏些苟且下賤的事　當作美談　請問這
有什麼益處呢　所以我常聽見人指着新聞紙說　不過是謠言傳罷咧
這是一個緣故　有些個念書的人　從前總是講作八股文章　一心
揣摩怎麼進學　怎樣中舉　那有閒工夫去看報呢　爲走走逛逛　聽
書看戲　到肯費工夫　爲看看報　就說沒有工夫了　爲買玩物不要
緊的　到舍得花錢　爲買報　就舍不得幾個錢了　念書的既不拿報
當作一件正事　平常人更不以爲然了　這又是一個緣故　至於作官
的人　更不喜歡這報了　因爲有些報上　常說官不好　怎麼樣貪贓
受賄　怎麼樣刻苦百姓　怎麼樣巴結上司　怎麼樣斷案不公　這樣

樣都是犯他的忌諱　他心裡怎麼會喜歡呢　官不喜歡　就要設法禁止　小民不過是隨風草兒　自然也就不看報了　這又是一個緣故

其實俗語說的好　是眞的難磨滅　是假的安不牢　心裡沒有病不怕冷黏糕　心正不怕影兒斜　是非到底自有個公論　你越禁止　越不好　顯見你心地不光明　從前　雍正皇上時　有一個人叫曾靜　奏上一本且引着呂留良的話　痛罵本朝　雍正　皇上　一一的給他批駁了　後來大臣中　迎合　皇上意思的說　該當把這等書　永遠禁止　斬草除根　皇上說不必　朕的旨意　合他的書　一齊留着　後人自有公論　況且要滅　也是滅不盡的　這是何等的聖明　叫人如何不佩服呢　我對衆位講一條理　如今中國這樣敗壞　那緣故　全是在上的用勢力壓制百姓　所以一年壞似一年　如今中國受的苦楚

也是一年緊似一年　不變法也得變　變法也得變　如今再這麽胡弄局不成了　你們想想　我們中國的人數　比天下那一國的也多論身量　論相貌　那一樣比人家也不缺少　就是這不明白　纔惹禍招災受人的欺壓　你看那牛馬　比人氣力大　倒叫人隨便使用就是因爲他　空有力沒有智的緣故　我們人　如何就能有智明白呢說來說去　還是得念書　纔能明理　難道如今叫中國四萬萬人都立刻進學堂念書去麽　一時也來不及　況且書上記載的許多古事與眼下光景也不對　最妙的法子　就是每天看看報　工夫也不大認字的人念給不認字的人聽　把各國的風土人情　出的新鮮法子如何能富國强兵　如何能人人明白　作生意怎麽樣能得利　種莊稼怎麽樣能收成　女子認字有多大的好處　女人不纏脚有多少的方

便　一件一條的揣度　要跟着那好的學　要改那不好的事　果能如此　我們中國　還愁不强麽　到底有一句要緊的話　可是要看那眞正有益處的報纔中用呢

講女學堂大有關係

現在中國許多人　也都明白學堂是立國的根本　然而到如今並沒有立好了多少處　這緣故總是不拏這學當作十分要緊　男學堂尚且如此　何況女學堂呢　更是不要緊的事了　據我看起來　男女學堂都是大有關係的事　既然是個人　就該知道各人的責任　中國自古常說　有四樣民　那四樣呢　就是士農工商　士自然是念書的了　到底農工商三等人　也是離不開書　倘若不識字　一定諸事不便　作不到好處　作女人的大了　自然要出嫁的　所嫁的丈夫　也出不

四

去這四等人　婦人叫作內助　就是在家裡幫助丈夫過日子　丈夫在外頭作事　一切家務照管不過來　全憑着婦人照料　一切米麪柴炭醋醬油鹽　看看發帖　記記帳目　認得幾個字　有多大方便　或者是丈夫出外經商　有時候來了一封家信　自家也不知道信上寫的是什麼　還得求一個認字的來念念　自己要回答一封信　也是不能動筆　還得向人低聲下氣　求人來寫　有多大的不方便　這還是小事　大有關係的　是教養兒女　人的兒女　沒長成的時候　整天的不離母親　從小時候　常常聽的話　最能記得住　比方他母親是明白認字的　常常講今比古　給兒女聽　得了工夫　教兒女認認字　孩子大了　入了學房　自然是容易的　從前我到了一個朋友家　看見朋友的夫人　手裡拿著針線活計　他的小兒小女　坐在傍邊　小

些的手裡拿著字號兒認　大些的拿著一本書念　看見這光景　不由的叫人喜歡佩服　像這樣養活孩子　比那不管兒女　天天街上罵人打架去　豈不天地懸隔呢　我們中國有兩句最壞的古語　常說女子無才便是德　這話眞眞的沒理　我常看見狠多無德的女子　難道都是有才的麼　難道個個都是識文斷字的麼　又有一句說　女人家認字命苦　這話更無理了　難道許多作夫人作太太的　都是不認字的麼　受窮苦當乞丐女人　都是文人學士麼　這個話不用分別　就容易明白有理沒理　到底許多人　信的牢不可破　誰知道這兩句話就是中國受害的根子　我常見許多的外國女人　精明能幹　敢作敢爲也不用細講他各樣好處　但看他那一段光明爽快的樣子　比中國許多的男人　還出色　豈不是從念書認字裡得出來的好處麼　外國

人就常說　中國雖然有四萬萬多人　到底多一半是廢物了　好好的一個女人　把他的兩隻脚箍綁上　叫他走路也走不動　不用說再幹什麽事了　許多人還讚美他的脚小　眞眞好看　說他搖搖擺擺　眞賽天仙　可見這等人的心邪僻到極處了　更是不准女人讀書認字一輩子也不明白一點事情　女人自己也不管別的　就知道穿戴打扮直是拿女人當一個玩藝兒了　這麽聽起來　我們中國的女人放脚念書這兩件事　豈不是大有關係麽　請衆位細想想

昨天所說的　立女學堂一節　不過是紙上空談　有人說　我們如今想先在天津本地　設法試一試　先立一個女蒙學堂　也萬不能有弊病　本地人不知這個好處　先知會住在天津地方的南方人　大家捐出點款來　就請上海女學生中高等的　來作師傅　更請一位有名望

的夫人或姑娘作總教習　然後再招學生　不論貧富那一等人　從八歲起到十二歲止　先教認字　再念淺近的書　學學眼前算帳的法子　然後再學作針線活　每月應該出多少學錢　願住在學堂的再加上飯錢　合那些零費　學堂中管事人等　一概用女人　男人不准隨便進去　也不用大舉動　我想本地紳士們　明白這理的也不少　但是沒有人肯多這個事　有人說男學堂還是沒有頭緒　那有工夫更講女學堂呢　難道女學堂　比男學堂還要緊麽　我說立女學堂　不是男學堂就不立了　兩樣都狠要緊　到底在如今的光景　女學堂更是要緊　我們北方人　總想女人是不應該念書的　所以要不先用力量扭過這風俗來　等到何日　纔有盼望呢　果然有許多的女子　都通學問　自然那些男的　也不肯落後了　要知道這是一件改變中國的

六

老風俗　脫去了愚暗　升起在光明的一個大機關　非同小可　往淺裏說　凡是人家有女兒的　送在學堂裡　也免得女兒上街上　聽些個壞話　又是學了能幹　又免得母親操心　豈不是兩全其美呢　我懇懇的勸那眞有熱心　愛我們中國的人　不要拏這當一件不要緊的事　這個善舉　要辦好了　比那修廟造塔喫齋進香　無益有害的假善事　豈不强過萬倍麽

謙受益

自古常說兩句話　謙受益　滿招損　這個話差不多人人都懂得　到底眞能不自大　不自是　聽人善勸的　恐怕百人中難得一個　修身處世　該當這樣　就是治國安民　也是一理　古時候諸葛孔明　是什麽樣明智　他常說　願意衆人　勤勤說我的毛病　所以他纔成了

那樣大事業　楚霸王　豈不是個蓋世英雄　不聽善勸落得命喪烏江

所以明白人　不敢自大自滿　糊塗人　自以爲是的了不得　絕不肯虛心下氣　就知道任意妄爲　他也不過終歸是個糊塗人罷了　這麼講起來　還是有見識明白、最爲要緊　要是沒見識　任意謙遜　誰說什麼　就信什麼　那也是不中用　難道人怎麼能明白了呢　非經多見廣不可　所以古人說　讀書萬卷　還要加上一句行路萬里　也怕的是　人竟坐井觀天　紙上談兵　不切於實用　西洋現在有一規矩　要是作商部大臣　非走過地球三個圈子的人　不能得這個缺

這個意思　就是不論你怎麼明白　你沒有見過什麼事情　總不免師心自用　俗語說的　熟讀王叔和　不如臨證多　古人詩云　曾聞不如見　曾見不如經　眞是不錯的　我從前　親聽見一位翰林出身

七

的侍郎大人　搖頭幌腦的說　西法怎麼就會能治國呢　我實在不懂得　他那意思　是萬不相信西法是好的　後來他到狠信義和拳　從前出使大臣　郭雲仙侍郎　他從西洋回來　常贊歎說　我到了西洋看見那制度風俗　實在有中國古來三代的樣了　我實在覺著愧的狠　回京時上了些個條陳　朝中都不以爲然　我想早依他的話　也不至有今日　這麼看起來　兩位侍郎的見識　豈不大相反麼　到如今想　到底是那一位明白呢　所以大凡自是的人　總是因爲糊塗的根子生出來的　我們要是不願意作糊塗人　還是從謙遜好學起首從前恭忠親王　立同文館時候的摺子上說　人跟著人學　不是可羞恥的事情　不學不如人　那纔可羞恥呢　這話眞是至理名言　二

沒志氣不能成人

自古大人物　大豪傑　必有超過人的志氣　纔能作出來超過人的事業　必有超過人的節操　纔能修成了超過人的德行　這個德行事業不是可以假充的　人要沒有志氣　就同樹沒有根子　水沒有泉眼一樣　不能受苦的人　萬不能成點事　志氣大的人　總不以苦爲苦古來書上記載著　那有志氣的人　一時也數不盡　如同宋朝的范仲淹　他作秀才的時候　就挂念著天下的事　讀書的時候　窮的狠一碗冷粥　要分四回喫　把碗裡的粥　劃一個十字　每回就喫一角兒　他有兩句最好的話是　凡天下可憂的事情　要擔在身上他先憂　凡天下有可樂的事情　要讓給衆人他後樂　你說這個公心可敬不可敬呢　世上的一種卑鄙無恥的人　不必說他了　單講這個狠有點聰明才幹的人　往往一味張皇　放蕩無度　他還講　謹言愼行

八

那不過是守舊迂腐的人罷咧　有什麽用處　然而像這等荒唐人　我總沒見過能作出些個有益於已　有功於人的事情　不過就是說些大話完了　他又說了　英雄不得志　憤悶不平　故此任意縱橫　不受拘束　他可那裡曉得　困窮時候沒有操守的人　到了發達時候　一定不能有作為的　孔明先生說　不是淡泊　不能明志　不是寧靜　不能致遠　故此我講凡是有志救世愛羣的人　先從修理自己起首　古人有一首咏石灰的詩　寫在後頭　沒事時常念念　也好堅固我們的志氣　詩曰　千錘萬鑿出深山　烈火焚身若等閒　粉骨碎身全不顧　要留淸白在人間

講訓蒙當改用善法

今天我接了朋友一封信　上頭講訓蒙的法子狠詳細　他說自幼念書

經過了幾位先生　都是死守着那舊法子　眞是勞而無功　念了十幾年書　一點事情也不懂　先生給講書　說了些個之乎者也　也不明白那裡的奧妙　後來倒是自己　常看閒書　不懂得的問問人　查查字典　心裡覺着狠痛快　狠明亮　漫漫的文理也通了　文法也懂了　纔知道從前十幾年的工夫　是枉費了　後來他教導小孩子　先叫認字號　把眼前常用的字　一個一個的寫出來　告訴他怎麼講怎麼個用法　再拿出來那淺白的書　叫他試演着念　他自己也覺着津津有味　合那別的小孩子　整天的詩云子曰天德王道的亂喊　豈不差遠了呢　一部康熙字典　單算字母　就有二百多個　通共字有四萬多　誰能記得那麼些個　況且用不着的有多一半　如今想個法子　把常用的六七千字　給小孩子挑出來　聰明的　有半年的工夫

九

可以認得了　然後再把文學初階　蒙學課本等書　教他念　隨念隨講　再挑那白話報　史學報　三才略　各淺近的普通學　肯用心的　不過三五年　就狠中用了　我常看見　照着老法子念了十年八年書的人　一個說條也不會寫　拿起什麼書　也不懂得　眞是可憐的狠　要是像我說的法子　各教書的先生　看學生的光景　設法教導　眞是費的力量少　得的効驗大　可歎許多人　都是按部就班的這麼醉生夢死　決不肯更張一點　明知道沒益處　也就這麼鬼混　請衆位以後　不要拘泥這俗情了　要破除了這牢圈子　不要把這些蒼生都躭悞盡了　因爲我已竟受了這舊法的害　所以願意以後的孩子們　不要再一代一代的受這害了

說大公報

人的見識不同　各有所好　俗語說　羊羔雖美　衆口難調　是不錯的　就拿我每天說這一段白話　也有許多人說好的　也有許多人說不好的　也有說講一段學問好的　也有說講闢邪說好的　也有說是俗淺不堪的　紛紛議論　各有不同　總而言之　本報爲開民智起見　多半是對着半等人說法　但求淺俗淸楚　不敢用冷字眼兒　不敢加上文話成語　到底不論說得怎麼淺　不認字的人　也是不懂　說得怎麼恰　人不看　也是不中用　報出了許多日子　聽見有一等人講論　說這報不好　及至問他怎麼不好　他說連個戲單子也沒有　又說報上的事情　也不鬬笑兒　要不然　有人說　文法太深　這可敎我們有什麼法子呢　總而言之　我們北方看報的風氣　太不開化了　說來說去　這個責任　還是在衆位讀書的人身上　比方看報上

十

那一條好　要對那不認字的人講說　該當怎麼樣要强　不要信那
妖魔鬼怪的邪事　怎麼該教兒女們念書認字　有人說你的話雖好
那些窮苦的人民說了　我們也知道識文斷字是好　到底我們連衣食
還顧不上　那裡有閒錢叫孩子們念書呢　噯呀　這麼聽起來　百姓
的糊塗　那緣故不怪百姓了　總怪在上的沒有人提拔他們　皇上家
地土寬大　人民衆多　實在也是照管不過來　這就全在乎官長了
官長　差不多的同商人一樣　用好多的本錢　巴結一個官　雖然
不能一本萬利　到底也不要賠了本兒　那有工夫去栽培百姓呢　這
也難怪　誰叫中國是這個風俗呢　難道黎民百姓　就叫他們隨便糊
裡糊塗下去罷　噯呀　豈有此理　眼睁睁我們就快作外國的奴才了
還不發奮要强　快快振作麼　叫誰振作呢　還是求那有仁德　有

明智　有勇敢的那些紳士們　想法子開導百姓　大家捐助資財　立男女學堂　快快的不要再纏那脚了　何苦毀壞女兒的身體　做那無益有損的事情　這也是叫我們種類　不能强盛的一個緣故　前天看見報上說　天津有一位仁德義氣的紳士　要立女學堂　到底不知道眞假　我聽見喜歡的了不得　像這樣的人　肯開這個風氣　不辭勞苦　不怕譏笑　不單我小小的一個糊塗人敬他　想別的明白的　聽見也沒有不佩服他的　漫漫的各處也就有照這樣作的了　俗語說一枝不動　百枝不搖　作開創的人　實在難得呢

才難

凡是聰明的人　常不肯拘泥　必然洒洒落落　到底最容易有放蕩的毛病　凡是老成的人　多喜歡拘謹　又不免齷齷齪齪　最容易流入

卑鄙下賤一流　看起來　作個人實在是難呀　到底是那一樣好呢據我看起來　兩樣都有好處　也都有壞處　拘謹的人　多是固執不通　叫老習染綑住了　尊己貶人　是古非今　一點事情也不敢興創一點規矩也不敢更張　鬧來鬧去　凡事都是因循敷衍　漫漫這個壞處　歸於偷惰苟安　自私自利　有點兒志氣的人　看見這個不好激出來一股相反的力量　又不免蕩檢踰閑　毫無拘束　荒唐冒昧遇事生風　這個壞處　流到無法無天　爲非作歹　如今中國的光景　到這步天地　一定要盡力的振作　勇往直前　纔可以挽回這個敗壞來　像我說的這兩等人　還都是好人這一邊裡的　到底都不能利世救世　爲什麼緣故呢　從前我常說　道義根心非假借　就說的是　德行要在心裡有根子生出來　纔是眞的　不是學說幾句古言古

語偶然行一兩件善事就算是有德行了古來立大功成大業的人總是有一段至性超過人的地方也必須聰明合力量超過人去纔能作得出那頂天立地的事業如今許多講維新的人痛罵守舊的人其實守舊的貪財邪僻維新的更貪財邪僻守舊的行爲不好維新的行爲準好麼我拿一句老生常談的話說至誠未有不動者也果然我自己守死善道待人忠厚交友信實作事合理人誰沒有良心怎麼會不服呢就怕的是各懷私心一味都是血氣用事我得了地想把你殺了你得了地想把我殺了所以人要沒有個中和仁愛的心自能害世不能救世噯呀如今天下滔滔沉溺的到這步天地可那裡找那有眞德行正聰明大力量冷眼熱腸金筋鐵骨血性過人的人呢那裡找那淸而不激和而不流

十二

法而不囿　剛而能柔　精明渾厚　胆大心細的人呢　我把龔定菴的詩念一遍　就當祝贊的意思　我勸天公重抖擻　不拘一格降人才

中國四派人

香港有個報上說　中國敗壞到這個樣子　也不是一天半天的緣故　看看國中的風俗　大概都是浮華不實　官場中的事情　大概都是弊病多益處少　所以鬧得叫外國人割了地去狠多　給人賠的款狠重　都是叫這四派人鬧的　那四派呢　第一等是龍鳳派　這等人多是沒有才德　生來就有大爵位　喫好的穿好的　使性鬧氣　想自己是天星下界　看別人不如牛馬　這些人好比古玩陳設　中看不中用　第二等是虎狠派　喫百姓的肉　鋪百姓的皮　兇狠刻薄　絕沒有仁愛的心　不知道合百姓有什麼仇恨　一作了官　就差不多如虎如狠

第三等是蛇鼠派　凡是書班皂吏　雖然沒有爵位　他那害上民　一言雖盡　又有那不肖的鄉紳　合那下賤的官親　都是會害民的　第四等是鸚鵡派　害中國的　就是八股文章詩詞歌賦　中國連連的打敗仗　丟地土　這些文人學士　並沒有能出一個主意　設一個法子　教中國强盛了的　就是新政奏摺　都是能言不能行的些個空話　說到懂洋務的人　除了會說幾句外國話别的能幹　一點兒也沒有　惡習比别人更大　所說有志氣的人　除了說大話　說便宜話　罵人餘外眞正好處　那裡有呢　曖呀　有這四等人　散滿了國裡　天天講維新　天天講自强　這豈不是問道於盲　緣木求魚麽　除此以外　雖然有殷實的商人　有聰明的工匠　有勞苦的農夫　他們那裡有權衡　有力量　叫中國强呢　因爲中國在上位有權衡的　在下位有

力量的　總出不去這四等人　中國現在這個光景　恐怕後來還不如
現在呢　以上這個意思　說的並不太過　實在算是逆耳的忠言　苦
口的良藥　故此我把他演出白話來　願我們中國的人都要知羞知愧
發奮要强

成全義和拳的四派人

從前有一個報上說　義和拳的根源　是從四派人生出來的　第一種
是野蠻派　雖然也是人形　其實絕不知道作人的道理　就知道喫
歀玩樂　任意縱情　凡所貪愛的事　若是求之不得　就想法子搶奪
也不管利害　也不顧性命　這些個人　遇見好年頭兒　有王法管
着　還可以安頓　若是赶上水旱荒年　或一遇見起了賊盜　他就如
同乾柴遇見烈火一樣　沒有不順從去了的　凡中國苦力這等人　都

是這一派　第二種　是小說派　這一派　心裡頭本不懂得什麽　就有各種的瞽兒詞　入在腦子裡頭　中國的小說　總出不去四個緣故　第一就是佳人才子　第二仙人傳授　第三興兵平番　第四富貴團圓　第一條合這第四條　都是平常人　最喜歡最愛慕的　若沒有第三條這個功勞是得不着的　要得第三條　沒有第二條也是難能　故此人人心裡　有個太白金星　梨山聖母　呼風喚雨　撒豈成兵　平常時候　半信半疑　一遇見妖言惑衆的人　稱着機會添彩　大家立刻就信以爲實了　凡是中國的小民　都是這一派

第三種是閉關派　這派人仇恨西洋人　恨不得把西洋人全殺盡了纔痛快　也不知道這是爲什麽　不過因爲看見西洋人　相貌衣服　合我不一樣就是了　這合那狗看見生人就咬　是一個理　考查這一派

人　仇殺洋人　也有三個道理　頭一條說　洋人不怕官　單怕百姓　第二條說　若要指望着拿鎗礮打仗　是不中用的　徒弟怎麽會能打過師父呢　該當另想法子制他們　第三條說　洋人手脚不靈　若是一對一個的　他可不中用了　按着第一條法子　故此國家不出頭露面　叫百姓出頭露面　所以說義和拳是義民了　按着第二條法子　必須有妖術邪法　故此我們中國現在出了天兵天將　不怕鎗礮　按着第三條法子　所以纔專練拳脚　這三條法子全有了　就可以如心滿願了　故此把通商口岸　連那內地教堂中幾個洋人　斬草除根　其餘來一個　殺一個　然後我們中國　就太平了　豈不妙哉　凡是中國念書的　做官的　多半是這一派　第四種是聯俄派　這一派比那三派不同　差不多都是歷練多年的人　懂得事也不少　他想

中國 現在的光景 萬難自立 必得倚靠一個國相帮 若是聯英國聯日本 他們講自由民權這些個理 與官大不方便 獨單俄國這個國政 專講壓服百姓的 合中國的光景甚相宜 凡中國的大官多是這派 考查義和團的緣故 是拿第一派的人作根子 用那第二派的見識言語 聳動愚民 滿了那第三派的心願 籠絡掌權衡的人 中國遍地 都是第二第三這兩派人 所以一遇見這個事情 就如同硝遇見火了一樣 沒有不轟然暴發的 第四派的人 心裡早有打算 明知道眼下 也傷俄人 到底將來歸結 還是得聯俄 義和拳的起頭 必用前三派的人 義和拳的末了 必用後一派的人 不明理的人看義利拳的事 眞是千古的新聞了 明白人 早知道中國的人心見識 必有這個結果

十五

勸中國人不可看不起外國人

偺們中國人多看不起外國人　不是說人家是畜類　就是說人家是傻子　把自己看的貴重的了不得　那知道人家外國人全說偺們是野蠻　這絕不是人家嘴尖　我把這個理說出來大家聽聽　也就明白了

外國人無論男女全都能寫會算通文達理　人家外國裡到處都有學堂　所以人家外國小孩子知道的事　全比偺們中國大人知道的多　人家外國的婦女　全比偺們中國念書的明白　偺們中國念書的人　就知道眼前那點兒事　要問他外國的國名也不懂得　竟有把英吉利一國當作英國吉國利國三國的　豈不可笑麼　還有說中國以外沒有許多的地沒有許多國的　其實中國以外的地　比中國還大十幾倍中國以外的大國還多着呢　我中國的婦女　多不會念書不能認字　糊糊

塗塗的　除了做針線梳頭纏脚以外　全不懂得　那財主家的婦女連針線也多有不會做的　天天除了鬥牌就是盤着腿兒在炕上坐着如同廢人一樣　僱些個外鄉的老媽　沒事的時候叫他說笑話　拿着籬笆根子的話　當作正經事聽　一聽就信　如同傻子一樣　那窮家的婦女更提不得了　天天有了閒工夫就串門子　張家長　李家短最容易惹是非　要是有外臺戲或是廟場　那些婦女就像瘋了一般尋常最怕人看他　到了這個時候也全不顧了　男女混雜　擁擁擠擠你喊我叫　太不體面　我聽見人說那一天紫竹林演馬戲　人家外國的婦女全安安靜靜的　竟聽見偺們中國的婦女嚷鬧人家評論評論是誰有禮法　是誰沒禮法呢

再說那些機器槍砲鐘表電線電燈火輪船火輪車得律風八音盒話匣子

等類　那一樣兒不是人家外國興的　偺們中國人有人家聰明麽　國家所派的使臣　是最貴重的　這一國派的使臣住在那一國　那一國無論跟這一國有什麽讎恨的事　也不許殺這一國派去的使臣　偺們中國鬧義和拳時　竟把人家德國使臣殺了　這不是野蠻的行爲麽　兩國打仗時　外國全有隨營帶的軍醫　名叫紅十字會　在會的人衣袖上帽子上全有一紅十字　兩國交戰的時候　有受傷的人　紅十字會人就過去抬去　這邊不許傷害那邊紅十字會的人　那邊也不許傷害這邊紅十字會的人　偺們中國鬧義和拳的時候　把人家外國紅十字會的人　打死了好幾個　這不是野蠻的行爲麽　偺們中國人最好坐在屋裡說大話　看不起人　其實自己作出事來　一點兒也不說理

我勸偺們中國人　全該當虛心下氣的求着自己上進　人家有好處

不可瞞着心眼子竟說人家不好　大家總要體面爲是　可是有一節

也不可因爲人家好　就一味的作出那下賤樣子奉承諂媚　不過是

知道人家好　要跟人家學就是了

開民智非易事

如今講開民智的　總是說該當多翻譯西洋的書　多開報館　漫漫的

人自然就明白了　這等的話　不知聽了多少　翻譯書也不是不好

到底要翻那正經有益的書纔好　若是把那些邪僻的書　任意亂翻

不但不能開民的知識　更叫他多加一層糊塗了　看報固然是叫人多

知時務　多長見識　到底有許多的報　他的見識　就先偏在一邊

凡事不管眞假虛實　有理無理　也不管有多大害處　但由着一時的

高興　信口胡云　那些個糊塗人　信正難　信邪易　從此一傳十

十七

十傳百　這豈不是種下禍根子了麽　總而言之　天地間的事　有一個好法子與出來　也就不免有一個弊病在裏夾雜着　所以常說　沒有沒弊的法子　全在乎人做就是了　比方有一個法子　合那二三分人有益處　合那七八分人有損處　這一定不是好法子了　倘或這個法子　合七八分人有益處　合二三分人有損處　這一定是好法子了　要說是叫人人喜歡　叫人人合式　我想世間上萬無此事　也萬無此理　古人說　春天的雨　能生長萬物　固然是有益的了　行路的人就嫌他泥濘　秋天的月色明亮　狠好看了　做賊的就恨他的光華　總而言之　我們人人做事　要存一個眞愛德　有愛同羣的心　要實作那與同羣眞有益處的事　要在大處著眼　要在高處著想　不可但逞一時的血氣　不可但憑一人的私心　那中國怎麽會不強盛呢

說到此處　我由不得傷心流淚　誰是開導我四萬萬同胞　教他們由糊塗裏變成明白　由軟弱裏變成强盛的呢　我日夜禱求盼望

先入爲主

人的見識不同　就如同人的相貌不一樣是的　所以自古以來　分辯是非　爭論長短　大概都是拿先入的爲主　拿所好的爲是　整天在這無用的事情上爭閒氣　據我的愚想　人的見識　不能一時强叫他合一　大家該當從大處居心　評論一件事情　先要平心靜氣　不可逞自己的私心　做一件事　先要問他有益處沒有　比方一件事或是竟與我自家有益處　與別人無益處　或是我自家沒益處　與別人大有益處　該當想想這個是非輕重　我們人人做事要想與大家有益處自然也就與自家有益處了　若人人專想與自家有益處　不管與別

人有害處　他那益處也斷不能長久　古人有句話說　君子落得作君子　小人枉自作小人　這個話細考較起來　是不錯的　世上人見識淺的多　就看眼前　所以常聽人說　我要憑天理良心作個好人　那外頭就謠言四起　各樣阻擋也就全來了　莫若我還是隨個衆兒罷到落得消閒自在　自己還是得便宜　我何苦自尋煩惱呢　中國無論在上在下　都是這個宗旨　到底在上位的尤甚　所以鬧得公理不明人心日壞　國勢也不振了　如今該當怎麼樣呢　該當大家發個公心　要看天下的人　都是同胞　他的苦惱　就是我的苦惱　我不想法子救他誰救他　也不管他合我有好處沒有　與我的意見合不合就是盡我的心罷了　我們凡事總以公理爲憑　切不可像那武三思他自己說　我不知道誰是君子　合我好的就是君子　合我不好的就

是小人　像這樣還有天理良心麼

說看報的好處

俗常有一句話說　秀才不出門便知天下事　我當初狠不信這句話　怎麼不信呢　我想秀才不出門竟坐在屋裡看書　那書上所記全是古時的事　即或是新作的書　也不過是前些年的事　那能就知道現時的事合現時各國的事呢　如今我纔信這句話是不錯的　怎麼如今又信了呢　我因爲看報信的　報上所記的全是現時的事　或是某國有什麼事　或是喒們中國某處有什麼事　或是那一個官好　或是那一個官不好　報上全都說的明白　我從前無論什麼事全不懂　要是有人問現在中國是怎麼個情形　我還疑惑着是太平世界　絕不知道喒們中國壞的如此樣子　要是問我外國的事　更不明白了　我直不知

道中國以外還有許多的國　就像當時下那些渾人一般　如今我比從前漸漸的明白一點　不像從前那樣糊塗了　我也不知道是怎麼明白的　翻開書本子看　所明白的事　多不出在書上　細細的想來　實是看報的好處　看起來這箇報是不可不看的了　我勸大家　全當買幾分看看　要是錢方便的呢　可以多買幾分　要是錢不方便的　也當從朋友處借看　人要看慣了報　就如同走遍了天下一般　無論什麼事全可以知道　不但是秀才不出門便知天下事　凡是認得字的要是看報　就可以知道天下的事　每月費錢不多　便能長許多的見識　這不是痛快事麼　我常聽見人說　報上最愛罵人　人家有什麼事　他一點兒也不給瞞着　動不動的就給現了醜了　那知道這纔是報的好處呢　人要是有好處　報上也必表白出來　可以教本人好更加

好　也可以教別人學好　人要是有錯處　報上也必實說出來　可以教本人改了　也可以教別人不敢作壞事　再說報上也不能無故的罵人　不過是照實說理就是了　還有一等人說　報上竟是一面之詞不可信的　嗳　這更不是明白人的話了　凡是報上的話不敢說全是公道話　到底報館裡的人他要是徇私　別的報館一齊就要分辨起來我絕不是奉承閤報館的　我憑着我自己的公心　看報上說的公理從來少見報上有逞一人的私心胡論的　凡是看報的人　萬不可因爲這等人的話　就把報看成不要緊了　還有一等人說　這樣報好那樣報不好　那樣報好　這樣報不好　據我看全好　怎麽全好呢我想　箇人知道一件事　十箇人就知道十件事　這一樣報上所記的事　或是那一樣報上沒有的　那一樣報上所記的事　或是這一樣報

上沒有的　那箇報錯了　這箇報能眞正　人要平心細想　可以知道
誰是誰非　所以我說全好　可是有一節　惟獨那肯說實話不奉承人
不諂媚人的　那算項好　人要看慣了這樣報　他心中自然就能分別
人的好歹合事的美惡　不致於糊糊塗塗的像隨風倒的一般了

勸士

從來念書的人　是最貴重的　因爲他是有治理國家的資格　有治理
國家的責任　當朝的宰相　各省的督撫　全是念書的出身　所以最
貴重　怎麽貴呢　因爲沒作官時與尋常人一般　作官以後就爲國家
倚靠的人了　怎麽重呢　因爲國家的興衰　人民的窮富　全關係在
他身上　看起來念書的人　不但是別人貴重他　也當自己貴重自己
麼　如今念書的人　是不足貴重的了　我先說如今念書人講的學

問　除了古書古帖詩詞歌賦以外　全不留心　坐在一處不談別的
不是說某人作的文怎麽樣　就是說某人作的詩寫的字怎麽樣　少有
談國家怎麽樣人民怎麽樣的　要是有說現在中國當如何整頓　他說
喒們管那個事做什麽　喒們就念一天的書喫一天的飯就完了　要是
有人說中國當變法自强　當除中國的舊弊　當學西法的好處　他們
說那全是漢奸　喒們好好的中國爲什麽學外國　哎　這些個渾濁無
知的人　簡直的把我氣死　簡直的把我急死　還有一等沒有品行的
念書的　倚仗着得了一步兩步的功名　美的了不得　天天也不摸書
本子　竟講喫欵玩樂　今天你請我喫飯　明天我邀你聽戲　今天你
請我逛小班　明天我邀你聽落子　哎　簡直的是提不得了　我勸喒
們念書的人　不必竟挑剔誰的文不好　誰的字不好　誰的詩賦不好

二十一

那全不是要緊的事情　如今最要緊當講究的事還多着呢　至於所作的文　也不必總要胎息古文　求諸深奥　孔子說過辭達而已矣　看起來這個文　也只是說明白了就完了　所寫的字　也不必總要合乎漢魏　拘定顏柳　寫工整了就完了　至於詩詞歌賦　不過是歌舞昇平的事　處在這個時候　會作不會作　不算要緊　作的好不好　也不算要緊　偺們念書的人　雖是無權無位　不能辦國家的大事　也當把眼光放大着一點　看看當時下是什麽時局　是什麽世界　不可竟咬文嚼字的糊塗一生　也當長長志氣　求着自己明白了　也當發個願心　把一些個不明白人叫醒了纔是　我再勸偺們念書的人　全當知道中國現時的壞處　全當知道中國要是不變法　將來就要立不住了　全當知道中國要是立不住就是詩詞歌賦作的頂好　也不中

用了　就是斯文的老先生　也要給人家當奴了　我再勸偺們念書的人　全要自己顧着一點體面　宴會的事　要說是一概絕了　也未免不近人情　不過是當應酬的再應酬　不可太游蕩　不可拿那個當正經事　總要時時刻刻心裡頭有一個國家要壞的樣子　總要時時刻刻心裡頭有一個國家要壞人民必與同壞的懼怕　俗常有一句話說　天塌壓衆家　是一點兒不錯的　我勸大家不可胡噢悶睡的了　當睜開眼看看外面是什麽情形罷

踐行

我有許多的話要說　但一提起筆來　千端萬緒　不知從那一條說起　因想到昨天與友說　人人有救亡之責的一語　這句話　是從國朝大儒　顧氏亭林的言　國家興亡　匹夫有責　脫化出來的　我想顧

氏的意思　是願人人踐行這句話　不願人人僅說這句話就完了　但人人有救亡之責　究竟從那裡下手　後人就不管了　所以我們中國的事　大半是有綱無目　沒有西人的細心思想　由淺而深　由邇及遠的手段　我今說一個下手的法目　大凡國家不論多少人　所倚靠着成國的　不外士農工商四大類　從今揣摩各人應辦的事　比如爲士的立一士學社　爲農的立一農學社　爲工的立一工學社　爲商的立一商學社　暗含著結一大團體　從此悟出新理　造出新器　處處可以抵制外人　國家就可富强了　要是僅說這句話　而不想出行的法子　聖賢的話　有甚麽益處呢　當初日本元老院中　有一位大員因中國設立海軍衙門　排衆議而言曰　中國的積習　往往有可行之法　而絕無行法之人　有絕妙之言　而斷無踐言之事　我們中國

聽聽　日本人在二十年前　就深知我們中國的毛病　所以甲午一役未戰以前　他已操必勝之權也　我們若不痛改這空談的毛病　欲不瓜分爲印度波蘭　豈可得呢

勸工

偺們中國人不是比外國傻　是因爲不用心　所以樣樣事　全輸給洋人一着　但看中國的手藝人　就知道了　外國的手藝人　也是最貴重的　要是有一個人能想新法做一樣新奇的物件　國家要是看着好就賞給他賞牌　許他一家專利　不許別人做假　所以外國的手藝人　皆各用心琢磨新法　因此外國做的物件　沒有不教人愛的　偺們中國的官待手藝人　雖是不如外國待的貴重　要是手藝人能自出新法　做一樣好物件　官也有懂得許他專利的了　但是有一節　偺

們中國人心眼兒太死　無論做什麼物件　總是按照老樣子　也不管他粗笨不粗笨　一點兒也不改變　其實聰明人狠多　爲什麼不琢磨新樣兒的物件　可以多賺些錢呢　你們看偺們中國人所用的一切物件　多半全是外國的　身上穿的洋布　屋裏點的洋燈　婦女們用的洋針洋線　簡直的數不過來　大半全是中國人離不開的物件　一年算起來　外國人把中國的銀錢賺了多少去　我勸偺們中國手藝人也當琢磨外國人愛什麼物件　常用的什麼物件　想新法子做出來賣給他們外國去　日子久了　年分遠了　也可以把他們的利奪過來豈不好麼

可以

當今我國的景況　危險甚大　困苦已極　國內的伏莽未靜　國外的

人欺侮不息 比中國如波蘭 如埃及 如越南 如印度 稱中國爲老大 爲病夫 爲牛馬 爲野蠻 凡是我國人民 稍有一點血氣怎能受得了這些個名稱 忍得了這樣的藐視 但這些譏誚欺侮 究竟是從那裡來的呢 我照直的說罷 這是偺們自己至至誠誠請了來的 我說這話 似乎過於奇怪 然而我們眞這樣行 豈不更是寄怪麼 偺們中國受病的地方狠多 一言半語 不能說完 現在先提一樣 說與大家聽聽 這一樣是甚麼呢 就是可以兩個字 無論甚麼一到可以的地步 就覺得彀了 不想往精妙的地方去 將將就就有個粗枝大葉可以的就得了 咳 這一個可以的 就把中國給敗壞的收拾不起來了 現在不是不講究改弊政 變新法 設武備 立學堂 已經多少年的工夫 改變的怎樣 設立的怎樣 那上好的也不

過剛到可以的地步　也就知足了　那不好的更提不起來喇　難道可以的就彀了麽　可以的以後就完了事了麽　可以的能化危爲安麽　可以的能富國强兵麽　改了弊政的梢末　變了新法的皮毛　設了武備的名目　立了學堂的外貌　平日看不出怎樣的害處來　及至用著的時節　全歸無用　馬脚也露出來了　禍害也來到了　求人才不得　求脫免不得　一片的指望　竟成了捕風捉影　這都是可以的所結的菓子　關係如此的重大　豈可不快快的改革　我深望不拘是官是民　也不分事之或大或小　或文或武　全求進步　别止在可以的地步了　美國有句俗語說　下等的善　乃是上等善的仇敵　爲善尚且如此　何况别的呢　把可以二字　改成追求二字　總求精微　不用那大概的辦法　果能這樣　內亂悉平　外侮盡止　脫愚昧之誚　作文

明之人　亞洲病夫痊愈　老大支那興起　質諸同心　以爲如何

說報

大公報出世　已竟三個月了　整天的鼓着一團精神　拏着一支破筆　東抹西塗　說長道短　究竟有什麽益處　到底是什麽意思呢　要說是爲貪利　請問拏出這些本錢　用上這點精神　有什麽買賣不可做　什麽利不可求呢　這個緣故　實在是叫人納悶　也不怪那些無知的人　亂造謠言了　究竟我們開報館的意思　不敢說是君子的用心　到底實不是小人的懷意　我們常想　東西洋各國强盛的緣故　雖然是兵强財富　其實那個根子　是在乎人人明白　上下通情　我們中國敗壞的緣故　也沒有什麽罪大惡極　不過是人人糊塗　上下不通就完了　怎麽能彀人人明白　上下相通呢　最妙最快的法子

二十五

就是多立報館　報館好比人的竅子能通上下的情　能開人的知識
雖然不是濟世利人的實事　到底是濟世利人的根子　所以我們甯願
意賠錢受累　喫苦操心　作這個事情　有人說　我就不信一個報館
就會這樣有益　就會有這關係　報館是有名兒的斯文敗類　大概
都是不顧廉恥的人　纔肯幹這個事呢　我說這話　未免太寃枉了
若說報館個個是好人　我也不敢畫這個押　請你們細打聽打聽　凡
是强盛的國　沒有不是成千過萬的報館　凡是禁止報館　壓制報館
的國　沒有不一天比一天敗壞的　你們看古來秦始皇的時候　倘或
有人對着臉說幾句話　就犯殺頭之罪　這個王法也就獨一無二了
到底他的天下　連三世也沒保到頭　到如今沒人不罵他　再看從古
至今　那些聖君賢相　沒有不虛心聽諫　舍己從人的　他纔成了大

德大功　如今這報館與國家的關係　狠大狠多　等我明天再漫漫的說

前日說報館與國家大有關係　怎麽見得呢　自然不信這話的人狠多　這個事細講起來　十天也說不完　若要不反反覆覆的絮煩　我們中國人不開化的太多　總也不能明白　如今也是不得已再說個大概　報館在中國　難得益處的緣故　是因爲沒有直言不諱的權柄　遇見官長有悮國害民的事　也不敢說　你要少少一說　就有人拏中國的老道理來責備你　說你是毀謗官長　目無尊上　又說居是邦不非其大夫　若是遇見小民含寃受屈的事情　要是直說了　豈不是合那有權有勢的富貴人作對麽　你替小民抱不平　你這不是引領他們不甘心奉公守法麽　教導他們胆大妄爲麽　所以中國日報若要犯了這

二十六

些事情　不是報館封門　就是主筆被拏　故此作主筆的　若不懂得情面　不知道忌諱　不能彀奉承　一定不成的　鬧的中國人　沒有敢開報館的　必得有個外國人出名　這還成何事體　有了外國人出名　官場中無可奈何了　就剩了變着方法罵幾句罷　報館的人受了這等的恩點　也必要盡力的報効了　所以激出一股子反敵的力量來也就不能得其平了　也必要想着方法吹毛求疵　盡情的譏誚辱罵兩下如水火不相容　越鬧越壞　這還指望有濟於事麽　報館應盡的職分　是在宣揚朝廷的恩德　訴說黎民的痛苦　化導百姓的愚頑條陳各事的利弊　不單這個　如今竟有人比日報如同春秋一樣他說孟子上說　春秋成　亂臣賊子懼　懼怕什麽呢　按着世上的公理說　人都有個羞惡的心　這羞惡的心　就是良心發現　能彀叫人

知道善惡是非　那春秋上　寓褒貶　別善惡　亂臣賊子怕給他傳醜名　就不敢任意縱橫了　據我看起來　日報比春秋還强　春秋是說已往的事　日報是說現在的事　春秋講筆法誅心　在乎一個字的褒貶　不容易懂得　日報是平鋪直敘　說的明明白白　最容易懂得所以要是日報盛行　人人看重他　不論什麽樣兒的亂臣賊子　他也不敢橫行霸道　也都要有點忌諱　這豈不是維持世道人心的一個大關係麽　還是諸衆位再三的想想

浮文何益

我常聽見中國人講說　我們中國是文明之國　禮義之邦　拿着文章可以當盔甲　拿着禮義可以當干戈　不像那西洋人　就知道惟利是圖以强壓弱　在規矩禮貌仁義道德上　不甚講究　所以我們中國稱

爲天朝阿　我又常聽見西洋人講說　中國是虛文之國　是欺騙之邦　不論什麽事　說的時候有萬夫不擋之勇　及至作的時候　一毫精神氣力也沒有了　凡事總是推諉退縮　走在樹底下　還怕樹葉打着　叫人看着眞是可憐可歎　不單不知道自家的毛病　還是護短　自大自是　所以屢次受辱喫虧　到底也沒有醒悟一點　又中國人不論辦什麽事　總不肯認眞考究精益求精　就是能敷搪塞支吾過去就完了　所以西洋人　凡是看見一件含糊不堪的物件　不論是那國做的　他們就說這是中國樣子　又有一個久在中國的西洋人　他說中國的道理　全在門上　到了新年一看　家家都要貼上鮮紅的對聯　你看寫的不是忠厚傳家　詩書繼世　就是行同聖哲　德合中庸　及至見出來的人　往往兒駡鬭毆　或是合那作小買賣的　爭秤爭斗　變着

法子　要討苦人的便宜　這些光景　眞是可憐　又比如中國的官長
就會在紙上辦事　不會在事上辦事　不論什麽事　你看那章程出
的狠好　有條有理　及至細打聽那些事情　全都不過是個外面皮兒
髣髴是作了章程　就算完了事似的　再看那官府的告示　說的狠
利害　不過都是些個空話　誰又遵着行呢　北京人說　告示爛　王
法散　如今我看告示纔貼上　就沒人信是眞的　比如北京年年封印
時候　必有一張告示　說一篇維持風俗的道理　禁止敲打鐵柄大鼓
演唱高脚秧歌　踢鐵球　舞石鎖　玩梧桐鳥　戴壯頭巾等等　其
實比這再壞百倍的事　誰又管呢　不過白費幾張紙完了　再如滿街
上看西湖景的　俗名拉大篇　裏頭畫着淫褻不堪的各形像　小孩子
們去看　最壞心術的　誰又禁止過呢　更可怪的有一種下賤無賴之

徒　到了臘月　在鋪戶門口　拿刀子把自己的頭刺破了　鮮血直流
訛索這鋪子的錢　不給他滿了意他不走　名叫拍風的　聽人說
封了印以後　這些人是例應有的　官場也不管他　可以隨便　嗳
中國自誇是禮義之邦　這些事情　叫外國人看着　眞是稀奇古怪

天地間的新聞

禍福自取

我們中國人　叫外國譏誚笑罵　輕慢淩辱　也算到了極處了　我每
聽見看見這些個事情　實在是紮心的難受　有人說你不是常誇外國
人好麼　爲什麼又說這個話呢　我說這個話還是誇外國人好的意思
就是可恨可憐我們中國人　太不要强了　太不知好歹了　你們豈
不知道書上說的　夫人必自侮　然後人侮之這句話麼　從前我常想

外國人爲什麼這樣强盛　中國人爲什麼這樣敗壞　都是天生的人怎麼差的這麼遠　我心裏就大大不平　總是疑惑上天不公　爲什麼厚待西洋　薄待中國　到這步天地呢　後來忽然想起書上有句話說禍福無不自己求之者　按這理說　原來是我們自作自受呀　你們想想　凡是可以强盛的事情　我們一樣不作　凡是可以敗壞的事情　我們樣樣都有　也眞怪極了　比方西洋講保護商人　我們中國專會尅剝商人　西洋講疏通民情　我們中國專講壓制百姓　西洋陞官講本領　中國陞官講賄賂　西洋辦事講認眞　中國辦事講搪塞沒有一樣不相反的　我這話沒說完　就有人說了　你眞正是個漢奸受着大清國的恩典　跕着大清國的水土　口口聲聲說大清國不好心心念念偏向着西洋人　像你這樣的　也就算喪盡天良了　聽了

二十九

這話　我自己就細想了一想　我既不圖陞官　又不盼發財　怎麽會喪盡良心呢　請衆位再想想　中國如今是國泰民安不是　是物阜年豐不是　是上下一心不是　作官的是公正廉明不是　上下的情通不通　這幾件事　不論問誰　都能說得出是非高低來　我也不必絮煩了　國家能强盛的根本　在乎官長公正廉明　官長公正　上下的情就容易通了　上下情通　還愁不一心麽　既然一心了　沒有不國泰民安的　國泰民安　自然就年豐物阜了　一個人要是不貪圖陞官發財　就容易保住天理良心　這話說的一點不過　從前我在京裡　聽見一位頭品大員說　我也不願意貪贓受賄呀　實在是叫我無法了　若單單指望着俸銀　是不彀歛粥的　我還得打點上司　應酬同寮　春秋四季的袍褂要換　上司又送了我好幾匹馬　我不敢不喂養着

御史找我來 我還得供奉他 要不然他就參我 這麼看起來 他本是有良心的人 叫那個官職逼得無法了 纔昧了良心 豈不可憐可歎 是非好歹 是人人良心裡明白的 那裡知道 官越大 越糊塗越不說理 因爲他想我是尊貴人 焉能叫你們愚賤人指說我 一有這驕傲自是的心 萬不能明白了 諸葛孔明 沒人不知道他是明白人 他的好處在那裡 就是喜歡人勸攻己過 請問這四個字 那一位大老官喜歡 既然不喜歡 可見是合孔明相反了 合孔明相反的人治理國家 指望國富民强 那不是緣木求魚 問道於盲麼

講中國文法太深的弊病

昨天有一位朋友 他說 我們中國可眞要富强了 我問他從那裡看出來的呢 他說我看近來下的上諭 貼的告示 各學堂局所訂的章

程都說得斬釘截鐵的　我看偺們中國的大局　或者有點轉機　旁邊有位老者　嗐了一聲說道　那一年不說得這麽好聽阿　自從我十幾歲的時候　就常聽見什麽勵精圖治　什麽痛除積弊　什麽臥薪嘗胆　什麽因時制宜　什麽防微杜漸　什麽開誠布公　再不然就是革面洗心　奉公守法　激發天良　力圖報稱　涓滴歸公　因地擇人　哎呀　就是這些俗套子　我聽的都不愛聽了　近來一二十年　說得更好聽了　不但合折　而且壓韻　在舊套子外頭　又加上新花樣了　甚麽深知愧奮　情有可原　精通西文　熟諳洋務　相機因應　才堪任使　通達時務　將才難得　哎呀　文法越好　實事越少　不但言行不相顧　簡直的拏着撒謊騙人　文過飾非　當作了固然應有的學問了　一下筆　就是這一套門面話　習以爲常　忝不爲怪　你們

再看那督撫兩司到任謝恩奏摺　恰賽刻了板的一樣　這個是整躬率屬　那個是杜絕苞苴　這個破除情面　那個就勤政愛民　哎　紙篇上越好看　實事上越糟糕　筆墨越工　心術越壞　我這幾十年　留心體驗　說的一年比一年好　辦的一年比一年壞　說到目下　實在無可再壞了　那筆墨也無可再好了　若論目下這紙篇子上說的　不但中國人聽的不愛聽　連那外國人也都笑的不愛笑了　你們要拏他們說的當眞情實話　你可眞上當了　以後不必淨聽他們說　還要暗地留心　在他們辦事上考察考察　興衰成敗　都可以考察出來的

我們要打算救我們的滅亡　也就說辦就辦罷　不要終日的白話溜舌了　那朋友又問老者說　中國言不顧行行不顧言的毛病　究竟從那裡所起呢　老者說　這個毛病　由於文法太深　學生自幼上學　他

父兄師傅　就不教他力行　總是出個題　做一篇詩文　祇要平仄調句法好　就算是好學生　總不在躬行實踐上教訓他　故此長大時除去空言搪塞　妄言欺人　實在沒別的本領　就是那做官的念書的　坐定了談論學問　也是專講誰的論好　誰的文章好　誰的詩賦好　誰的字寫的好　要遇見那有經濟學問能辦事的　實事求是處處認眞的　他們反說是沒學問沒身分的人　再不然就說他是沽名釣譽嘍呀　拿空談當學問　拿辦事當沒身分　拿因循無能當道德　拿振作有爲當小器　這都是偺們中國人思想中的壞處　必要把這些習氣　都反過來　中國纔能强呢　要緊的一樣　是把文法改淺近樸實了　最是目下救弊病的頭一件事　怎麽辦的　教他怎麽說　怎麽說的　就責備他怎麽辦　若是一差樣兒　就嚴嚴的辦他　甯可失於樸

陋　不可失於浮文　那外國的强　就在這個　我們要轉弱爲强　也

在這個

莫錯過

古語說　一寸光陰一寸金　寸金難買寸光陰　說的就是時候放過去

找不回來的意思　我說一個人虛度光陰　不過是誤他一生　誤他

一家　絕不能天下人都虛度光陰　目下我們四萬萬人　有個極要緊

的　公共的光陰　千萬可不要當面錯過　要是把這三五年　公共的

光陰虛度了　噯呀　豈止誤一生誤一家呢　我怕我們四萬萬人　沉

淪苦海　永世奴隸　絕無出頭的日子了　要到那時候　再想目下的

光陰　再想合起羣來正經辦辦　可就不能了　我勸我們做官的爲士

的　千萬莫把我們中國這千鈞一線的機會放過去　頭一個機會　是

人還有恥　我們中國人　近來雖不甚講究廉恥　然而十個人裡　還有四五個有恥的　衆位果要眞心保種　眞心救世　就赶緊拿出一分公心來　設着法的挽救　大局還可以挽回　要等到四萬萬人都以無恥爲耀祖光宗的時候　可就想整頓挽回　也不能了　聖人救人　也是恥字爲首　人若無恥　譬如病人閉了嗓子一般　雖有良藥　也難下咽　焉能活他的命呢　這是恥心尙在的機會莫錯過　第二個機會是有報館　這報館的好處　是聚千萬人的心思耳目於一處　最是合羣保種的一件好兵器　目下各報館　雖不是偺們中國政府的權力所及　然而公道尙在　凡可以強中國的議論計策　都可以彼此討論折衷　雖然不能把中國說強了　然而果有實心實力照着辦的　也能把報上空談成了實事　若是因循苟安　一事不辦　那報上說的　焉能

不歸個空談呢　因循不了三五年　主權都失了的時候　你想要出個計策　商量個主義　那報上可就不容偺們說了　到那時候　三人並肩的有罪　相對着說話的有罪　藏軍器的有罪　强中國的計策　也成了妖言惑衆了　要到那時候　有委屈你向誰訴去　你就甘心爲奴隸罷　一輩子也不用打算翻身了　那文人才子學士大夫　也就是歌人家的功　頌人家的德罷　恢復中國的議論　還容你下筆麽　這是報館的機會莫錯過　第三個機會是利權未盡失　改訂稅章　利益均沾　然而不盡是外人的利　內中也有中國的利　雖憑勢力　然而不失爲商量　這總算公理尚存　公法尚在　我們作官念書的　千萬趁此打個主義　別一天家什麽高遠說什麽了　也別什麽沒用講什麽了　也別什麽費解說什麽了　總要在事理人情時勢上　體貼體貼　富

三十三

而强　貧而弱　天下萬事是沒錢不成的　立學堂需經費　練兵需兵餉　製械需機器　游歷需盤費　就是開礦築路以生利　也是得先有錢　我們中國的毛病　就是個學事是兩截兒的　上智的無學不講就是恥談喫飯　其實離開利字就沒飯　一沒飯就得鑽營　一鑽營就壞事　下愚的是除去生利喫飯　別的一概不知　這也是個大病　上智的毛病　在不講實學　在聖賢的言語上　未嘗留心　那古來的聖賢　也未必諱言功利　何必以言利爲恥呢　這下愚的毛病　在失教故此中國纔成了個兩截的國　怎麽致他成一個整體呢　就是勸我們做官的　別拏自己的官當買賣　也要把廿一省的農工商務　整理整理　這廿一省大的這個買賣　要不歇業　偺們的小買賣　也跟着沾光了　要等廿一省這大櫃關了門　小買賣也就立不住了　爲士的

也不要固執成見　一天家濶論高談了　士農工商　原是並重的世上沒士　誰發明物理　誰記載古今　若是沒農工商　天下人也不能生活了　農工商的功勞好處　比士不在以下　何必小道賤工市儈的毀謗呢　趁着利權尙在　該倡頭的赶緊倡頭　洋貨是漏巵　我們何不仿造　鴉片不能禁　我們何妨不吸　總要開農工商的智慧　助他的銷路　要知地丁錢糧　出於農家　稅捐出於工商　富國强兵全賴農工商的力量　我們爲士的　也不過秀才人情紙半張罷　我再勸農工商　也莫把機會錯過去　赶緊打起精神來　勤理事業　總要精益求精　通力合作　減去奢華浮費　保住成本　總要眞材實料貨眞價實　稍有盈餘　赶緊捐助軍餉　國家强　商務纔强呢　要等到國家大權失盡了　偺們可就不能隨便了　房捐鋪捐人捐狗捐　一

兩銀子的貨　也須上你一兩銀子稅　也不禁止你爲工爲商　你自然有個不彀本　利權都歸了人家　偺們淨擎着爲奴隸罷　嗳呀　到那時候　我怕當苦力都是搶不上的　大掌櫃的們　千萬思思想想阿　這是利權未盡失的機會莫錯過　衆位呀　我寫這一篇白話　是用眼淚研的墨呀　我把奴隸不能翻身的苦　已竟設身處地的思慮了　衆位別當作耳旁風阿

皮毛

我嘗聽見明白人說　中國無論什麽事　所爭的就在乎皮毛　外國無論什麽事　所爭的全不在乎皮毛　這話一點兒也不錯　怎麽見得呢　別的不用說　我先說他一件要緊的事　偺們中國古時　要是這一國把那一國滅了　必須把那一國民人的服制改了　必須把那一國所

有的制度全廢了　如今外國滅人國的手段　大大不同了　怎麽不同呢　你們不是全知道有一個印度國麽　但就這一國看　就明白了

那印度國當初是自立的國　跟偺們中國不相上下　後來因爲不振作　全國屬英國轄管了　你們看印度人的衣服　還是沒屬英國以前的打扮　一顆兒也沒改樣子　居然還是自立國的情形　就像沒被人滅了似的　其實他那國裏重大的事情　比如財賦政權兵權等類　全歸英國掌管了　這不是外國所爭的不在乎皮毛麽　我再說偺們中國

偺們中國當時下可算是有了變法的名兒了　那大員些微的有點兒作爲的　也就算是盡了變法的能事了　自以爲這個法變的無以復加了　無可再變了　究竟變的是什麽法　不過是外國的槍礮好　咱們也買好槍砲　外國的操法好　喒們也練洋操　外國有學堂　喒們也照

三十五

樣兒立學堂　在外面一看　居然是變了樣兒了　其實外國那些好意味　那一樣照樣兒學了呢　再說那經手變這個法的　眼光也未免太小　他就知道中國一國的情形　不知道全世界是什麽情形　他就能整頓一方的小事　不懂保全一國的大局　照這樣變法　就是變到一百年　也只是依然故我　有什麽益處呢　我這是責備賢者的意思　要是平心而論　能變這樣法的　也狠算是能事的了　也狠算是中國的好官了　可惜我總嫌他變的全是皮毛

　利用卻是眞學問

現在講新學的人　多不喜歡宋儒　因爲好講理學的人　多是拘泥不化　紙上空談　給人留了許多笑話　其實理果是的　也不可定存一個偏見　古今的情勢不同　這個情理原是一樣的　如同程子條陳治

國的那一個奏摺　說得十分切當　他說天下的大勢最要緊的　在乎安危治亂的機關　若是單指一兩件事的弊病利害　也不能彀澈底澄清　救過那壞處來　第一要在上的立定了一個白折不回的志氣　第二要各專責成　第三要求賢才　這三樣若缺少一樣　雖然天天講治國安邦　養民教化　都是白白的無用　據我愚淺的見識　看他說得狠有理　又有朱子　他上宰相的書　說朝廷愛民的心　不如愛惜財寶的心重　大臣憂國的心　不如保家的心誠　所以單知道諂媚逢迎

究竟民合財　國合家　比較起來　那個輕重　那個大小　財散了還可以聚積　民心失了就難以收回　身體有病還可以治　國危了可就難再整頓了　到了民散國危的時候　安身無處　雖然有金銀財寶也是白白的奉送給人　不過替人看守幾天就是了　這個話到如今

七八百年　合如今的光景差不多　到底如今比那時候尤甚　現在天天講變法　到底除了開捐籌款之外　並無妙法　學堂開礦各事　都不過是外面皮兒　敷衍了事　怎麽會能得效驗呢　請問如今大臣們眞心爲國的可有幾個人呢　我也不懂得作官有什麽好處　許多的人　設盡方法　借債託情　演習諂骨媚舌　要作這個官　請問這等人作了官　能彀忠國愛民不能　既然不能忠國愛民　他必是悞國害民了　既然到了悞國害民　他的身家性命　焉能彀獨得便宜呢　奉勸我們國中上下人等　要清夜捫心細想　不要但顧眼前　要通盤打算打算那是非高低　若要還是這麽你矇我　我騙你　不久也就一同受害　到那時候後悔可就晚了

無宗旨的教化

我們中國人　辦事難得成效　總是爲沒有一定宗旨的緣故　那各懷私心的小人不用說了　就是那正人君子　也是常常內心無定主　凡事游疑兩可　一起頭志氣很好　很要認眞整頓　及至事到臨頭　大家議論紛紛　明中的阻擋　暗裡的掣肘　這個辦事的人　擠來擠去　只可支吾搪塞　有始無終　有名無實　敷衍塞責了　比如近來改科舉　立學堂　鬧出多少笑話來　有人傳說　現在各主考有秘授一定的主意　科考士子們　還是拏弟三場的經義爲憑　一切西學格致　不過應名而已　這樣聽起來　改與不改有什麼分別　反到多加一層麻煩了　細想起來本也難怪　主考各位　原來就不懂得什麼叫格致電化等名目　叫他怎麼定奪呢　從前就有一位大老官說過　應試難　作主考不難　但把上海各新印的書　調到場裡　一查就得了

三十七

這個話傳出去 叫許多的人笑話 既然照這樣辦 也不用考什麼西學了 就考考誰帶的書多就完了 朱子說過 教學的如同扶持醉漢一樣 扶得東來西又倒 教導一個人這樣難 教導一國的人 一定更加千倍萬倍的難了 宗旨偏了 害處狠大 何況宗旨錯了 何況毫無一定的宗旨呢 如今中國 實在是毫無宗旨 聽人說英文好就學英文 又有人說日本文好又學日本文 其餘地理天文算學教科師範小學 沒有不是這樣的 眞如同蒼蠅鑽紙 胡碰亂撞 猴子跳戲 抓耳撓腮 一事無成 百年錯過 眞是可惜可歎 可悲可憐 到底該當怎麼樣呢 這全在乎在上的人 第一要知道宗旨 第二要挑選宗旨 第三要認定宗旨 第四要全心全力照着宗旨往前進步

就中國現勢籌畫女學初起辦法

女學當興的好處　已竟說過了　女學不講的害處　人人也都知道了　怎麼說到如今　沒有倡辦的呢　我尋思了好些日子　我找着病源了　其中有四個病源　守舊與維新的　各佔兩個　守舊的病源是事事因循　得過且過　得了且了　也不單是女學一層　這是一個病源　從前的舊說　女人無才便是德　故此婦人女子總以越愚越好　這又是一個病源　維新的病源是事事浮囂　一舉一動不恃理不審勢　就是恃勢而乖情　再不然就任情而悖理　總沒見有個熟籌審慮　體貼近情的　這都是沒有閱歷　少碰釘子的原故　這是維新的一個病源　還有一個病源　是過信西學　西學固然是好　然要擱在中國也有行不下去的　譬如立女學罷　他開口便說　男女平權　再不然就教女子婦人都學洋文　都講格致天文　算學地理　學堂也必得蓋洋

三十八

樓　必得有儀器　必得請每月五百塊束脩的教習　哎　衆位想想
就把這四個病源　歸到一處　焉能一天的不打嘴架呢　焉能實事求
是辦一件有利於民有益於國的事情呢　故此我們中國自强了好幾十
年　紙筆也費了好幾十船　銀子也賠了好幾萬兆　文武大臣良善的
百姓　也死了好多　就是越弄越糟　於事毫無補救　都坐在這四種
病上　總而言之　明體達用的少　書獃子死鑿兒多　諳練有爲的少
濶少爺大寃種多　總沒有同心合力設着法子　把事辦好了辦長了
的　我今日不揣愚陋　按着中國現下的情形　想一個初起的辦法
衆位可別嫌鄙陋　這鄙陋的能歸於實用　不致落在空談　而且勝於
不辦　第一層辦法　是先訂女蒙學的課本　課本的宗旨　不外乎婦
德婦言婦工　先認帶圖的實字　如尺剪熨斗　刀杓杯盞　衣服鞋襪

等類　如天地風雲日月　及數目等類　由淺而深　由近而遠　新法舊面　新事舊題　再訂女小學的課本　也是帶圖爲妙　一篇時事圖一段淺白小說　一篇古今女中人物圖　一段白話讚　生機活潑引人入勝　總以不招阻力爲要　這是第一層辦法　果然有關心此事的　就請費費神　以年底爲期　明年正月間　凡有作妥了女課本的大家定個日子會會面　把大家擬的稿子合在一處　彼此和和氣氣的折衷好了　然後呈於管學大臣　第二層辦法　是由管學大臣　把此事奏明了　請　皇太后先在宮裡　立一座女學堂　考選幾位中國女教習　也不必炫異矜奇　只要通文識字舉止安詳的　就算合格皇太后　皇后　也不必言定入學　就求隨時振作鼓勵着點　那風氣自然就開的快了　宮裡的宮娥秀女　共有若干名　開一個清册　分

三十九

爲幾班　除去當差侍奉的時候　得工夫就按班入學　教法就照所訂的課程辦理　也不必學習洋文　總以懂得民間的疾苦　中外的大勢爲妙　有人說　女教習入宮　是開女人夤緣之端　哎　也有你們這一慮　難道秀女媽媽們　不是女人麼　就是女教習不入宮　難道夤緣的風氣就絕了麼　況且家有家規　學有學規　女教習在宮內　必然束身自愛　焉能干預公事呢　我看終日講些人情世道　古來興衰的緣由　還倒須把奢華與夤緣的風氣改過來呢　宮裡既立了女學堂

天下必聞風興起　第三層辦法　是明降　諭旨　令京裡的王公大臣　與各省的文武官員　每家宅裡　要立一個女學　按照頒行的課本　專教訓本宅的婦女　本宅的至戚　有願意附入的　聽其自便　外人家的婦女一概不招　本宅的婦女　若有通文識字的　就作爲教

習　若在親戚隣里中　請一位合格的也可　再不然就在本宅通文的男人裡　擇一位年長的也可　實在無人　就在本鄉世交中　請一位年長品端的老儒生也成　各省宦官之家　既興了女學　那一縣一鄉之中　也必聞風興起了　再把每學的教習學生姓名　都按季造册我另有奬勵的法子　這是第三層辦法　若合廿一省的文武官員　與在籍的富紳　至少也有二萬家　有這二萬座隱名隱形的女學堂　風氣還愁不開麽　每家均扯有五位婦女讀書　我們中國三五年後　就有十萬讀書明理的女子　這教化還愁不行麽　雖然不能到了西洋各國極高的地步　可也比纏脚門牌燒香逛廟强阿　也比一個字不認得强阿　這是我近情體貼　合理審勢的辦法　買幾本課本　就可開學又何必鋪張誇大　做那些不近情的議論呢　不但有實功　准保無

四十

流弊　要說婦人無才便是德　難道那曹大家等都是無德麽　那謀害親夫的　都是讀書識字的麽　那僕婦妾妓都是讀書識字所累的麽　萬無此理　不過是藉端因循推諉罷　那位說　奏請宮裡立女學　恐怕沒有這個例　噯　難道傳優人入宮唱戲　算有這個例麽　至於官宅內　立個女學　也比叫歌妓進宅　巫婆進宅　尼姑進宅　强的多呀　我們中國的事　是好事總沒人倡頭　不好事倒一唱百和　宮裡與各官宅　既立了女學　第四層辦法　是明降　諭旨　令各省富商巨賈　隨便立學　男孩的蒙養學堂　也得趕緊立　女學也得趕緊開

各隨自便　官不逼迫　若是有願意立的　就湊幾家親朋隣居　共立一座　也是立在宅內　教授的規矩　也不許改國家頒行的宗旨

遠處不認識的女學生　不但不許招　就是招　人家也不來　就是找

素通往來的親友家　合素日和睦的隣舍家　約數家就可立一座　一半學針黹　學烹調　學禮節　一半聽講書學認字　教書字的教習就照第三層辦法辦理　請一位本鄉本土有世誼的老儒生　口音又熟束脩也易舉　不但三全齊美　且避無數的嫌疑　我可不是因陋就簡　衆位請看那題目上現勢初起四個字　就現勢初起辦理　非如此不可　不然再高談五十年也不成　每縣城鄉村鎮　統共以一百座核算　三五年後　必出一百四十八萬多識字知書的婦女　我們中國還愁民智不開麽　還愁耕織不講工藝不興麽　這是第四層辦法　第五層是統屬奬勵　宮內既有了女學　各省又一齊興辦　不可不鄭重其事　把這總管女學的職任　或請　皇太后　皇后自任　或派王公福晉　或派大員的夫人　或歸管學大臣　總節制各省女學　各省也

立個學憲　或歸督撫兩司　或歸學政　每府每州每縣都有管學的責任　按季由州縣的夫人查學　總以鼓勵提振爲宗　不必求全責備　州縣的夫人若不通文　另請通文的婦人　或年長的儒生皆可　遇有出衆的學生　或貞靜淑賢的　就隨時表揚　按季造册詳省　省裡把總册彙齊　三年送京　到三年的時候　大員家的婦女　請由　皇太后獎勵獎勵　商民家的婦女　督撫學院也可以贈塊匾　至於那小戶人家的婦女　果要品學都好　州縣官的夫人　也可以傳見傳見　或者贈些花紅　未說婆家的女子　州縣主主婚　提拔提拔　用不了五年　風氣必然大開的　女學如此　男小學還愁不辦麽　到那時候一百多萬女子裡　必挑出幾萬師範的資格來　然後普立小學　必然勢如破竹了　再求深奥　也不費難呀　那位說　州縣官的夫人查學

難免招搖請託　我說不必過慮　女學立後　查學是奉　旨的　夫人查學受請託　難道不查學　就沒請託麽　我嘗見官太太們　遊山逛廟　看會燒香　若是查學　就反失了體制麽　總而言之　腐說不去淨了　不用打算放手辦事　女學既立了　千萬要責實效用實功　婦德婦言針黹烹調之外　總以工藝製造爲要　千萬趕緊立女工藝院　美國日本國　女工是極盛的　佐夫治家　富國强兵　全仗着工藝盛呢　可千萬別上書獃子的當　專講博學多聞　越博越不專精　可就坐了空談無補　能說不能辦的毛病了　將來也不過多出幾十萬女秀才女翰林女洋學生　於事仍無補救的　吾以上所說的　不過隨便一說　不免有疏漏不詳　未盡妥善之處　這不過是引個頭兒罷　有關心此事的　請改正改正　擴充擴充　這都是大家當辦的公事呀

四十二

女士張竹君傳

大公報第三十二號上　記載北京有一個女士　素日拿教書爲業　得了瘋病　十分危險　有人把第三號的女報給他解悶　病裡昏昏迷迷隨便翻看　忽然看到女士張竹君的傳　立刻精神陡然長了　趕緊坐起來說　中國竟會有這樣的女豪傑麽　我們這庸庸碌碌的人　可以發奮立志了　從此病就好了多一半　實在有這事情　絕不是造謠言　噯　張竹君的傳　就有這麽大的力量麽　我們中國的病人狠多女人的病更重　但是他們的病　不在身上　多是在腦袋裡　我爲什麽不把他的傳寫出來　叫大家看看病好了呢　但是俗語說的好藥治有緣人　又說誠則靈　若是那受頑固毒過深的人　恐怕沒有效驗　不過我盡我的心罷　按這個傳　是馬貴公寫的　他作幾句序說

法國俗語常言道　撒謊是最下賤的毛病　任公說　要是誇讚一個人　不可太過　若是說的過踰了　別人連那眞的也不信了　如今我寫的這個傳　都是親見親聞　沒有假話　他眞正是中國的女豪傑　拿他的說話行事　可以叫起我們中國二萬萬死睡不醒的婦女　糟爛不堪的柔魂　張竹君女士　是廣東番禺縣人　本是世家　小時候有腦氣筋病　半身痲木　家裡把他送到博濟醫院調治　後來慢慢的好了　那時候他雖年幼　狠覺西醫的法子精妙　他就發願學醫　學了十三年的工夫　內外兩科都通了　考得了照執　他自己籌畫銀錢造了一座南福醫院　施醫藥　救貧窮　又收了女徒弟十幾個人　自己教導他們　除了醫學以外　還教天文地理格致各樣淺近的學問　每在講論的時候　說到國家的艱難　時事的敗壞　總是悲痛歎息

至情感人的　女人登台講道　中國向來沒有　竹君他就敢破格作這
開創的人　就拿這幾樣說　豈不是敢作敢爲女中的豪傑麽　辛丑年
秋天　我在廣州　聽人傳說竹君的賢德　我就去拜望他　竹君痛講
中國風俗是男女的分別太過　總是說女子無才便是德　女人該當坐
在屋子裡　不應出頭露面　所以女人都成了廢物了　後又講說他自
己辦事的規矩　合他所經歷的事情　眞是叫人佩服　每到禮拜的日
子　他就講說　聽的人一天比一天多　他常說　現在各國强盛的緣
故　是在乎努力爭求有用的學問　若稍懈怠一點　就難存留　故此
中國該當人人專心有用的實學　國是衆人合成的　人人該當想盡自
己的職分　如今主張變法革命的這些人　志氣雖然不小　到底世間
上萬事萬物　沒有一個沒原由的　這些人不懂得尋找那原由的根子

竟指望著得現成的效驗　焉能成功呢　我們如今的責任　要緊是把西洋那些好規矩　好學問　慢慢的栽下種子　後來果然能彀發達生長出來　慢慢的眞能比人强了　再講自立的道理也不晚　比如西洋人　講自由　是我的自由不要碍著别人的自由　不是任意妄爲無法無天　那叫自由　自由一定也有個界限　這都是他講的　你們看看　二十三歲的姑娘　怎麽高明到這步天地　竹君不單竟會講論還是辦事極勇敢　去年他辦理南福醫院　共用了四千多兩　他自己行醫連那捐款　共總有三千多兩　他又另外借貸幾百兩銀子補上現在把這醫院　改了個小女學堂　女教習兩個　其中有一位就是我母親　他得了閒　常邀請官紳的眷屬合那有志的人們　在大花園中演說　講明了男女該當平等的理　女人等着男人讓這個平權　是

四十四

不中用的　是該當盡力爭的　怎麼爭呢　就是發奮在學問上頭　也不是學那詩詞寫畫無用的小事　該學西洋有用極新的學問　他更能實力盡愛人如己的本分　受過他恩的人　常有感動流淚的　他更願守貞不嫁　要捨這個身子擔當國家的義務　哎呀　中國的雲霧將要叫這個懦弱女子撥開　我們占尊貴體格的男人　對着他能不愧死麽

附贈竹君女士詩

淪胥種國悲貞德　破碎河山識令南　莫怪初逢便傾倒　英雄巾幗古來難
推闌耶仁療孔疾　娉婷亞魄寄歐魂　女權波浪兼天湧　獨立神州樹一軍
千古蘭閨有志人　幾多熱力屈難伸　最憐種族淪胥後　渺渺平權乍造因
文明極點猶遙隔　千載何時復女權　喚起柔魂爭獨立　仁風吹活萬嬋娟

歎津俗　禁狡詐好訟

天津本是個勝地名區　老前輩也出了些個上等人物　文的有做過學院的　武的也有做過提鎮的　至於那翰林舉人　文武秀才　更是數不盡的了　富商巨賈　也不止一家　而且都是樂善好施　見義勇爲　故此這天津一處　善舉是數不盡的　既有這些位人物維持風俗人心　故此天津人　到了外方　沒有不高看一眼的　哎　不料這數年以來　把個天津字號　做的太壞了　天津人走到一處　沒有不躲的　一聽見天津二字　人家都皺皺眉頭子　難道天津人都不好麼　不過是一馬杓壞一鍋罷　你們再看這天津本城的風俗　還睜得開眼睛麽　這是怎麽個緣故呢　大概是有好人纔出好事呢　好人越少　壞人越多　壞人越多　壞事也多　壞事越多　好事越少　日積月累

簡直的沒好事了　衆位想想　滿街上淨是不好事　年輕的耳濡目染也就都學壞了　故此風俗人心　越趨越下　越來越壞　紳士商人也不是五十年前的紳士商人了　於這風俗人心上　也沒有絲毫的維持　更有火上澆油的　實在的令人可歎哪　我在津住了多年　我隨時留神查考　現在天津有幾樣極壞的風俗　實在可慮　頭一樣是狡詐好訟　第二樣是械鬥羣毆　第三樣是習尚奢華　第四樣是嫖賭太盛　這四樣惡俗　別處也免不了　不過是天津太利害些　要是再待二三十年　此地的風俗人心　還不知變個什麼樣兒呢　要不是越弄越壞　我可就不多說少道的了　皆因是實在的可怕　我故此細細的說說　怎麽叫狡詐好訟呢　皆因此地人　多有愛打官司的　這個愛打官司的風俗　可是老前輩開的端　當初鹽商富戶　都有幾個糟

錢兒　要是合人成了訟　他不論花幾千花幾萬　他非贏了官司不可也不論理之是非　事之大小　就專好逞這個能　那做官的　既使了錢　不能不叫他占上風　假如遇個淸官　不給他使喚着　他必買出人人情來　挾制承審的官　要是不受挾制　他必用大車載上銀子上京　必要把這個淸官　買的調開本任　故此那做官的　都知道有錢的勢力　爲什麽人財兩空呢　假如遇上個扎手的對頭兒　可就不聽官斷了　不論你有多少錢　你買通了地方承審官　你還買通了皇上麽　不論承審官如何壓制斷結　他必要上控的　上控不准　他再叩閽　決意死戰　也是非翻案非贏官司不可　假如贏了官司　這親友們就推他爲好漢子　做親的也來了　送衣裳送大米的也來了就把這人架弄起來了　俗語說　騎虎難下　既架弄起來　就不能退

後　故此時常的就得走跳衙門　交幾個書吏　認識幾個衙役　書吏衙役做他的耳目　他也給書吏衙役做爪牙　外面那些不讀書不識字的愚人　還知道什麽是非邪正麽　一見打官司露了臉　又有飯又時興　又有人敬又有人怕　他也就照樣兒學　一天的沒事找事　必跟有頭有臉的打場官司　纔算露臉揚名呢　故此這毒氣流至今日　成了這健訟的惡風俗　那年七月十二　收還地面之後　天津縣那一天不收幾十張呈子呀　眞受屈含寃的　也有幾個　那砌詞妄控　借端訛詐的　也實在不少　前者出告示　說的是誣控反坐　這是最知道天津風俗的　這個辦法極好　若以愚見揣度　辦理未免太輕　不如詳請府道　禀明督憲立案　以後再遇刁誣控　挾嫌妄告的　一經審實　即照反坐例　加等治罪　每年必把這事　編出白話告示來

粘貼幾次　下一任的官　也要接着辦　有犯必懲　或者這健訟的風氣也須好些　再說這械鬥羣毆　天津的土匪　動不動就打羣架　每到打羣架的時候　多者數百人　少者數十人　兩造約期開仗　刀槍並舉　棍棒齊施　輕者兩造受傷　重者必出幾條人命　若是地面汛官出來彈壓　這些土匪也不聽勸　必容他們打完了　然後投案打官司　噯呀　每年死的那些人實在不少　愚人們總不醒悟　總以敢打仗爲榮　這個風俗　從何處而起呢　有因爭行市而起的　如魚肉瓜果等行　起卸貨物的車行脚行　鍋匪之中　也有因在侯家后　爭做護花旛的　總而言之罷　所爭的不止一樣　而械鬥羣毆的　萬沒有好人　皆因以上這些事業　不但好人不肯辦　而且不能辦　敢辦能辦的　也就是這些無業的游民　既把行市爭到手裡　狐羣狗黨　也

四十七

是一窩蜂似的　故此這行市頭目　侯家后拏錢的混混　鍋夥裡的首領　都是挨過蟒鞭　站過木籠　打過羣架　充過大軍　犯過人命重案的　況且我們中國　又是個不講教化的國　無業游民是多的　一天喫歁嫖賭　挨靠匪人　花的沒錢　不中的就入夥了　一入夥　三個一羣　五個一夥　約會約會　就開逛喫麵了　那位說　什麽叫開逛喫麵哪　這天津混匪的規矩　是有願入夥的　就到鍋夥內說明　這就叫某人開逛　大家一同喫一頓麵　喫完了　那匪首必問他合誰有讎　開逛的袖必藏洋槍利刃　帶上一兩個混混　找向讎人去打仗　打完之後　必再到侯家后找出錢來　然後這纔算是個名角　鍋夥越立越多　人也越聚越衆　就是那十來歲的孩子　在玩耍時　也必效混混叫罵打架的樣兒　你們看這惡俗　可憐不可憐呀　當初李文

忠公　奏過此事　部裡也立過案　天津的混匪　照會匪一律正法

後來殺了幾個　地面就安靖了好些日子　那年王中堂做直隸督的時

候　混混又聚起來了　河北打羣架　竟敢砸毀舖面民房　有位天津

府叫李蔭梧　這李公祖是位疾惡如讎的好官　辦混混是最嚴的　河

北既出了這案　就赶緊派勇把兩造拏了幾個來　一造殺了一個爲首

的　這羣毆的風俗又好些　前二年羣毆的又多了　破城之後　西人

治理地面　安設巡捕　慢說羣毆　就是在街上拌嘴揪扭　也必拏到

兵官處罰充苦力　誰想到匪胆如天　白晝不打黑夜打　也有白天在

僻處打的時候　河東脚行打了不是一次　侯家后也打過好幾次　洋

兵看見就開槍　他們始終不怕　刻下地面收回　這個禍害可要預先

防備的　仍是奏明立案　多粘白話告示　別落個不教而誅　出示之

四十八

後　再有羣毆械鬥的　巡警兵就趕緊喝阻　將兩造拘案懲辦　輕者責罰扛枷　重者罰苦工若干月　責罰滿日　再問兩造曲直　倘巡警連喝三聲不聽　或不服拘拏　或被拘逃脫　准巡兵開槍轟擊　擊斃勿論　匪人羣毆　行路的急速的躲避　倘敢在旁駐觀喝采　巡捕開槍時　誤擊莫論　聲明此條　防範匪人被擊後　不認爲械鬥的人他說他是行路的　他必挾制兵官　可就不好辦了　既嚴辦械鬥　還得嚴辦游手　凡見有大鬆辮穿花鞋　橫行凶惡的　看着不像安分的就把他拏去罰苦力　必如此　這械鬥的風氣　纔能盡絕呢　不但保護軟弱的良民　也保全無數的性命　這個辦法　絕不苛刻呀　頭次說的是禁健訟　二次說的是禁羣毆　這兩樣　官府都能辦到　惟獨這習俗奢華　可不能繩以王法的　這個責任在本地紳士身上　既

是做官讀書　就有轉移風俗的責任　要是做官合讀書的　也隨着鬼混　這風俗可就沒人轉移了　我們中國人最沒熱力　念書的人更是不多事的　慢說本國本省本鄉的事　就是他那本家的事　他也必分出彼此來　與他本身無干係的　他也不管　這是我們中國讀書人極大的身分　我不是讀書人　我也沒官職　我也沒經濟學問　我不敢說轉移風俗哇　這四個字我實在說不起　不過生個人來　盡我們為人的心罷　衆位看　近來這幾年　天津浮華到什麼地位了　也不論士農工商　高矮貴賤　洋布都沒人穿了　做買賣的　也講做濶　洋貨店錢舖的夥友　也穿一身寧綢　若到夏天　都是官紗紡綢　夏布哆囉蔴　都不穿了　秋令都是夾紗　貴州綢也沒人買了　也要吸鴉片烟欵外國美酒　屢　綾羅綢緞　不是不許穿呀　可也得量量家當

四十九

也得看看自己的營運哪　果然是世家子弟　家財萬貫　穿出來也沒人笑話　我們每年賺不了二百吊錢　身上也要穿幾十塊錢的衣裳那買賣焉能不關門呢　錢舖焉能不坑人呢　市面的商務焉能不空虛呢　再說不論什麽進項　都坐一輛包月的東洋車　一個人拉的每月就得十四五塊　兩個人三個人一輛的更得加倍了　果然有正經事　也不要這麽濶呀　何况沒有正事　一天的浪闖呢　衆位若不介意　請到估衣街鐵橋宮南北　畧站一刻　就看出來了　再說這住家戶兒　婦女們也都不講究過日子　近來就有點笑破不笑娼的意思了喫敦穿戴　無一不濶　一件衣服上　沿的綉花辮子　就值幾兩銀子　綉花的不解恨　還要平金的　婦女還有可原　那少年的男子　也必沿些平金　那衣裳的裡子面子　還不值幾個錢麽　至於那婦女們

的打扮粧束　也是貧學富　富學娼　道理全無　任情揮霍　曖　豐年不積蓄　荒年焉能不爲非做歹呢　再說那娶聘的罷　也是爭強鬬勝　眞有娶一次媳婦　聘一次閨女　弄得買賣虧空家貲告罄的　曖呀　這是何苦呢　至於慶壽日賀滿月　也必叫幾個歌妓到家來　常有慶賀一個生日　花銷幾百塊錢的　遇上喪葬的大事　那奢華更不用說了　必要雇多少和尚道士　必要念幾七的經　必要全分執事儀仗　常有辦一次喪事　弄得過不了的　曖　這果然就算孝心麼　這街面兒上　果然就算露臉麼　怎麼正經事不爭強鬬勝　專在這一過兒不要緊的上鬬奢華呢　古人說過　喪葬稱家之有無　那喜慶的事更不用說了　北京城的平常人家　買賣人家　都是極儉樸的　都講究辦完了事　沒有窟窿　沒有討賬的　除非那官宦人家　有這奢華

的惡習　皆因做官的錢　來的太易　他們也得飄蕩似的花　他們把錢要都聚起來　這手藝人買賣人可就苦了　我們爲士的爲工的爲農爲商爲賈的　這錢財來的實在不容易　我勸衆位　亟早拿定主意　不論是小掌櫃濶大爺　也不論是居家鋪戶　千萬都要低頭想想　別一天的渾喫悶睡了　年頭兒不好　別有多少花多少　倘有個湊手不及　可就露馬脚了　等到出了醜　一定是沒人接應你們的　到那時候　我怕連洋布也穿不上　連棒子麵也抓不上阿　古人說得好　常將有日思無日　莫待無時想有時　又說勤儉生富貴　奢華生貧賤　又說貴自勤中得　富從儉裡來　這都是濟世良言　衆位可別不醒腔　還有一樣兒　衆位可要分清了　要遇上當辦的好事　可要破費一點纔好　我常見一種刻薄成家的人　生一個敗家子來　一花就是好

幾百吊好幾千吊　他在他父母身上　骨肉近親身上　反倒一毛不拔　要有混星子訛他　一訛就一百塊二百塊　要遇上舊日的朋友受了困　或遠親边隣遭了難　他仅一味的裝窮　他要到了小班子　落子館　一賞就是好幾塊　他可在老師的束脩上打算盤　還嫖賭債他有錢　還米麵布疋的債他就沒錢了　地面若出了義舉　親朋一見他　他就皺起眉來了　他要見了什麼銀福金鳳金翠玉環的　不怕一遞就二百塊　他也絕不心疼　目下這個樣兒的人　實在不少哇

戒賭

賭錢是件極沒出息的事　賭錢的人　六親不認　輸急了就須做賊　怎麼總禁不絕呢　皆因辦的太輕　况且那局頭就是個壞根子　不賭錢的　他也能勾引的賭了錢　就不用說有賭癖的了　禁止的法子

就是取兩個法子　一個是洋兵抄家的法子　一個是宮保禁私錢爐的法子　前年去年　洋人治理天津的時候　最恨賭博　要知道誰家賭錢　就把他一齊拴走　不但從重責押　還要多罰他的銀錢　此地的婦女　最愛賭錢　也有在家內賭的　也有邀親友家喜事　聚在一處賭的　洋兵的辦法　是一概而論　也不論是男是女是老是少　也不論是喜事不喜事　內宅不內宅　巡查的一巡着賭博了　就帶上兵把女人們揪着走　揪到巡捕房　多少塊錢贖一個　不然就看押起來　河北梁家嘴　有一家辦喜事　女眷鬬牌　被洋兵查知　把五個穿珠帶玉的女人　揪向街上走　有一個羞愧難當跳了河的　洋兵全不介意　仍把那四個揪了走　後來聽說是拏錢贖回來了　河北關上東門裡　鬧口　河東　都出過婦女被揪的事　洋兵辦的極合理

絕不爲過　皆因我們中國人　太無知了　雖然辦的這麼嚴　你們當是不賭麼　嘜呀　那男男女女還是照舊的賭哇　不過比從前留神些不在臨街的房裡賭　門口兒總留一個人瞭望　嘜　你們看看　喈們中國人還有心麼　目下我們中國官　要打算禁賭　不能照洋兵辦理　可就照袁宮保禁私錢爐的法子罷　也是先出白話告示　設局抽頭的什麼罪　賭錢的什麼罪　街隣不舉報的什麼罪　製造賭具的什麼罪　首告賭博因而拏獲者　有何賞　巡捕境內無賭博的有何功每月貼他一次　時時刻刻　派人嚴密訪察　自然賭風就息了

三奇論

香港華字報上　有中國三奇論一篇　他說自古以來　要是用兵打仗或是打算圖謀別人這些事　不怕用奇怪的方法　出奇怪的主意

因爲是對外人的事情　至於治理本國的法子　或是改舊更新　或是取長補短　總沒有奇怪的地方　到底中國官場中　有狠奇怪的三件事情　如今我說一說　想衆位官長看見　自己必也覺着可笑　第一條俗語常說　官官相衛　惺惺惜惺惺　這些話原不足怪　比方這一個惺惺　彼此始終的惺惺　你憐我　我惜你　這也是情理當然惟獨如今所說官官相衛的這句話　比如官合民有什麽牽扯的事情或是官寃枉了民　或是民寃枉了官　打了官司　成了訟事　到那時候審這案的官　不論明白糊塗　總是不問誰有理　誰無理　心裡先有一個官官相衛　該當如此　如今我也不必講審案的人該當有什麽責任　律法該當怎麽樣遵守　我先問你這審案的官　難道你生來就是官麽　從前你一定也是民　你那作民的時候　若是遇見官官相衛

的審官　寃枉了你　你必恨怨入骨　怎麽如今你作了官　就把你的出身忘了　把你從前同類的民忘了呢　這眞是中國人心思奇怪的一件事　第二條是刑法合敎化　我常說　再沒有苦過中國民的　什麽緣故呢　就是因爲沒有敎化　不設法敎化百姓　故此民一天比一天的糊塗　又沒有官中的學堂　認字的人狠少　共合中國人算計起來一百人裡頭　倒有九十五個不認得字的　又不准民間隨便看律例的書　說是恐怕人調詞架訟　及至他犯了法　就拿刑法治他　責備他說　爲什麽你犯法　我不能不刑法你　旣沒有敎他　又沒有學堂　又不准讀律　民間怎麽能懂得什麽是犯法　什麽是不犯法呢　故此有犯了法的　身到法場要殺他了　他還不知道是什麽緣故呢　這是刑法合敎化狠古怪的　第三條就是妄信神道　如今作官的　平常

五十三

不懂得盡心民事　不懂得設法子防備旱澇瘟疫等事　一遇見天旱了就向那無知無靈木雕泥塑的像求雨　下雨澇了又求晴　有瘟病不想法子防備調治　就想盡各樣糊塗方法送瘟神　可笑到了極處了從前我認得一個官　天旱的時候　他就求雨　後來雨下多了　他又求晴　我就把這個眞理對他講　他說的好　你們不知道作官的苦處這是照例的公事　我要不這樣辦理　人就說我不關心民事了　這樣看起來　他心裡也不信這些事情　不過就是隨着風俗罷了　這豈不是上下彼此欺騙麽　這三件事　官民上下照例通行　沒有以爲怪的　我說這話　倒有人以爲胡云亂講的　我請快快的把這奇怪事改了罷

敗壞的原故

我最可笑如今許多的假明公講西學　總要牽扯附會着說　西洋各種學問　都是從中國流傳去的　比方電學出在中國古來什麼書上　化學出在中國古來什麼書上　其餘別的各樣學問　沒有不是中國古來有的　到底失了傳了　這些個自欺欺人的話　不但可恥　而且有什麼益處呢　比方如今有一個窮人　身上沒有一件整衣裳　肚子裡天天不得飽飯喫　睡覺沒有一個準地方　他還對着人揚揚得意的自己誇獎說　你們這些富貴人　算了什麼　我們祖上的富貴無比　你們這些個錢財　都是從我們家裡賺了去的　衆位想想　他這些個話是有見識沒有　他果然要是有見識的人　該當立志要强　改惡從善　要眞比人强　人就佩服　不在乎會說大話　人纔恭敬　我們中國人的風俗　向來專在虛體面上瞎爭論　總是不懂得求實在的效驗

五十四

從前台日本打仗　明明的敗了　還有人作出來許多的書　把劉大將
軍誇的智勇無雙　英雄蓋世　不但市俗人這樣見識　那一年鄉試的
題目　還要出一句征者上伐下也　到如今細細一想　後了什麼益處
因爲這個糊塗驕傲根子　纔生出來保淸滅洋的義和團　如今纔落
得這步天地　你們看法國合德國打仗敗了　赶緊就把本國打敗仗的
光景畫出來　怎麼樣受人的凌辱　怎麼樣受人的殺害　形容的十分
慘情　叫國中人隨便觀看　人人看見沒有不切齒痛恨發奮立志的
不幾年的工夫　法國照舊强盛起來　如今我們中國　專會講虛空無
用的驕傲　有什麼好處　不過是爭虛名得實禍罷了　你們再看看俄
國開創的皇上大彼得　他羞愧自己的國不如人　他就肯改辦私裝
上西洋去合那工匠下人在一處　學習能幹　如此纔有後來的强盛

從前恭忠親王說的最好　人不是跟着人學可恥　你要不學不如人那纔是眞可恥呢　我願意我們中國上下人等　都要發一個眞謙遜的心眞羞恥的心　從此大家合起羣來　發奮要强　改惡從善　人人要激發起天良來　實心作事　不要竟逞着一個人的私心　說那些無知的門面話　自欺欺人　自悞悞人　總而言之　中國人若沒有眞謙熱愛　赤胆忠心　萬萬不能盛强　萬萬不能存立

沒有道理國不能强

人怎麽纔成個人　國怎麽纔成個國　必定有一個眞道理　凡是有氣血的活物件　沒有不懂得自私自利的　到了人的自私自利的心　比別的更利害　故此必須有一個道理合法律管束着　不然就不成個世界　也不能成一個國　若像如今這些浮薄少年　開口便講自由　說

平等　說這是西學的精微奧妙　其實我看起來　西洋狠不自由　狠不平等　你們看西洋那當兵的　見了兵官　是怎麼樣的恭敬　絕不像我們中國綠旗各營的這些兵　統帶在前頭走　後頭就有張口辱罵的　西洋就沒有這樣平等的　在中國不論什麼下賤無能的人　有錢財　有勢利　就可以做官　西洋就沒有這樣的平等　有強力的可以隨便欺壓軟弱　有聰明的可以隨便詐騙愚蒙　立約可以不遵　言而可以無信　西洋就沒有這樣的自由（這是中國野蠻之自由）是自由再沒有中國自由的了　所以敗壞也再沒有中國敗壞的了　在西洋講自由平等　國就可以強　在中國新出這一班講自由平等的　國更壞了　是什麼緣故呢　這並不是橘子到了江淮就變成枳了　好比把芝蘭放在猪圈裡　自然就蹧蹋的沒有香味了　所以若是沒有個眞道

必管束着人心　必要鬧得天翻地覆　放僻邪侈　無所不至　我雖然無才無德　本是一個草莽下賤人　到底我用心考查二十多年　中國敗壞的根子　就是沒有教化的緣故　人多是以空言爲能　并不以實行爲貴　單懂得自私自利　任意行野蠻的自由　不懂得誠實無妄愛羣合羣的道理　所以纔成了如今這癱瘓病的中國　要想叫中國强非變法不可　要變法非變心不可　要變心沒有眞正的宗教　是萬萬不能的　等我明天慢慢的講　請看自古以來　大英雄　大豪傑　能成大功立大名的　大概都是有宗教守規矩的人　人必須有篤信好學守死善道的心腸　纔能作出空前絕後經天緯地的事業　到底平常的人性　都是願意自私自利　若是教他屈己從人　舍身救世　那是萬難的　如今我講一段極平常極淺近的道理　也是極深奧極眞實的情

五十六

理　比方說　自私自利是人的本性　到底該當知道　我願意自私自利　別人也是願意自私自利　我的自私自利　不可害了別人的自私自利　單我一個人得了自私自利　是不能公平的　也是不能常久的　必要想出個道理來　叫大家都能彀自私自利　還是求其能彀常久自私自利　到了大家都能彀自私自利　那就是把私變成公了　合衆私成一個公　那也是眞正大公了　這麽說起來　非合羣不可　非有愛德不可　要有愛德能合羣　非有眞正的宗教不可　這也不是我一個人的私話　近來有位明公他講有宗教的好處五條　狠是閱歷有得的話　恐怕還有許多人　不以爲然的　那些不以爲然的也沒有別的　不過是喜歡隨着私欲偏情　願意一個人自私自利　或是存着自是的根子　不肯虛心求益就是了　人的見識　不能强敎他一樣　俗語

說得好　君子落得作君子　小人枉自作小人　願意作民胞物與的君子　或願意作害羣敗事的蟊賊　全在這誠實虛詐上分別　如今我把那有宗教的好處　畧々述說個大概　可並不是像翻譯書似的一字一字的照着鈔　不過取其大意而已　第一沒有宗教就不能統一　俗語說　人心不同　有如其面　世上的人　糊塗的多　明白的少　故此必該當有個一定的宗向　超在萬有的上頭　不然人就隨意的爭競恣情逞慾　七顛八倒　不能歸一　故此若知道有個一尊在上　人的精神　就團結在一處　遇見有那不可壓的偏情　不可制的私欲　不可平的黨爭　惟獨歸向這一尊在上的　就能彀壓制　能彀平和　你看西洋古時候的十字軍　到處戰勝攻取　那也不是別的　不過是人心統一的好處　故此越是糊塗的國　這宗教越發是要緊的　第二沒

有宗教就沒有希望 這個希望就是盼望 這個盼望好比人生在世的糧食 人生在世總是有兩個境界 一個是現在的 一個是未來的現在的是實有的事 未來的是盼望的心 不論何人 在世上必常有個盼望在明悟中往來 因爲這個纔能鼓動他那勇敢 往前進步 辦理各樣事情 到底有一件事 常合這希望相連 又是最害這希望的一件事 就是失望 人正在希望的時候 那高興的勇氣加好幾倍及至到了失望的時候 那敗興的喪氣也是加好幾倍 故此世上有形像的希望 是狠危險的 若是人認定了眞道理 那是無形的希望一想人生在世 七尺的身子 幾十年的光景 至微至小 算不了什麼 我有一個永遠不滅的靈魂 那是至重的 我的大事業大歸向在靈魂 不在肉身 故此我雖一時苦惱 我能永遠安樂 你能害我

肉身　不能害我靈魂　人果然有這樣的希望　就得了安身立命的根基　不論受什麽折磨　遇什麽煩惱　絕不至於敗興喪氣　有這一種神味　他那發奮勉力　更加幾倍　沒有宗教的人　稍有不順心　他不免就灰心喪氣一敗塗地了　第三沒有宗教就沒有解脫　人生在世不能成大功立大業　大概皆因這各樣的外擾纏住了　比如那聲色貨利　妻子名聲　樣樣都能沾染人　留戀人　故此遇見一件該作的好事　私心裏頭　必要反反覆覆的思量　是這樣好呢　是那樣好呢若這樣辦去　合我的名聲不大好　如此一想　辦事的勇敢心就減了去三四成　又一想　辦這事雖然好　到底不利我的身家　如此一想　那勇敢心又減了去六七成　又一想　辦這個事不利我的性命那勇敢心就減了去八九成　所以古人說　知之非艱　行之惟艱　宗

教原來是引導人超脫俗世的　一切世上的物件　事故　肉身　都是虛假空幻的　連肉身都不是眞的　何況別的樣樣假事　有什麼可貪戀的　有什麼捨不了的　得了這個神味在心　就逍遥自在無罣無礙就是捨身救世也是該當的　要沒有宗教的人　雖然天天强勸勉他强節制他　也是枉然　第四沒有宗教就沒有忌憚　孔子說過　小人而無忌憚也　人若是到了沒有忌憚　那小人的身分也就作到極處了　如今世俗所說識時務的俊傑　不過嘴頭上　學了幾句時興的新話　什麼文明拉　野蠻拉　起點拉　這就目空一切　把古來所傳的道德仁義　一概抛到九霄雲外去了　說那算不了什麼　到底又在近來各明公所講的那私德　並沒有看見一點兒　他自己說　盡心發揮公德　我還沒看見他的一點公德　他那私德早已都丟淨了　聽見說

禮運大同的意思　別的好處還沒有　他先把尊親長上丟在一邊去了
看了邊沁功利的書　別的不想　就單圖自私自樂　看了斯密原富
的書　不想着加增公衆的益處　先想着積私財　看了達文的物競論
不懂得合羣團體　就知道自爭自亂　看了康德講自由的話　就彼
此放蕩無恥　任意縱横　他還說這是上天給我本來的權衡　看了加
富耳　俾司麥　各人外交應敵的法子　這就設法的詭詐　盡力的騙
人　他還揚揚得意的說　這是我辦事的手段　以上這些事情　都是
無忌憚的小人　害羣害世　萬要不得　沒有這樣的維新還好　有這
樣的維新　國怎麼能不亂呢　以上這些個說章　出在西洋　怎麼不
出大毛病呢　因爲有一定的宗教管束着人心　在不知不覺之中　人
都知道立德爲先　貪私可恥　卽至有一兩個野蠻不法的人　妄作非

爲 大家都要羣起而攻之 世間上明白人少 糊塗人多 必得有個規矩 有個歸向 纔能按部就班的成一個國 要講學問 必得先講立品 纔免得害己害人 欺人自欺 比方一隻船在海裏 隨意搖蕩沒有一個定南針 那就不知道隨着風浪 飄流到那裏去了 第五沒有宗教就沒有魄力 人的性情 大概都是好安逸 怕勞苦 喜歡自私自便 不肯損己利人 所以古來千言萬語勸勉人的話 那眞正身體力行的有幾個人呢 什麽緣故呢 總是看得自家親切 專顧一己之私 凡事計較得失 計較利害 左思右想 瞻前顧後 所以沒有堅固勇敢的心去做好事了 若是眞正有宗教的人 看天下如一家講愛人如自己 人生幾十年 正是在世上立功的時候 功無勞不成 德無苦不立 至於死生 都是有命的 我肉身有死 我靈魂不

死　肉身死了　不過是身上那些金類木類　合那炭粉糖鹽水各雜質死了　我果然問心無愧　與世有益　死了又怕什麼　死既不怕　別的艱難困苦更不要緊了　故此人果然有這眞宗教的意思　沒有不勇猛精進　堅固耐久的　若是講究格致的人不然　作一件小事　要算計他到底　眼前的利害　要分析到毫厘　天下的事　那裏有百利沒有一害的　萬觔重的機器　有一個沙子擋住就難動了　所以人要遇見一件事　大端不錯　就可以做了　若是等得四齊八整　萬無一失思慮萬全　天下的好事沒有一件可做成了的　我這番連講宗教的益處　要知道這正經道理　實在是一國中最不可少的根基　因爲眞正道理　能管束着人心　能鼓動人的勇敢　能發揮人的善念　能堅固人的德行　像如今這班浮薄少年　輕佻浮躁　狡滑詐騙　刻薄嫉

妒　散漫雜亂　都是因爲沒有宗教的緣故　凡是侮辱宗教輕慢宗教的人　大概都是不肯言規行矩　守身立品的　因爲拘守規矩　不能隨他任意放蕩的方便　凡是篤信宗教的人　他必有個至誠　至誠就能任重致遠　能感人動物　故此平常的人　能彀在一鄉一城作個善士　常是仗着宗教　大人物能彀作驚天動地的事業　也必是仗着宗教　人的至誠　雖然不是宗教給他的　到底人因爲信正道　這至誠纔能發達　纔能增長　纔能堅固　纔能長久　所以書上說　至誠而不動者未之有也　這就說的是有宗教的話　不誠未有能動者也　這就說的是沒有宗教的話　如今我們中國　最缺的就是公德　沒有愛羣的心　故此做不出愛羣的事情　自上至下各等人　不過都是設法得着自私自利就完了　知道民間沒有教化　誰肯多立些個學堂　中

國信異端的壞風俗　誰肯出頭改一改　最可恨的是無益有害　敗壞
種類的一件事　就是這婦女纏脚　雖然出過　上諭　並沒有許多人
肯聯合在一處　想法子改了這惡陋不堪的風俗　別的還說什麼　整
天的高談闊論　有什麼用處　我們中國若不振興起來眞正宗教　講
明了公德愛羣的道理認眞實做　是萬不能强盛的

敝帚千金卷一終

072
517-1
186822

光緒甲辰四月

每本小洋壹角

敝帚千金

天津大公報館印

敝帚千金第二集序

前日大公報主人送我一本書　名叫敝帚千金　翻開來看　纔知是大公報後頁積年的白話　其中也有看過的　也有沒看過的　分爲　開智　辨邪　合羣　勸戒纏足　寓言　五類　第一本先把開智一門印出發賣　不上十數天　幾千部全賣完了　現在大公主人恐怕看書的人　單看一類　易於厭煩　又把各類中揀好的印成第二本　要我做篇序文　我嘗佩大公主人爲人有氣概　辦事有血性　今要我做序是不能推辭的　但是這書明白淺顯　婦孺皆知　爲將來普遍文明的張本　我要做一首文章　長篇大牘　未嘗不可　但文字越高雅　看的人越少　因此也仿做一篇白話　說與諸君聽聽　中國要求富强　有說要開學堂　有說要練兵　有說要興農工商礦諸事　平心而論

這都是極要緊的事 但我有一句總話 若民智不開 任憑你辦什麼都不會好的 何以見得 因爲中國地方太大 民數又多 從前教育未得法 明白事情的人狠少 辦事雖是少數人 但要多數人幫助纔辦得動 要開多數的民智 第一在看報紙 但報館文章 雖是明暢 不通文字的 仍不能看 因此一層 報紙開化的力量 尚有阻礙處 該主人創辦大公報時 早已見到此地 因時常把報尾附上白話一段 隨時指點 借事發揮 我看這白話的功勞 比做文章還大呢 諸君要曉得日報附白話 是大公報的特色 從前是沒有的上年北京辦過京話報 最是好看 惜只出到六期 就停印了 此外尚有杭州白話報 安徽俗話報 潮州白話報 中國白話報 新白話報 成都啓蒙通俗報 湖南通俗編各種 又有白話編成的新書 如

上海出的白話叢書　溫州出的白話史　商務印書館出的泰西歷史
英軺日記各種　都是極易看懂的　我並非與諸君述白話書報的歷史
因爲諸君既然費錢買敝帚千金、必是愛看白話　不免略述一二
以便諸君多買數種　茶餘飯後　閒暇無事　翻閱一遍　也是有益的
事體　但是我看此書後　心中尙有一件事　急欲奉告　因爲我中國
敎化不講　識字者十人中只好得一人　此書縱然淺顯　也要識得字
纔念得過　若只一人能看　那九人豈不向隅　我曾聽人說　外國
有一種演說會　每日夜晚或禮拜日、趁各處放工衆人閒空時候　揀
那好報紙　與一切新聞　向衆演說　所以外國雖是下等之人　於國
家事情　普通道理　沒有不曉得的　故爾人人有愛國之心　有利大
家合力維持　有害大家齊心防守　民心堅固　不受他人一點欺負

中國演說的事　也時常有之　卽如我家四川地方　此風尤盛　但所說者　如感應篇陰隲文帝君寶訓玉歷鈔傳之類　雖是勸人爲善　然虛誕的話太多　或反轉添出許多迷惑狂謬的思想　至於那鼓兒詞說平書等事　北方也多　更是毫無意味　我今奉勸諸君　如喜看這種白話　有錢人家　可以請人按時演說　那啓發人的心思　感動人的力量　比善書更快十倍　功德也大十倍　若居家無事之人　花前月下　可揀那趣味新鮮的　說與孩子們聽　不比鼓兒詞說平書更好嗎

光緒甲辰四月初八日江安傅增湘叙

敝帚千金第二本序

敝帚千金第一本纔出來　幾天的工夫就賣淨了　原定的是共分五類　各印一本　後來有朋友說　不如把這五類　每類選幾條　共合在一本上　更覺有味　如今這第二本　就把所定的五類　合在一處　雖然不敢自誇有什麼好處　到底還可以自信　尙不至於有損無益　請大家買去　得便的時候　念給不識字的人聽聽　至於竹園主人的幾段寓言　尤爲特色　極有趣味　我們中國四萬萬同胞　倘從此警省發奮　力改前非　舍短取長　興利除弊　從此斷不難國富兵强民康物阜了　在下雖然愚昧卑賤　但是救國愛羣的情懷　善與人同的意思　也不肯甘居人後　願與我同胞共勉力前途也

光緒甲辰四月望日　英斂之自叙

敝帚千金

恭賀新年

到了新年　常說的是一元復始　萬象更新　上自　朝廷　下至百姓都要慶賀這佳節　人人見了也都要說幾句吉利話　不過是多多發財　急急高陞　萬事隨心　百般如意等語　如今我也照着這個俗例向看報的衆位　祝贊幾句　第一先祝　朝廷上　一人有慶　萬壽無疆　明良遇合　上下一心　賢者在位　能者在職　舊染汚俗　咸與維新　第二再祝官府　開誠心　布公道　宣上德　達民隱　合天理　近人情　推賢薦能　除暴安良　毋忘爾俸爾祿民膏民脂之旨常念視民如傷　自能民愛之如父母　第三再祝讀書的　要在有用的學問上用功　該當有先天下之憂而憂　後天下之樂而樂的志氣　要

一

窮則有守　達則有爲　不要仗着念過幾句書　這就詐鄉愚　欺孤寡
唆詞架訟　刀筆殺人　中國常說　士爲四民之表　這個責任實在
不小　不要自己不知自愛　像那史書上元朝的時候　把宋人分作十
等　七匠　八娼　九儒　十丐　噯呀　在乞丐的上頭　在娼妓的下
頭是儒　你說可憐不可憐　到底這不怪元人刻薄　實在是那念書的
老夫子們　自己招的　如今這些位念書的　雖然不至於這步天地
到底若論到承先啓後　繼往開來　作四民之表　恐怕也差得遠　不
用說能引導國民向文明裡進步　恐怕阻塞風氣　激出國民一種反動
的力量　痛恨維新　那遺毒無窮的事情也不少　我祝禱衆位　以後
要立志宏毅　任重致遠　作事脚踏實地　不可單懂得大言欺人　自
尊自傲　因爲讀書的總是做官的種子　古語說宰相須用讀書人　是

不錯的　到底讀書兩個字　也大有講究　不是出口成章　下筆成文
名物象數　考據註疏　就算有學問了　古人也講過　知行並進
有知無行　如同有目無足　有行無知　如同有足無目　眞正的學問
總在先立己　後立人　能彀濟人利物　能彀致君澤民　那纔算有
用之學呢　那纔不愧名爲儒者　第四我再祝那農工商賈各等人　各
勤職業　各逞技能　興利除弊　舍短取長　蒸蒸日上　日進無疆
要知道民爲邦本　食乃民天　利用厚生　以有易無　凡是這些個實
業　立國萬不可少的　中國人向來無大志　無恒心　不是苟且圖安
卽是因陋就簡　在上的在這根本上　不懂得提倡培植　就知道壓
制剝削　所以總沒有發達興旺的盼望　如今我再祝禱舉國上下　要
知道根本大計　天下瘦一人不能獨肥　一路哭一家不能獨樂　要懂

二

得合羣的道理　凡事獨力難成　衆擎易舉　人人要有發奮爲雄的志氣　人人當有同舟共濟的心情　生死存亡的關頭　就在眼前　現在不是可以優游自得　逍遙快樂的時候了　果然大家打個斬釘截鐵的好主意　自然就能國泰民安　年豐物阜　家給人足　天下太平了　我這些話　雖然不好聽　比那見人恭賀發財陞官的妄想頭　吉祥如意的虛套子　豈不强一點麼

壬寅年終贈言

俗語說的　光陰似箭　日月如梭　轉眼間又是一年了　古人比方人生一世　如同電光石火　細想起來　一年一年眞是快的了不得　我們中國人　不論士農工商　多半是把這日月白白的度過了　喫歉玩樂　游手好閒　凡事但求躱懶偸安　得過且過　所以自那治國齊家

至於修身學藝　沒有一樣出色的　總是因陋就簡　愈趨愈下　從前曾文正公　他那辦事修身　一刻不肯放鬆的　他所守的　不過是袁了凡的兩句話　從前種種譬如日昨死　以後種種好比今日生　這就是日新又新的意思　如今人開口便講維新兩個字　這兩個字本是極好的　就是書上說的　舊染汚俗　咸與維新　你們想　不論什麽物件　若是永遠不修理　任意作踐　豈有不壞的　萬事萬理　也是一樣　但是萬事萬理的根子　全在人身　人身的根子　就是這個心　所以古人千言萬語　都從立志修身上講起　比如陸象山講先立其大　王陽明講致良知　李中孚講悔過自新　這些個學問　雖然不是人人都懂的　到底人沒有這個意思、就不能成個人物　做出個事業來　你們看西洋人　作事不論大小　沒有草草了事不認眞的　什麽

緣故呢　難道人人都能一樣麼　這就是受過那教化的好處　從前我講沒有教化不能成國　這個理是萬不錯的　也不必在那門面上爭鬧氣　這都是有眞憑實據　一條一條可以考察的　那個眞　那個假　那一樣包的廣　那一樣不通行　那一樣利少弊多　那一樣無損有益　那一樣空高無補　那一樣切實可行　既然是個人　就該當用心考查　既然願意成個强國　尤其不可不追究　不然講變法　講維新　年復一年　月復一月　依然故我　成效毫無　白把有用的精神　消磨在無用之地　有限的時光　都作了無用的事了　豈不可惜　如今一年將完了　我們該當照着西洋年終的分數表　海關報銷的册子　細細的算算　學問是長進了沒有　事情是辦好了沒有　不可一年的工夫　枉食天穀　苟延歲月　如今我再把陶淵明的詩奉獻給衆位聽

聽　就是盛年不重來　一日難再晨　及時當勉勵　歲月不待人

癸卯年終贈言

噯呀　又是一年了　古語說　舉世盡從忙裡老　誰人肯向死前休　這話眞是不錯　大凡一個人　都有個老　也都不能長久活着　忌諱說這個　也是不中用　到底人的死後　有重於泰山的　有輕如鴻毛的　修德立功濟人利世的流芳千載　窮凶極惡損人利己的遺臭萬年　細想起來　不論光榮顯耀　富貴功名　或是羞辱卑賤　艱難困苦　一概都是鏡花水月　夢幻泡影　獨單那德行合罪過　這兩樣傳留無窮　所以古人常說　君子落得做君子　小人枉自做小人　眞是不錯的　既然人稱爲萬物之靈　就該當明白這天理良心　是非邪正　不然餓了知道喫　渴了知道歠　就懂得私慾偏情　貪婪殘狠　貧賤

時知道想富貴　富貴了又想得權勢　忿了知道爭　憂了知道悲　窮則無所不爲　富則任意放蕩　這與禽獸有什麽分別呢　這些個都是古人常警戒人的話　到如今的時候　這個理也是不能更改的　到底竟如此的講論　還是不彀　如今的人心日薄　風俗日壞　强鄰外患一天逼緊一天　眞是眼睜睜就要國破家亡　作人的奴隸了　舉國上下　毫不動心　在上的也不知細想想　怎麽能彀轉弱爲强　怎麽能彀消災免禍　還是一味的擅作威福　貪財受賄　在下的就知道逢迎諂媚　百計的鑽營　苟圖一時的富貴　其餘一概的愚民　無識無知　得過且過　那些困苦顚連的　更是恨天怨地　罵雨呵風　强横的逼成了盜賊　輭弱的流爲乞丐　你說這等大的一個國　怨是誰的不是呢　第一不能怪朝廷　朝廷上常講不使一民失所　方纔稱心

第二不能怪官長　官長常講愛民如子　保衛閭閻　第三也不能怪黎民百姓　這黎民百姓　自幼就沒有受過教化　長大了又沒有一定的職業　耳所聽的眼所見的　沒有眞理正道　他怎麽能好的了呢　總而言之　這也不是一朝一夕所能成的惡俗　也不是一個人兩個人所能敗壞到的這個樣兒　這總根源　是沒有眞正的宗教　沒有純善的教化　沒有完全的律法　整天的在那皮毛上治理　在那虛浮上用功　古語說隔靴搔癢　緣木求魚　雖不能濟事　到底也沒有什麽禍患　這國家的大事　性命交關　一着打錯　萬事皆非　不能防患未萌　自然遺禍無底　雖然有報館裡幾個愛國憂民的口頭禪　紙上談兵的大本領　別人看着　不是無病的呻吟　就是太平的咒詛　況且報館裡的人　又不是個個眞有民胞物與的眞誠　獻可替否的妙策　多

五

半是嬉笑怒罵　嫉妒挾嫌　說些現成話　吹毛求疵的一類　如今的
時局至此　白白的怨恨從前錯悞　也是無用　到底人人能眞懂得了
昨非今是　就該當立刻打個好主意　把這一年的事情　從頭細想想
把那明年未來的事情　也細細的揣摩揣摩　不要說事體已竟壞了
不能再收拾　得樂且樂罷　只要有口氣兒在　悔過自新就不算晚
我勸在上的以後不要竟喜歡那迎台諂媚　不要再貪圖那贓私賄賂
該當知道那諂媚你的人　就是侮辱你的人　那受下了的賄賂　終
久也是禍根　不要淚背那銀錢　做那無用虛體面了　那都是百姓的
脂膏　該當仍然在白姓利益上用纔合理　書上說　百姓足君孰與不
足　俗語說　身子掉井裡　耳朶掛不住　這些話都該當深深的參想
參想　在下的人該當知道愛國合羣的眞道理　不可各懷私心　不顧

大局 大局壞了 自己也存不住、雖然這樣講 到底還是君子之德風 小人之德草 只要官長們能彀推誠心 布公道 鄉紳士子等在前引領 那黎民百姓也沒有不跟着走的 我們整年的筆禿舌乾 這樣講說 言雖逆耳 到底實在是一番好心 也是盡我們國民的責任懇懇盼望我們四萬萬同胞 不可白白的增了這一歲 不可仍然像從前那全無心肝 只圖己私 全不顧別人的利害 嗳呀 言雖有盡意實無窮 這就是我們大公報一年臨完的一段忠言 一片敬意且等過了新年 再重新與衆位看報的紙上談心

文明野蠻全在有無教育

本報後邊的一段白話 雖然說是爲不通學問的人作的 到底不認得字的人 仍然是不懂得 還得認字的念給大家聽 故此這白話 也

是常對着上等人說法的時候多　古語說　人心不同　有如其面　又說羊羔雖美　衆口難調　不論怎麼狠好的事情　也有人說不好　不論怎麼狠壞的事情　也有人誇好　劉邕有嗜痂之癖　海上有逐臭之夫　世界上的事　難以一概而論　各行其是　各有其理　到底細較量起來　總有一個眞假是非高低深淺的分別　雖然說一天賣了三擔假　三天難賣一擔眞　到底是眞難磨滅　是假自分明　不過不在乎一時罷了　本報常常勸人立志　發奮　合羣　博愛　這些話也不知道說過多少遍了　到底開智這件事情　是第一要緊的　人要先有個明白是非分別善惡的心　纔配稱一個人字　所以上回講知行並進　有知無行　如同有目無足　有行無知　如同有足無目　凡世界上人的行事　都從他心裡起這個定盤星　人有正知識合詭聰明的分別

雖然說惟上智與下愚不移　到底豈不聽古人說　少習若天性　習慣成自然這句話麼　又說習俗移人　賢者不免　這樣看起來　一個人全在乎幼時候受過好教育　長大了受了好習染　這關乎他一生的品行　上智合下愚的人　從來不甚多　這平常的人　多半是近朱則赤近墨則黑　我們中國現時所最缺少的　就是教育　這教育　是與亡强弱文明野蠻的關頭　沒受過教育的人　不知道是非邪正　更是無恥　拿着丟人當好看　故此中國作官的人　絕不懂得什麼叫國家思想　什麼叫爲國爲民　他那個獨一的宗旨　就是發財　所以大官一高陞了　就是淪肌浹髓　感激涕零　小官坐到一處談論　不是這一個缺好　就是那一個缺不好　怎麼好呢　就是能多摟銀子　我又說一句迂腐討厭的話了　總說作官好　絕不是作好官的人　況且貨

悖而入者　亦悖而出　你們看眼前那些刮削地皮　侵吞肥己的闊老
給兒子或是捐官　或是置產　放縱的這不肖之子　嗅歀嫖賭　整
天的在那花天酒地　盡力的孝敬　比什麼都慷慨　不是我看着氣恨
嫉妒　比如你要叫他作點好事　興點義舉　或是立個學堂　或是賙
濟窮人　他就一毛不拔了　到後來因爲這錢多的緣故　弄得身敗名
裂　遺害無窮　天理昭彰　可惜人不省悟　中國壞到這個樣子　固
然不是一兩個人的緣故　也不是才時的事情　到底豈不是叫這一羣
作官的　禍害了多一半麽　若是受過好教育　開個正知識　也不至
於如此無恥了　報館有風化之責　一紙風行　關係狠大　凡是可以
喚醒國民的事情　不妨反反復復的大聲疾呼　爲的是興利除弊　圖
的是國富兵强　不是城狐社鼠　借着這個恫嚇攻訐　作爲訛詐勒索

的地步　再者那風花雪月　是太平歌舞的事情　眼下這個光景　若不是全無心肝的人　誰還拿那些淫詞浪語　當作美談　互相標榜　難道這些淸詞麗句　還要比美李後主的後庭花麽　就是陳後主的那璧月夜滿瓊樹朝新　也不過催促國之速亡罷了　這都是受了古來的餘毒　拿這些個當作風流韵事了　士爲四民之表　我勸衆位旣然是大才子　朝歡暮樂之餘　總要想想如今是什麽時候　後來歸個怎樣結果　說我這話理直氣正的　我也不喜　罵我蠢頑不近人情的　我也不怕

講愛德爲同羣大有關繫

噯呀　這個愛德　是我們中國如今最缺少的一樣要緊的事情　人沒有愛德　就如同花草沒有水一樣　自然就枯乾了　人有愛德　就是

大公的心　我得了好處　也願意別人一齊得好處　別人的苦楚也如同我的苦楚一樣　大家都有這個意思　中國怎麽會不强呢　比如中國現在敗壞的緣故　是因爲彼此不相通　你不管我　我不顧你但圖自己合式就完了　其實大家都苦　你一人獨甜　那也是長久不了的　比如前年　鬧出這義和拳的奇禍　起首不過是幾個乖張愚頑的人　縱起來的這事　到了收園結果的時候　通國都受了大害有冤無處訴去　落得外國人罵我們中國人　不如野蠻　任意輕漫凌辱　你說我是中國的明白人　狠有體面　狠有勢力　那也不中用的

古人講同舟共濟的這句話　就是這個意思　比如大家都在一條船上　那船要壞了　誰也脫不了　只可是誰有能幹保護這條船　盡力而爲　不是單保護別人　也是救了自己　到了大家得救的時候　誰

不感念你的恩典　及至你爲大家喪了命　自然人人感激你的義氣比感念父母的恩還不在以下呢　前頭已經說過　中國的大病　在人人不明白　如今有明白的人　就是想法子開他們的智識　文話常說當仁不讓　見義勇爲　果眞人人不要退縮　弄那個假謙遜　能盡多少力　便努力的振作　不怕艱難　不怕世俗人的譏笑　這樣人不但是英雄豪傑　我直拿他當開創的聖賢恭敬　不但我小小的一個人敬他　想天下的明白人　也沒有不佩服的　要知道沒有熱愛的人萬作不出這些個事來　從前有一個外國人　家財豈止萬貫　但是沒有兒子　有人勸他　該當找個如心的兒子　接續後代　他說那有什麼用處呢　與其給他一人浪費　不如我立個大學堂　栽培本國的子弟　豈不更好呢　這個學堂　世世代代記念我　豈不比有兒孫記念

九

更强呢　這是何等的通達明白　果然到如今這學堂裏　立了他的像各國來游的　都讚美佩服他　有些個人說　爲圖名行善　也是私心　幷不算眞德行　我說評論人如此刻薄　一定沒有好心　爲什麽你們大家不圖名呢　不單不圖名　但是見了點利　連名聲也不要了所以古語說　三代以下的人　但怕他不好名呢　凡人作事　就看他的熱心輕重　誠意如何　要是熱心重的人　他必不因爲一點小阻擋　一點小囉唆　就拉倒了　不論有權無權　有位無位　總要作些事情與世人有益處　那纔不枉稱是個人

再講愛德

這個愛德是狠有好處的　想中國人沒有不以爲然的　到底中國作出來眞正愛同羣的事情狠少　這是什麼緣故呢　這個緣故狠多　從前

北京城裡的富商王子江　設立了許多義學　雖然是照着中國的舊法子念書　不過是但講訓蒙學作八股　然而比官中學堂有名無實的强遠了　後來就有一個御史要訛詐他　王子江不肯拿出銀子來奉呈御史就遞了一個摺子參他　把各義學歸了官中　一歸官中　立刻學中功課等事大不如從前了　再拏近日的工藝局說　這個意思未甞不是培養國本的根苗　鬧出來許多口舌　到如今還沒有弄淸　凡是願意創作點好事的　那個波瀾阻擋不知有多少　所以把有志氣的人都弄灰心了　誰也不敢自尋煩惱　樂得作個好好先生呢　這是不能愛羣的一個緣故　又有一等自以爲高明的人　高談闊論　不是安邦治國　就是變法自强　說得洋洋得意　及至細細考查去　不過都是些個現成話　空高無用的言語　叫他作一點什麽　一樣也不中用的

他還說大人不親細事　大家不拘小節　他無事時　不過傍觀冷歎
譏誚怒罵　這個不好　那個不是　及至他得了地步　其實比別人
更不好　怎麽呢　因爲他絕無仁愛的心腸　全是刻薄的性情　焉能
彀好呢　據我愚想　萬丈高樓從地起　沒有小事作不好　大事能作
好了的　諸葛孔明那樣的事業　也不過是從小心謹愼出來的　古來
誠然有些個大家不拘小節的　到底你沒有大家的本領德行　你單學
那不拘小節　這有什麽可取呢　所以許多的高明人　受這病狠深
決不肯虛心下氣　想作一點與世人有益處的事　這又是不能愛羣的
一個緣故　一等平常人　他又說了　在上有王公大人　連他們還不
肯出頭作這個善事　我們平民更不敢了　也沒有這個力量　俗語說
善門難開　你要作個好事　大家必要指說你　不是沽名釣譽　就是

假公濟私、私圖肥己 白饒費了精神 躭悞了工夫 還受大家譏笑 這是何苦呢 所以有這些緣故 要不是血性過人 百折不回的英雄 怎麽作得成顆事呢 如今我先勸在上的人、不可單知道利己 但圖自己有錢就完了 其實不能常久享用 你看那明朝末了時候，大臣中有家私百萬的 叫他拿出些來帮助軍餉 他是不肯的 及至李自成進了城 給他上上腦箍 他把銀子一五一十的都獻出來 性命還是難保 比如他們都肯破家救國、國也失不了 他的富貴倒能保住了 及至不保 不過一死 這樣死比那樣死 豈不是天地懸隔呢 有權有位的人 肯作這愛羣的事 自然上行下效順水推舟了。所以我苦苦饒舌 就是禱告懇求在上的人 快快設法救我們中國 也就不必連三并四對那在下的人講了

十一

講妄信風水無益有害

自從出報以來　所講的戒纏足　看報的好處　立女學堂　安挿流民　愛同羣　這些樣都是與中國變法自新　改惡從善　大有關係的　如今再講一樣　也是與中國大有關係的　就是我從前常說　中國貧窮軟弱　不足爲憂　可憂的就是糊塗　沒有眞見識　專信那異端邪說　牢不可破　這就是大阻擋長進的一個關口　我講别的　想大家或以爲然　講到這信邪說上　恐怕王公大人　讀書種子　許有多半不服的　所講什麽邪說呢　就是看風水　算命　相面　講吉凶先兆這些事情　要知道這些事情　流毒狠深　不是一天半天了　先講信風水這一條豈不是捉風捏影的事情　古今來明白人　闢這邪說的狠多　到底你闢你的　我信我的　仍然照舊　拏曾文正公這樣一個人

物　他的功勞德行　實在教人佩服　單是狠信風水　不知道是怎麼迷著一竅　世俗人常常傳說　明末李自成造反　他家坟地有人看出來了　是要出龍的　後來叫本地知縣　把他祖坟刨了　所以沒作成皇上　然而你可知道　唐高祖起義師的時候　他的祖坟　也是叫人刨了　爲什麼還有二十傳三百載的天下　這又是什麼緣故呢　隋煬帝就納悶說　我們祖坟不好　我不應該作皇上呀　我們坟地果好　爲什麼我兄弟死在陣上呢　這幾件事你們想想　是在乎風水不是　自古興亡成敗　總有一個眞緣故　那裡能在死塲塲的一塊地有靈驗呢　又那在乎幾間房子　幾個院子上有講究呢　眞正的講究　是在乎地勢相宜不相宜　院落合式不合式　比方看風水人說　這塊地有風水　能發達子孫　他爲什麼不把自家祖父埋葬此處呢　古時候郭

十二

璞算是講風水的祖師了　凡是據他看著是塊好地　必把自己的頭髮指甲　剪下點來　埋在此處　他又得了什麼好處呢　不過是得了一刀死了的效驗　怎麼後世的人　利慾昏心總不醒悟呢　比方你說住宅　該當如何蓋造　一定有風水　我請你每天夜晚　總不關門　總不妨備　永遠不會來賊　不會失落東西　那樣我就眞信這風水好我見了狠多狠多的人　因爲沒有兒孫　因爲不順利　不是挪坟　就是搬家　後來更鬧的家敗人亡　這豈不是因爲糊塗　自尋煩惱　浪費錢財呢　從前有兩首詩　我寫在這後頭　大家念念　若不曉得求明白人講講　也就不信這邪說了　詩曰

風水先生慣說空　指南指北指西東　世間若有眞龍穴　何不先謀葬乃翁

寄語形家莫浪驕　葬經一部可全燒　汾陽祖墓朝恩抉　依舊榮華歷四朝

中國信邪說的緣故

讀書原爲明理　好些個念書的人　還是這麼糊裡糊塗　怎麼怪得黎民百姓呢　人常說　士爲四民之表　就是說念書的人　作這農工商三等人的領袖　這話却也有理　作官的人　本都是從念書裡出來的他一時得了權衡　就有化導民的責任　就是沒作官　但能彀公平正直　沒有另外的劣迹　他說出來的話　平常人總是肯信的　所以先教念書的人明理　比教平常人明理更要緊　我看見狠多舉人翰林學問的名氣狠高　每每聽他談論起來　那糊塗可笑的事情狠多這也難怪　他讀書時候本不講格物窮理　不過是詩詞歌賦　眞草隷篆　都是些個紙上談兵的玩藝兒　往往他那見識能幹　反不如農工商三人等各有實在　如今先講念書人信邪說的緣故　中國的科場

十三

向來是講額數的　文章的好歹　各隨所好　沒有一定的憑據　有才學的常常受屈　沒才學的常常僥倖　所以鬧得人惶惶無主　不知道其中的奧妙　所以就有一句俗話常說道　一命二運三風水　四積陰功五讀書　或者有人說　你這名字不吉利　改一改就好了　千百中果然有一兩個改了名字　就中了的　許多的人是利令智昏　就信的了不得　每一到下場之先　叫人相相面　算算命　這一場有望無望　汲汲皇皇的不知如何是好　本來也是可憐　一年一年的　狠號鬼叫的念書　搖頭幌腦的講文章　眼巴巴的等到三年　又是沒有得中　白耗了多少心血　花了多少銀錢　躭悞了多少工夫　怎麼是不坑人呢　所以不明白是這制度不好　反倒歸咎命運不強了　一代傳一代的　這麼揑風捕影的想緣故　强作解說　一傳十　十傳百　鬧

得沒有人不信這鬼話了　其實這些邪說　若果平心一考究　誰眞誰
假　何是何非　狠容易明白　如不信我這話　漫漫我再把這萬不能
信的情理　細細講說
再講邪說不可信
越是愚蠢人　忌諱越多　越是野蠻國　信邪越盛　因爲愚蠢野蠻
不知道揣摩理的眞假　就是聽人說什麽　信什麽　這講風水的書
我小時候也信　常聽人說　攻宅便覽　撼龍經　晝筴圖　披肝露胆
經　天機素書　青烏子　天玉經　地理大全　玉尺經　新新舊舊
差不多幾十樣子　你講這個好　我說那個妙　任意編造　信口批評
如同打官司一樣　直不知叫人信那一條了　有人講說　朱子做官
時　有一個財主　訛詐窮人一段好地　葬埋了先代的人　朱子後來

知道了這情節　就說此地若發　是無天理　此地不發　是無地理　看這兩句話　實在是沒有主意　後來這個坟　叫暴雨劈雷冲毀了　看起來　還是天理要緊　還有好些個講風水的　講來講去　自己也糊塗了　沒的可說了　就纂出一句話來說　天能奪地之權　既然這麽說　就不必苦苦講風水了　還是修德要緊呀　再者講四方金木水火這些話　鑿鑿有據　要明白了地是圓的　西方之西還有西　東方之東還有東　况且這東方西方　從那裏劃交界呢　所以如今殺了我　我也不信風水　再說這算命批八字的事情　尤其可笑　八字就是講人生的年月日時　上頭加上甲乙丙丁這些個字　說就可以定人一生的富貴貧賤　壽長壽短　如今西洋人　用心查考　世間上的人　每一天總多生出來七八萬口　每一個時辰　約計也有六七千人　大家

想想　比方這個時辰主貴　該當作皇上　這七八千人那有這麽多國去作皇上呢　要說這個時辰不好　難道七八千人　都就當奴才討飯麽　又有人說了　一個鷄叫喚一聲的工夫　還分三樣呢　才一叫的時候生的作王侯　叫到半截的時候生的當和尚　這麽說起來　一天的工夫　有多少萬的分別　難道八個字就包羅萬象麽　總而言之不是眞理　沒準憑據　忽然而天　忽然而地　鬧得人沒有主意　從這裏生出來的害處　一言難盡　實在是與風俗大有關係　我們中國人　明白不了　不能强盛　都是這些邪說阻擋住的　所以我不怕厭煩　苦苦的這樣講說

講相面無益爲學要緊

人的明白糊塗　有能幹沒能幹　或是富貴　或是貧賤　有眼力的人

十五

一見便能知道個大概　然而不是定而不可移的事情　就拿孔夫子
說　算是古來頂明白的人了　他自己還說　以貌取人　失之子羽
可見人是不可以貌相的　再者孔子與陽虎　兩個人品行　豈不是天
地懸隔麼　相貌若是不一樣　爲什麼人拿孔子當作了陽虎呢　後世
的人　穿鑿附會　纂作出些個相書來　如同麻衣　柳莊　相理衡眞
再往上說　如同太清神鑒　人倫大統賦等等　不過都是些個揣度
的言語　拿那彷彿相近的事情　有枝添葉　迷惑愚人　不用講古來
狠多的人　有才無貌　有貌無才　就是拿眼前人說　相貌合地位也
有許多不合的　這個理容易懂得　不必深講　有人說　你常常誇讚
西洋人的學問眞實　西洋人也有講相人的　你怎麼不信呢　我說
我所信的　合世俗人信的不一樣　他們信的　是那一部位生的好

該當那一年轉運氣　我所信的　是人的明白糊塗　大概總容易分別

人的貧窮富貴　自然那氣派神情　也不一樣　就拿好講相法的人

說來說去　也有一句八面鋒的話　就是說　相隨心生　相隨心滅

合昨天所講的天能奪地之權　豈不是一樣的混帳麽　西洋有等人

講的是　人有五官百體　到底這個腦袋　是頂要緊的　知識　思

想　記性　全是這腦子所掌管　所以人的腦子越多越好　越精細更

好　西洋醫生　用法子可以量量人的腦子　大概男人三十多兩　女

人畧少幾兩　古來有個大名人　才幹出衆　他的腦子有五十七兩

平常那愚魯人的腦子　不過二十餘兩　你看牛頭那樣大　腦子併沒

有人多　而且還是不精細　所以人爲萬物之靈了　既然是萬物之靈

頂天立地　就不要與禽獸一樣　該當明白是非邪正　眞假損益

十六

怎麼纔能明白呢　人沒有生而知之者　總是學而知之者　怎麼人人都去學呢　書上說　上天生下這人來　是教先知道的　告訴那不知道的　先明白了的　開導那不明白的　這個事情　不必假謙遜　我知道多少　就盡力而爲　並不是圖名圖利　因爲我是萬物之靈　不同那禽獸　但懂利己　不管同羣　有害就逃避　有利就爭奪　那還成何世界　所以引領後人　開導愚魯　這是盡我們爲人的責任　誰教我先知道這麼點點事情呢　這也算春秋責備賢者的意思

不嫌瑣瀆再貢愚言

前幾天我講的　我們中國人妄信異端邪說　就是最阻擋我們長進的一個大關口　把那幾大端畧說一說　後來我想　這些理最容易明白　不必儘自絮煩了　那裡曉得　中國受這病根太深　自上至下　牢

不可破　眞是教人可歎　並不是我草莽愚人胆大　敢議論　朝廷
指說官長　因爲這是與我們中國文明的聲名　大有關係　比如每年
正月初一日　欽天監必有一個奏摺說　風從艮地起　主人壽年豐
不知道這是什麽意思　我嘗聽說明末的時候　因歷學不明　屢次推
錯日月蝕　後來徐光啓舉荐湯若望　到底也沒能用　後來到了　本
朝　用湯若望南懷仁掌管欽天監　那時有個楊光先　他就是最主張
邪說的　到底在測天上不狠明白　他所講的　不過是五行生尅　主
吉主凶這些事　天文他並推算不好　世間上那有根子不弄清楚　枝
葉會好了的　他所講的　不過都是自欺欺人的些個事情　所以南懷
仁　作了一本書　名叫妄占辨　批評他如何無理　如何謬妄　說得
理眞情確　那曉得到如今　一百多年　沒人信這個眞理　專信那些揑

十七

風捕影的事情　甲午年　我看見有一個道台　作了一本書　遞給慶王爺　名叫火鳥圖說　他也是胡拉扯天文作憑據　說如今天鳥星正走在這度數　所以日本大鳥作亂　該用火鳥就可以制住大鳥了　大衆就一唱百和的誇讚說　不愧堂堂中國一個道台　這樣精明强幹上知天文　下曉地理　其實中國合日本打仗　也不是大鳥作主　大鳥又不是日本國的皇上　這個借口風的事情　眞是合那鄉下糊塗老婆子一樣的見識　其實這等糊塗事　也不爲奇　在中國那些千奇百怪的講章　一言難盡　我又聽見一個大官講　雷追妖精如何如何的光景　又一個大官講　天上有一個喪氣星星　誰看見他　就一年不順　這兩位都是有名的翰林　你說可憐不可憐　這可有什麼法子叫他們明白呢　這幾天更聽見新鮮事了　有瘟氣　不知道想正經法子

躲避　搭着個姜太公像　滿街游　在他們想　這是狠大的聰明人出的主意　因爲有一句話說　姜太公在此諸神退位　又從前我在雲南時候　天氣狠旱　官發下令來　敎人不要喫葷　狠多日子　還是不下雨　後來本地人說　關上城南門就下雨了　後來果然關了四五十天　眞就下雨了　我說你們既然知道有這個法子　爲什麽不早關呢　不容天旱就關上　豈不更好呢　他們說　若早關上　下起雨來就沒完了　我眞納悶　天上的雨　合這南門有什麽相干呢　想了三天三夜　也不明白　西洋人會格物　大概也格不出來是什麽緣故　又北京人常說　不論天氣怎麽旱　要是上邯鄲縣請了鐵牌來　沒有不下雨的　大概這合關城門的理也差不多　人要肯用心考究　不難明白　西洋人講避旱的法子　沒有別的　就是開河　挖井　多種樹木

這個不能立刻就見效　到底是眞理　是眞有靈驗　嗳呀　怎麽纔能敎我們中國人明白呢　還是在乎在上的人　不先引頭作這些謠言惑衆的事　自然也就不再鬧出義和團的那樣千古新聞了

漆室女

列女傳上記載着　魯國漆室城的地方　有一個老姑娘　歲數已經不小了　還是沒有出嫁　有一天他自己倚着柱子　長吁短歎的歌唱　有一個鄰居家的女人問他說　莫非是你想要嫁丈夫麽　爲什麽你這樣悽悽慘慘的聲音唱呀　叫人家聽着好難過哩　這位姑娘就回答那女人說　你懂得什麽　我是爲憂慮國家　心裏傷悲　那裏是要出門子呢　你看我們皇上　已經是老了　太子還是這樣年輕　這可怎麽好呢　那女人就笑他說　你這豈不是癡話麽　皇上老不老　太子幼

不幼的　與我們女人們有什麼相干　你這豈不是多慮麼　那自有朝
中大臣們　管那些個事　我勸你不必多慮了　這個姑娘就說　你眞
像那號寒蟲一樣　得過且過　俗語說的　人無遠慮　必有近憂　你
看從前有一個過路的客人　他的馬驚了　跑在我們園子裏　把我們
的菜作踐壞了　叫我們一年的工夫　就不得菜喫　如若是魯國有了
災難　我們一國人　可就都苦了　難道我們婦女們　就能安閒自在
麼　你們就知道苟圖一時　但管自己　反倒笑話別人糊塗了　說得
那人無言可答　衆位　請看這漆室女　是個姑娘　有這樣的見識
狠懂得愛國保羣的道理　眞是可敬可愛呀　到底你們也不要笑那婦
人愚蠢糊塗　你們看如今許多念書的　作官的　那個又不是那婦人
的見識呢　看見一個人　要是憂慮國家的事　他就笑道　這是何苦

呢　書上說的好　不在其位　不謀其政　又俗語常說　各人自掃門前雪　不管他家瓦上霜　要像你這樣杞人憂天　飯還不用喫了呢　嗳呀　我們中國所以敗壞的到這步田地　都是因爲沒有漆室女的這樣人　如今我寫這一段故事　我願人人不單懂得這漆室女　我更願人人都要學那漆室女

詩丐

明朝時候　有一個討飯的乞丐　好題詩　總不寫出姓名來　後來他死了　有人在他身上找出一首詩來　寫的是　賦性孤高似野牛　銜盃執杖過通州　竹籃向曉提殘月　檀板臨風唱晚秋　兩脚踏空塵世界　一心歷盡古今愁　從今不食嗟來食　村犬何勞吠不休　又有一個乞丐　聽見明朝天下失了　他在橋柱子上　寫了一首詩說　三百

年來養士朝　可憐文武盡皆逃　綱常留在卑田院　乞丐羞存命一條
近日有一個乞丐　他本來是大財主的　後來因爲不務正業　喫歘
嫖賭抽鴉片煙　家產都花淨了　親戚朋友、都不理他　他就沿街討
飯　冬天時候　沒有衣裳　披上一個破蒲包子　他也作了一首詩說
一日愁腸轉九廻　而今萬悔已難追　江東父老如憐我　豢養家中
守犬來　這三個花子　光景不同　都不合平常人一樣　頭一個　算
是一個隱士　第二個　算是一個忠臣　第三的　雖然不好　也算有
悔過自新的意思　小孩子們　念了這三首詩　也多懂得點事情　該
當立一個好志氣　在貧窮的時候　也要有操守　在發達的時候　也
要有作爲　不要枉作了一輩子人　活着時候　與世界上無益處　死
了也就合那草木一齊朽爛了　那還有誰提起他來　說說講講呢

二十

哀介踏災行

從前鄭板橋寫家信　把古時候的　二月賣新絲　鋤禾日當午　那些個詩抄上　教小孩子念　爲的是開他的心思　我年幼時　記得一首古詩　所說得民的苦楚　官的凶惡　狠有意思　寫出來教小孩子念　也懂得物力艱難　免得長大了　就懂得享用是該當的　省儉是羞辱的　作了官也懂得　民間的疾苦　不至像那古時候一個皇上看見許多的民餓死了　他還說　爲什麽不喫肉糜呢　這糊塗的到什麽地步　百姓倘乎有糟糠喫　還不致餓死　那裡有肉糜呢　詩記在後邊　字句差不多是這樣　因好多年記得不甚淸楚了

有一老農如病起　破衣襤褸瘦如鬼　曉來扶向官道旁　哀懇行人乞錢米　時予捧檄離江城　邂逅一見憐其貧　倒囊贈與五升米　試問

何故爲窮民　老翁答言聽我語　我是東鄉李福五　我家無本爲經商
只種官田三十畆　延佑七年三月初　賣衣買得犁與鋤　朝耕暮耘
受辛苦　要還私債納官租　誰知六月至七月　雨水絕無潮又竭　欲
求一點半點水　却是農夫眼中血　滔滔黃浦如渭渠　農家爭水勝爭
珠　數溝用接接不到　稻田一旦成沙途　官司八月受災狀　我恐徵
糧喫官棒　相隨鄰里去告災　十石官糧望全放　當年隔莊分吉凶
高田盡荒低田豐　縣官不見高田惡　將謂亦與低田同　文字下鄉如
火速　四鄉百姓都首伏　只因嗔我不肯首　却把我田批作熟　太平
九月開旱倉　嗟嗟貧乏何可償　男名阿寳女阿惜　逼我嫁賣賠官糧
阿寳賣與運糧戶　即日不知在何處　可憐阿惜猶未笄　賣向湖州
山裏去　我老今年七十奇　飢無口食寒無衣　東求西乞度殘喘　無

因早向黃泉歸　屢言屢拭腮邊淚　我忽驚慚汗沾背　老翁老翁勿復言　我是今年檢田吏

講衛生學當知

我們中國人　在養生的道理上　多是不肯講究的　你要同他說這些個理　他就故意的找出些個駁辯話來　合你抬槓　沒病的時候　不知道防備　有病的時候　求神求鬼　弄這些個不合理的方子瞎治　西洋講養生的書多的狠　我狠信服治心免病法這一部　到底世上人整天名韁利鎖　意馬心猿的　不能領會這書的滋味　如今我把西洋至淺的衛生學　稍說一說　請大家留心　也是大有益處的事情　衛生學是什麼呢　就是講保養身體的法子　人的聰明能幹　這些心思　全出在腦子　中國許多人不信這話　比方俗語常說　這個人有

心眼兒 這個人肚子裡有學問 這些話都狠不對 中國古來懂得靈性在腦子這個理的人 也不少 如同李時珍說過 腦子是元神的府金正希說 人的記性 全在腦中 中國俗語 人沒記性 常說他沒有腦子 這理是不錯的 西洋人講腦氣筋 散滿了週身 細微至極 所以癱瘓的人 就是腦氣筋壞了 動轉也不靈了 耳眼口舌也不中用了 病輕的 漫漫的還能回轉 病重的 直到終身是廢物了 這些緣故 或是因爲歕酒過度 或是因爲急怒 或是因爲努力 或是因爲思想勞神 都容易得這個病 所以西洋人 講作工作事都有一定的時刻 到時候該當疏散疏散 纔能精神痛快 免得受病

至於人的心 是總管血脈的 一呼一吸 循環週轉 日夜不息的

凡是人 過於勞苦 血脈就消耗 必須用飲食培補他 人的這出

入氣　頂是要緊的　比方地方贜汚　房屋窄小　那些濁氣　最容易
傷人　每天必須走個圈子　活動活動　換換清氣　與人大有益處
睡覺的地方　必須要合外頭通氣　不然緊緊的關在一個小屋子裡
那濁氣　一會工夫都滿了　與人大有妨碍　西洋醫學翻成了的　現
有多樣　可以隨意買點看看　畧記幾種在下

全體通考　全體闡微　醫理畧述　體骨考畧　全體圖說
婦嬰新說　省身指掌　內科理法　婦科精蘊　體學易知
儒門醫學　泰西本草　西藥大成　衛生要旨　延年益壽論
治心免病法　居宅衛生論　化學衛生論　幼童衛生論　小兒養育法

廉頗　藺相如

戰國的時候　趙國裡有個大臣　名叫廉頗　他爲國家打仗出力得勝

後來封了他上卿的官　他的義氣勇敢　是狠出名的　又有一個大臣　名吗藺相如　起首是在宦者令繆賢手下當差　那時候趙國得了一顆璧璽　就是如今常說的那傳國至寶　當時秦國聽說了　狠喜歡這個東西　打發使臣來到趙國說　願意拿十五座城的地方　換這個寶貝　趙王就合衆大臣們商量說　秦國最是沒有信義的　要是把這寶貝給了秦國　恐怕他不給那十五座城的地方　若是不給他　又怕他倚仗着兵多將廣　來打仗　大家沒有主意　宦者令繆賢說　臣家中有一人　名吗藺相如　他足可以去這個差使　趙王問他　你怎麼知道他能彀呢　他就一五一十的　把藺相如從前的事　說了一遍　又誇讚他有勇有謀　趙王就立刻召見相如　問他這個寶貝　是應給不應給　相如說　秦國强大　我們趙國弱小　不可不給他　趙王說

二十三

秦王若是收了璧璽　不換給我們城　怎麼好呢　相如說　那就是他無理了　我們寧可送去　我們先占這個理　他不給城　是他無理我必能叫原璧歸趙　如今寫文話送還人物件　常說奉璧　歸趙就是這個典故　簡斷捷說　藺相如拿着這璧璽　到了秦國　秦王見了大喜　立刻叫他的衆妃嬪來看　相如看那神情　秦王是沒有給城的意思　他就心生一計　說那璧上有一塊瑕　算是有毛病的東西拿來我指給你們看　秦王果然叫拿璧來看　相如接過來　往後退幾步　怒髮沖冠　瞪眼高聲的說道　我們國中　都說秦國沒有信義恐怕收了這寶物　不給城池的　我說平常一個人　還都有信義　何況一個堂堂大國　那裡有昧良心的理呢　我們國王這纔沐浴齋戒五日的工夫　打發送這個寶物來　如今大王得了這寶物　併沒有恭敬

的意思　又沒意思給城　那是不成的　你們要是逼迫我　我立刻合這璧璽　一齊碎在這裡　相如說完了　就舉起這璽來要跌碎　秦王怕他毀了這寶貝　立刻叫人快攔住他　說我必給城　相如說　那也不中用　必須也要齋戒五天　秦王無奈　只得依從　相如回在公館暗中打發人　把璧璽送回本國　後來相如見了秦王說　你們貴國自古以來　沒有好好守過約條　我怕你們寃了我　我已竟把璽送回去了　你們這等的一個大國　打發一個使臣　到了我們小國裡取這東西　焉有不給之理　到底要先把那城池的地方　分清了交界屬我國管理　秦王又是無可奈何　只可放他回國　相如回了國趙王大喜　就封了他上大夫的官　位分還在廉頗以上　後來廉頗狠不悅服　說我南爭北戰　得了這等的官　相如他就憑花言巧語　而

且他出身還是貧賤　如今爵位在我上頭　實在叫我不甘心　後來遇到一處　我必要羞辱他　相如聽見這話　後來設法躲避他　不敢合他較量　他的底下人　都替他氣不平　說如今廉頗　到處給你說壞話　爲什麽你這樣怕他　可惜你這等爵位　反不如平常人有骨力氣兒了　相如說你們想想　廉將軍比上秦王的威風如何　那樣赫赫烈烈的秦王　文武滿前一個個氣昂昂的　我都毫無畏懼　任意叱呼如今我雖然老邁無能　又何至於怕廉將軍呀　但則有一件　我想現在各國　不敢欺負我們　也不過因爲有我合廉將軍鎮着他們　如今我們若是兩虎相鬪　必有一傷　別的國可就如了心了　如今我所以不同他較量　是先顧國家的大體　我們的私仇　又算了什麽呢　廉頗後來聽人傳說這個話　自己愧悔的了不得　找了親友帶着他　光

着膀子 項着荆條 跪在相如的門前 請罪求赦 兩個人從此親愛和睦至極 定了個名兒 叫作刎頸交 說的是 你爲我 我爲你都肯舍了腦袋的 嗳呀 這一個故事 念書的人都知道 到底在我們現在的時候 眼前的光景 實在是個頂門的針 對症的藥 現在的人 能彀屈己從人 舍私爲公 可有幾個 自古來 悮國害民的事 都在這結黨營私四個字上頭 就拿如今這個新黨舊黨說 你鬧我 我攻你 勢不兩立 鬧來鬧去 一點爲國家的眞心也沒有了全全弄成了私仇 總把中國弄害的這樣 倘或有人像藺相如這樣的居心行事 也不至到這步天地 所以我盼望在位的人 不要妄自分門別戶 彼此攻擊 自相殘害 要以大公爲懷 以仁愛存心 大家合羣出一個公力 把中國壞風俗 都要變化好了 中國所受的病患

要設法把他去了　怎麽能彀開民的明智　要設法引導　那自然不愁國富民强了　不要叫世人評說　自古來就單有一個藺相如　我們人人都可以效法藺相如

李沆

在宋朝裡　眞宗皇帝的時候　有一位宰相　名叫李沆　他的謚號是文靖公　他爲人　公平正大　最不喜歡逢迎諂媚　有一天　皇上打發一個使臣　手裡拿着一道御旨　是要把一個心愛的周妃嬪　封爲貴妃　文靖接過這道旨意來　看了看　立刻當着那使臣的面前　在燈上把這旨意燒了　告訴那使臣說　你就回去奏明皇上　說我說的這是萬使不得的事情　他後來天天把四方的水旱災　黎民百姓的苦楚　或是那裡又出了賊盜這些事情　一條一條的奏給皇上知道

他說我這並不是故意的痲煩皇上　叫他不痛快　因爲皇上年青　該當叫他明白天下艱難困苦　自然心就專務在正經上頭　要不然　皇上天天就是任意縱橫　想法子取樂　或是大興土木　或是燒香禱告妄信神佛　這就不得了拉　他雖然這樣梗直　皇上並不見怪　反倒信服他　俗語說的　理直氣壯　眞是不錯的　後世的大臣　專以迎合皇上的意思　算是盡忠了　討皇上的喜歡　算是盡職了　用盡方法　揣摩那諂骨　演習那媚舌　整天的汲汲惶惶　但圖能保住自己的功名富貴　不論把天下都坑殺了　他也不介意　把國家都葬送了　他也不關心　孟子說過　長君之惡其罪小　逢君之惡其罪大眞是不錯的　爲什麼這些人變盡方法保全這個官職呢　也不過是因爲有這個官職　就可以發財　就可以合那在下的人逞威風　所以論

二十六

語書上說 小人患得患失 無所不至 我們如今要找文靖這樣一個人 那裡有呢 又有一本書上 記載他一段故事 尤爲可敬 有一天 文靖下了朝 騎着馬 迎面來了一個狂生 遞上一本書 上頭寫的都是他的短處 盡情痛罵 大概都是似是而非的事情 文靖在馬上 給他道謝說 等我回去細看 狂生在馬後頭 又大聲說 你作大官 不能治國安民 又不快快的告退 常久這麼阻擋別的賢人道路 你也不愧麽 文靖在馬上 感愧不安的樣子說 我屢次求退 皇上不准 我不敢强去呀 到了兒 也沒有惱怒的意思 你們看這個狂生 敢這樣斗胆仗義 這文靖 就這樣虛心聽納 這豈不是都難得的麽

西班牙修髮匠

西洋古來有個故事　在西洋人聽着　狠有意思　不知道中國人聽着怎麽樣　如今我說一說　在三四百年的前頭　西班牙國狠强盛　許多的小國　都屬他管理　那個皇上的威風光榮　也就可想了　在這國裡　有一個狠大的隱修院　因爲西洋另有一宗人　不貪世上的功名富貴　專以修德克苦爲主　就大家立了一會　隱在清淨地方　天天養性修眞　不問世上的事情　叫作隱修會　這個隱修會裡　出了許多的聖明人　作出來許多書　人人都喜歡看　這一天　西班牙皇上　特意來到了這隱修會裡　故意難他們　就說我聽見你們貴會裡頭　高明人狠多　如今我請問你們三件事　若是答對得好　後來我還要入你們這會呢　大家請問是什麽事　皇上說　第一件我問地中心在那裡　第二件我問我的身價値多少錢　第三件我問你們想我現

在思想什麼　你們大家思索思索　我先去別的地方游玩游玩　等我回來　要答對我　皇上去了　大家一想　這豈不是故意的難人麼這可用什麼法子答對呢（說到此處　我請看報的大家想想　該當如何答對）．正在大家為難的時候　有常來這裡的一個修髮匠（就如同中國剃頭的一樣）說這有什麼難處呢　把你們隱修的衣裳借我一件穿上　我替你們答對　大家說這可不是鬧着玩的事情他說那是自然　我若沒有這金鋼鑽　我也不敢攬瓷器　說話之間皇上回來了　就問他們　想好了沒有　這修髮匠上前來　鞠躬行禮說已竟想好了　第一條　皇上問地中心　從前我國皇太后　曾派過人　探查海道　後來知道地是圓的　既然是圓的　無處不是中心了　到底皇上你是總王　誰也比不了你的光榮　你在那裡站着　那

裡就是地中心　這麼一奉承　皇上喜歡的了不得　說這一條答對的可以　第二條呢　修髮匠說　若論皇上的身價　倒也有限　大概不過值上二十九塊錢罷了　說的皇上立刻變了顏色　大家修士　都要過來打他　他說不要忙　我還沒有說完呢　你們想想　從前耶穌他纔賣了三十塊錢　難道皇上還要比耶穌多值麼　不過纔差一塊錢罷　皇上合大家聽了　都說有理　皇上又問第三條呢　他就反問皇上說　皇上你想我是個隱修人麼　皇上說不錯　他說既然說不錯就好了　他立刻把衣裳脫下去　他說我是個修髮匠呀　招得皇上合衆人都大笑起來了　後來皇上　把這修髮匠召到朝中　賞了他一個官

西洋種菜人

西洋有個種菜人　天天在園子裡　修理各樣的瓜茄菜蔬　這一天

正在那裏打水澆菜　看見有一種瓜　長的狠粗狠大　有幾尺長　他就在那裡思想這個理　自言自語　爲什麽這樣小秧子　能長這樣大瓜呢　猛抬頭　看見一柯白果樹　長得項天立地的　枝葉十分茂盛又一看樹上　結了許多白果　差不多如同鈕子大小　他又納悶說這樣的大樹　爲什麽長這麽點點的小果兒呢　可惜造物主造各物的時候　我沒有在傍邊　若要在傍邊　替他出個主意　造的大小各物　也就都合式了　反復思想　就覺着狠乏困　他又自己說　從來明白人　都肯睡覺的　就找了一領蓆　在那白果樹底下睡着了　忽然一陣風　颳掉了一個白果　恰巧落在他鼻子上　把他驚醒了　立刻鮮血直流　他就說　這麽點點一個東西　就這樣利害　又一反想說　嗳呀　要是像那瓜一樣大　我的腦袋　還打碎了呢　這麽說起

來　還是造物的這位明白　還是造物的這位明白　這一個故事　就比方的是那一種自作聰明　妄斷是非的人

律師

西洋打官司告狀　全憑律師審斷　不是可以任着自己的口才　就能輸贏官司的　從前有一個寡婦　開着一座店　生意到還不錯　人也忠信可靠　有兩個人　一個名叫奸狠　一個名叫傻狗　他兩個人有一項公産銀一千元　存在這寡婦店裡　說明這項銀子　不能交一人的　比方要取銀子　或是兩個人畫了押來取　或是兩個人一同來取　還一天奸狠起了黑心　要獨騙了這銀子去　就合傻狗說　今天有一個熱鬧　偺們出去游玩游玩　若是在家悶悶的坐着　也容易生病　傻狗聽了　說也使得　就跟着奸狠走　轉灣抹角　走了狠大工

二十九

夫　還沒有看見熱鬧　傻狗狠着急　奸狠說　你看這不是到了偺們存銀子的店了麼　偺們先進去坐坐　就快到了　傻狗說　我不進去偺們快看熱鬧去罷　奸狠說　你畧等等　我去問問離這熱鬧地方還有多遠　奸狠就一直的走進店來　合那寡婦說　如今我們兩個人急用銀子　那不是他在那裡等着麼　寡婦一看不錯　就把銀票兌給他了　奸狠出來　又同傻狗走了會子　就設法逃脫了　後來傻狗不見奸狠　就想起來　莫不是他把存的公項銀子拿跑了罷　趕緊到了寡婦店裡一問　果然不錯　他說爲什麼你把銀子交給他一個人寡婦說　你兩個人同來取去的　兩個人吵個不淸　就打了官司　同到公堂　那個寡婦狠覺着寃屈　而且也沒有這力量賠得起　就請一位律師　給審斷這案　律師說　不要緊　我可以救你　第二日過堂

一齊都到堂上　審官就向儍狗說　你們存銀子　原約定是交給兩個人　一個人來不給　是不是　儍狗說不錯　又問寡婦　也說不錯　律師就說既然這樣　現在銀子是存在我這裏　幾時你們兩個同來　我就交出一千元就是了　不必再說了　大家想想　兩個人若能同來　這銀子豈不是有了頭緒了　若不同來　是永遠不能取了銀子去的

劉景

唐朝劉景　作刺史的時候　有一天到馬圈裡　看見有刷洗馬的一個小孩子　細看他相貌不凡　問他的姓名　他說叫杜廣　合他說了些句話　看他志氣狠高　聰明極大　劉景喜歡至極　回到內宅　告訴他夫人說　自從你生了偺們姑娘以後　我就時常留心　預備給他挑

選一個丈夫　差不多二十年　總沒有一個入眼的　如今沒想到　馬棚裡出了個麒麟　趕緊定了一個日子　叫杜廣合他女兒成了親　後來杜廣　果然建功立業　成了一個人物　你們想想　這劉景不單眼力好　還是胆量大　作出這奇怪事情來　要拿世俗的人情說　這豈不是半瘋兒麽　那有一個刺史的官　就把女兒配給馬夫呢　中國風俗　凡是婚姻的事　總在父母之命　媒妁之言　作父母的　給女兒選丈夫　總是要講産業如何　門戶如何　多半是貪圖在勢利上頭　至於那孩子成材料不成　有本領沒有　全不在意　父母給兒子選媳婦　也不問姑娘賢德不賢德　全在乎這姑娘頭梳的光不光　脚裹的小不小　這樣惡習　眞眞可恨　常見有做親的事情　兩下裏光景也都合式　門戶也相當了　又必須敎個瞎子來　算算命　合合八字兒

要是那瞎子說　這兩個人屬相不對　什麼妨公婆了　妨丈夫了　尅妻了　這些混帳話一講　這個親事再也不敢作了　眞是糊塗的可憐　這個昏迷入了骨髓　牢不可破　餘外或是親事有成了　因爲姑娘脚裹的不好　或是因爲嫁粧不豐富　這門親事又散了　古人有兩首詩　倒有點意思　我寫在後頭　求明白人常對那糊塗人講說講說

或者也許有點好處

三寸金蓮自古無　觀音大士赤雙趺　不知纏足何人起　起自人間賤丈夫　婚姻幾見鬬繁華　金屋銀屏衆口誇　轉眼十年成底事　粧奩賤賣與人家

四樣動物談

有一個人　名叫良時客　他在屋裡閒躺着　聽見隔壁有張王李趙四

三十一

個人　在那裡講動物的話　哀時客側耳細聽　姓張的說　從前我游過日本國的北海道　合那捕鯨魚的在一塊兒　常聽他們說　有個鯨魚　不知道有多少里大　那魚脊梁露出在海水面上　就有三里的地方　許多捕魚的人　剜那魚的肉　住在那魚上　天天在那上頭喫　在那上頭睡　白天拿魚的肉就當作飯　夜裡拿魚的油就點燈　像這樣子　有五六家　除此以外　魚鼈蝦蟹　四周圍喫他的　又不知道有幾千幾萬　那鯨魚一點也不自覺　還是逍遙自在　自己想我是海中王子　我就說　這是因爲他太大的緣故　雖然天天傷害他　也損壞不了什麽　打魚的人說　並不是　他是因爲沒有腦氣筋的緣故　過不了幾天　也就到了我們魚市上去了　姓王的又說　從前我到過義大利國　那國裡有個立卑多山　山裡有個大溝　名叫烏結　暗無

天日　什麼也看不見　那溝裡的水　有十幾里寬　水裡另有一種瞎魚　孳生的狠多　從前懂得格物學問的人說　這一種魚　原來不是瞎的　這水從前合外頭的水也相通的　後來因爲火山崩塌　把這個地方壓在底下　年深日久　那些魚眼睛　也沒有用處　故此所生的小魚　也就沒有眼睛了　這幾十年以前　因爲開礦　把這個地方開通了　這裡頭的水　忽又合外頭的水　連在一處　那些瞎魚　合那不瞎的魚　混在一塊兒了　你們想想　那瞎魚　爲求喫食　爲躲避害處　那一樣也不如有眼睛的魚了　所以一天少似一天　如今差不多這一種瞎魚　快絕滅了　姓李的說　從前我到過法國巴黎京都的地方　那街上的繁華體面　在西洋算第一了　有屠戶專以賣羊肉爲生的　他們宰羊　也不用繩綑　也不用刀殺　另有一個電氣機器

那機器巧妙無比　專能把羊吸進去　從這邊進去　從那邊出來　羊的皮毛也退淨了　骨肉五臟各歸各類　分了個狠清楚　一大羣羊一會的工夫　一個一個　全都骨肉分離　七零八碎了　旁邊看着的人　沒有不替那羊可憐的　沒有不替那羊歎息的　那些個羊　一個緊跟一個　高高興興往上走　並不知道是身入死地呀　姓趙的說

我從前在英國倫敦的時候　有一天　朋友約我到了一個博物院　院裡有人製造的一個怪物　如同獅子的模樣　在那裡臥着　朋友告訴我說　你不要輕看了這個東西　他肚裏有機器　一上那紘　他就張牙舞爪　擺尾搖頭　雖然有千人的力量　也收拾不住他　英國人叫他佛蘭金仙　從前曾侯出使外國的時候　翻譯他的名字叫作睡獅　我聽了就過去上紘　試試那機器的力量怎麽樣　那兒想到　他那力

量還沒有發作　裏頭機　戛崩的一聲就壞了　還是把我手撚的狠疼
什麽緣故呢　皆因這個物件廢了年久了　銹也長滿了　輪子也糟
透了　又有別的東西　橫梗在裏頭　若是不換新機器　不重新修理
可惜這麽大的一個物件　白白的糟塌了　哀時客在那裏聽這四個
人　各講一段故事　裡頭都狠有意思　從頭一想　那鯨魚天天受人
的割　不自覺　是沒有腦氣筋的緣故　瞎魚受別的魚殘害　是沒有
眼睛的緣故　羊歡喜送死去　是不知道的緣故　那睡獅子　可惜一
個狠好的物件　是因爲年久不動　長滿了銹　又有東西在裡橫梗着
一動就壞了　噯呀　這四段故事　該當快快的告訴我們中國四萬
萬人　要驚心動魄的猛省發奮　不要落在這步天地呀

說中國人信邪壞處

偺們中國人頂大的病根子　就是信邪　只因爲一信邪　所以一點兒眞見識也沒有了　這是甚麽緣故呢　我慢慢的說與大家聽聽　作官的信邪　所以寵信邪義和拳　把他們當作天上降下來的神仙　恭恭敬敬的　一點兒亦不敢錯他們的令　就打算眞是天上派了許多神仙要帮着大清國把洋人滅了呢　那知道反險些兒把自己的國滅了　這不是信邪的壞處麽　再者　要是天旱了不下雨　必須斷屠求禱　不是往龍王廟求去　就是往大王廟求去　倘要是恰巧下了雨　他就說是自己求下來的　這不是信邪的緣故麽　還有一節　偺們中國有許多金銀銅鐵的礦產　要是有人說當開礦　這些個信邪的官　就儘着力的阻擋　他說要是總開礦　就把地氣洩了　於風水上大有妨礙等到洋人來中國開採的時候　他也就無話了　你們大家想想　那

義和拳　原本是邪匪　萬不能成事的　他們無非假託着小說上的人名子胡作非爲　那有甚麽神仙呢　不要說那小說上的人不是神仙　就是那神仙的名目　亦是後來信邪的人瞎纂的　並不是眞有神仙　況且那個大礮　是最利害的物件　就是那用鐵做的船　用磚蓋的城　都可以叫他打壞了　怎麽人的肉體反到不怕他打麽　再說人家外國人　亦是造物主生下來的　合偺們中國人一樣　無非就是說話合穿衣裳　不跟中國人一樣　爲甚麽造物主就如此的偏向偺們　全把人家滅了呢　怎麽人家就活該死呢　這不是無故的說夢話麽　再講下的那雨　原本是海裡水被日晒熱了　變爲氣升在半空　那就是雲　雲在空中遇了寒氣　變爲水滴下來　那就是雨　如同那飯鍋裡冒熱氣上升　在上邊凉了變成水　從房頂子上滴下來的　是一個理

三十四

並不干龍王大王的事　況且也並沒有龍王大王呢　那個風水二字我也不知道怎麼講　自從有了這講風水的書　把人們害的了不得放着自己有的礦產　因爲信風水不敢開　把自己的國越弄越窮　竟給洋人預備着隨便取用　難道說洋人來開礦　就不怕壞了風水麼爲甚麼不自己開採　雖是壞了風水　到底還落些金銀銅鐵使用　豈不好呢　況且那風水二字　亦是混帳的事情　因爲信他　全把要緊的事躭誤了　眞眞的可恨　這是作官信邪的壞處　我再把那民人信邪的說說　那些充義和拳的　就不必提了　有一等人　有事不敢辦

必須算算卦　要是算卦的說　這個事辦不得　無論甚麼好事　也就不辦了　有房子地不敢買　必須請看風水的看看　要是看風水的說　這個房子地不吉利　無論甚麼好房子好地　也就不買了　說親

事不敢自己定主義　必須請算命的合合三堂　要是算命的說　這個
親事作不得　無論甚麽好親事　也就不作了　有病不請醫生調治
必須請項神的看看　要是項神的說　因爲衝犯了大仙　所以得了病
這就快買紙錢香燭　許願禱告　一味的求大仙保佑　等到把病人
躭誤死了　又因爲時日不利　把棺材停起來不下葬　日久忘了　或
是被風吹日晒的把棺材壞了　或是被大水沖走了　這全是常有的事
還有一種可笑的事　天天拜財神　說是財神可以保佑着發財　那
知道要是坐在屋裡不動　竟拜財神　想着天上落元寶　也是枉然
日日拜竈王　說是竈王可以保佑着有飯喫　那知道要是不出門作事
去　竟拜竈王　想着天上落餡兒餅　也是枉然　總而言之　凡有一
個神像　無論是用泥做的用木頭做的　沒有不給他磕頭的　不是求

財　就是求福　要不然就是求子　要按着如此說　人家不拜神像的
就該不發財了　就該竟出禍事了　就該永久不生子了　那有這個
道理　再說那算卦問事的　無非是怕辦錯了事　怎麼人家不算卦的
也有辦不錯事的　那算卦的也有辦錯了事的呢　那請人看風水的
無非是要擇個好房子好地　怎麼人家不信風水的　所買的房子地
也有好的呢　那信風水的　所買的房子地也有不好的　那說親事合
三堂的　無非是怕媳婦妨公婆　或是妨本夫　要不然就是怕他們夫
妻不能白頭到老　怎麼人家不合三堂的　娶的媳婦　也有不妨公婆
合本夫的　也有白頭到老的　那合三堂的　也有娶進門來死公婆的
死本夫的　合不能白頭到老的呢　那停棺不葬的　無非是怕犯重
喪　怎麼人家隨死隨埋的　也有不重喪的　那停棺不葬的　也有一

連死幾口的呢　至於那些頂神看香　原本是一羣邪魔外道　他們稱爲大仙的　全是些狐狸黃鼠狼刺蝟長蟲老鼠等類　這本是一些個畜類　豈有權衡敎人病就病敎人死就死　難道說人反敎畜類管着麽　這些事還不算要緊　最可恨的有一種渾人　他們不想個法子練練學問　跟外人分個高下　竟一味的恨洋人　總說等着時候兒到了　來一位有福的　自然就把洋人趕沒有了　這一等話　不但是粗人如此說　就是識文斷字的人也如此說　不但是年靑的人如此說　就是那有鬍子的也如此說　這分明是說皇上無福　所以義和拳不中用　要是有福的來作了皇上　義和拳就可中用了　這一句話雖不算要緊　實關乎着老大的事情　只因爲他們信邪的心勝　他眼中連皇上都沒有了　還有一種渾人　他們見中國敗壞的這樣子　不說是自己不自

立不要强　總說這是天意　噯呀　爲甚麽不長些志氣　把自己的國强起來　免得受人輕看　竟坐在屋裡說是天意　就如同房子漏了雨水　不想法子修理　竟說這是天意　豈不是糊塗至極麽　總而言之這全是信邪的壞處　要是把這病根子去了　偺們中國一定就好了

無愛德

如今中國世道人心　敗壞到這步天地　那裡頭的緣故　不止一端我一言超百總下一句斷語　就是無愛德三個字、這個話　我想不以爲然的人狠多　聽我畧畧的講一講　在上的人若是有愛德　看見天下有一個人不得其所　他心裏着實的不安　一定要想法子敎他不受饑寒　不受痛苦　推廣這個不忍的心　凡是與民有益處的　必要設法興起　有害處的　必要設法絕除　有視民如傷的心　刻不容緩

如坐針氈　那忍得但圖自己的舒服　不管別人的苦惱　凡是興利除弊　除害安良　沒有不盡心竭力的　作官的有愛德　怎麽忍得貪贓受賄　徇私枉法　刮削地皮呢　看看那黎民百姓　早作夜勤　焦身枯面　啼飢號寒　兒黃女瘦　枵腹攢眉的那些光景　豈有不心痛鼻酸的　若是不但不設法救他們　還要禍害他們　這等人眞是不如禽獸了　比方我們中國　若是人人有個眞愛德　自然就該當想法子振作要强了　有人說　你說的這些話　誰不懂得呢　到底中國　地方這麽大　人口這麽多　從那裏振作起呢　作官的就知道享福發威　在家裏錦衣玉食　歌兒舞女　出來人馬山集　前呼後擁　他怎麽會懂得百姓的苦惱呢　念書的算是一鄉之表了　聽他們講的之乎者也　非理即文　也不知道說的是些什麽　平常聽他們批評　這個官作

三十七

的不好　那個事辦的不對　拍手頓足　揚眉吐氣　倒彷彿狠有良心狠有血性似的　有幾個後來漫漫的作了官　細考較他所辦的事所說的話　合從前就不同了　居然又另是一個人了　餘下些個作買賣的　種莊稼的　作手藝的　沒有不是自私自利　但圖自己合式不管別人喫虧　你擠我　我軋你　鬧來鬧去　纔成了這個癱瘓病的中國　你整天的拿着管筆　講道德　說仁義　竟擺弄這些現成的話難道那就算官也不貪了　民也不詐了　也就沒有水旱刀兵了　這些無倚無靠瘸老病瞎的窮民　也算有了安生之處了麽　真是你們這些念書的人　專會講大話　挑斜眼　有什麽用處呢　說的我一時無言可答　就是連告訴他說　無愛德　無愛德

再講愛德

人合禽獸不同　就在乎愛德　禽獸也有愛　到底不是德　因爲他沒有思想　沒有情理　故此不能齊全　不能溥遍　獨單人　要是有眞正的愛德　他那好處　能傳遍了衆人　遺留到後世　所以稱他是德了　一家人沒愛德　就不成一個家　一國人沒愛德　就不成一個國

我所講的愛德　不要想錯了是那婆婆媽媽兒的假仁假義　是要推己及人　愛人如己　要如同古人所說的　爲生民立命　爲萬世開太平　說到這裡　未免過高了　到底你們要知道　孔夫子說過　見義不爲　無勇也　又說當仁不讓於師　我們中國大壞處　就是自私自利　見了一件正經事　就退縮推諉　比方有一個人想辦一件狠好的事情　到底狠難　又一回思　我要出頭　豈不是自尋煩惱麼　誰又知情感恩呢　莫若等着別人辦罷　那一個人　也是這樣想　四萬萬

三十八

人　都這麽想　你們大家想想　這世界怎麽能好的了呢　要是人人想　我既然是個人　便爲萬物之靈　該當愛人如己　要是不作愛德的事情　不如禽獸　人人有這個志氣　國家怎麽會不强呢　倘要說我是小小的一個平民　那裡有這個權衡力量呢　我說不然　就怕你的愛德不純　志氣不篤　倘若要有個眞誠熱切的心　總是有濟的雖然一時不能成　將來也是必成的　你們看從前美國　苦虐那黑奴　慘無天日　有一位批茶女子　大發惻隱憐痛的心　作出一本書來　說的情景可慘　大大感動人心　不一年的工夫　這個書翻譯了許多國的文　傳流了幾百萬本　後來果然就把賣奴的風俗改了　你們細想想這個緣故　豈不是從愛德裡發出來的效驗麽　現在有翻成了中國文的一部書　名叫黑奴籲天錄　大家可買來看看　我就盼望

我們中國現在出來批茶女子這樣一個人中國可就好了到底我極驚心裂胆的害怕千萬不要到了那黑奴的地步像那書上說的光景到那時候後悔也就晚了

說門神

竹園稿

昨日我在朋友處閒坐那裡有幾位讀書人彼此談論時務我在一旁狠聽了些個高談闊論姓張的講變法姓李的就說自強姓趙的說練兵姓王的就說生利你一言我一語說的狠熱鬧正說中間忽從外邊進來一位老者就是那隔壁的鄭大先生眾人欠身讓坐鄭大先生也笑嘻嘻的拱手隨手就問眾位談些什麼話呀眾人從頭又述說了一遍鄭先生拍手大笑說道你們也太高看中國人了偺們也有自强的志氣麼偺們也擔得起變法二字的責任麼

三十九

據我看來　也不過成年的空談　隨衆混飯喫罷　說罷哈哈又笑　張生面帶不悅　說道怎麼擔不起變法的責任呢　鄭先生說　偺們先別談變法　我先問你們這門神有什麼用處　張生說　什麼用處也沒有不過俗傳　能免外鬼進宅　鄭先生笑道　俗字妙極了　我見我們中國大小衙門　那六扇大門上　必都畫上極蠢極醜極可笑極無謂的三對門神像　難道這都是遵俗麽　再說這免鬼進宅　怎麼門上不畫門神的人家　也不鬧鬼呢　怎麼門上畫有門神之家　他主人也心裏時常鬧鬼呢　他睡夢中也時常見鬼呢　據我看　心地光明　坦白無私的人　必然不怕鬼　不然雖有門神　也是擱不住鬼進宅的　張生說　門神不門神　都不是什麼要緊事　不合式　也須把他刮了去　偺們還講偺們的變法　鄭先生笑道　張學生　你眞是書生　你想想

門神還不輕易刮了去呢　那法就輕易變了麽　刮門神的責任　還沒人敢擔　就有人擔自强變法的責任麽　就是法不可變　這門神又何嘗不可刮去呢　觀外知內　小可喻大　我們中國官雖多　士雖衆　也就是隨衆鬼混　四萬萬裏　一個豪傑也沒有　你就求他不架上砲往裏打　不暗地分肥　不夥喫夥騙　那就是極好的官了　要是能廼例辦事　照常辦事的　那更是好的了　你們請看紫竹林海大道李文忠公設立的北洋醫學堂　你看那三對門神畫的多好　嘜呀　我們官以爲常　不以爲怪　要叫外國人看見焉能不笑的肚腸子疼呢　文忠公還是個知時務的呢　難道看不見麽　况且又緊靠租界　衆目所覩　就沒一個人想起來把這個例廢了　今年春天　我到京城　我以爲痛定思痛　必然有一番大振作　嘜呀　聽景不如見景　那沒被拆毁

的衙門 從新油飾彌補 門上的門神 照壁上的大獸 都是舉爲頭
一層工程 被焚被拆的衙門 現在從新起蓋 那門神大獸 一定是
照舊繪畫的了 你們想想 承修的官 就沒一個回稟上憲 把門神
廢了的 那些紅其頂花其翎的 也沒一個硬把門神刮了去的 那慣
奏事的 也沒一個把這事奏請廢了的 難道承修官 不畫門神 上
憲就撤他的差麽 各大憲硬刮門神 就算違了制度麽 就因爲此事
被參革職麽 哎呀 早知道這些個官長 有了循例照常的宗旨了
你們硬要說那極重大的變法一字 這不是夢話麽 你們若不憑信
偺們把今日所說的 記下一篇白話來 求大公報館給登登 若是明
年八月十五日以前 把各衙門的門神 賭著氣的都刮了去 若嫌素
淨 何妨釘上紅地黑字的四五言對聯 如臣心似水 帝德如天 國

恩家慶　人壽年豐等類　也未爲不可　果然這麼辦　我們中國就還
算有自强的志氣　有變法的苗頭　那時請衆位　割我的辮髮　以正
妄言之罪　若是明年八月十五以後　還是照常循例　請衆位以後養
神納福　不必談時事了　說罷立起身來　哼了一聲　又說道　死門
神不敢刮　焉敢栽活衙役呢　一身一家尚不能强　焉能强國强天下
呢　隨身的惡習不能除　焉能除弊政呢　在家不知有街隣　出門不
知有朋友　不輕說話　不輕點頭　不能和睦鄉里　焉能辦理外交呢
說得衆人閉口無言　遂一哄而散　故記此事　請登報端
　也算自强的一件大事
有一個西洋人說　中國人是立了契紙給與魔鬼了　這話說得古怪
而且罵人狠重　從那裡說起來呢　他說你們看中國　凡是辦一件好

事　千難萬難　辦一件壞事　順水推舟　極其容易　比如男人抽洋烟　女人纏脚　這些個事　沒人不知道是害處的　到底改不了　如今先說纏脚　給作母親的添囉唆　給作女兒的加痛苦　身體受傷行動無力　要了他的命都使得　不叫纏脚是萬不能的　問他有什麼好處　也說不出來　若說是好看　其實好看那在乎這上頭呢　民間雖然有幾個明白人　立天足會　到底肯信從的太少　這個事情若沒有朝廷强逼的王法　是不能改變的　有人說　朝廷辦事　總在那遠大的上頭着意　這些無關緊要的小事　算了什麼　恐怕因爲這無關政體的事　反倒擾亂民間　我說斷沒有擾亂的理　全在乎辦理的得法　我的意思　是既往不咎　要絕斷他的將來　去年雖然出了上諭　到如今民間也沒有知道的　什麼緣故呢　因爲　上諭說的

太沒有力量 不過是幾句空話 愚民的惡習 牢不可破 必想一個法子 叫他一定遵行 斷沒有擾亂的事 該當把這裡的是非利害講說明白 民間沒有不樂從的 如今該定個規矩 叫各府州縣每月傳鄉紳董士來 講說一回 女人年紀大纏過脚的 願意撒了隨便 不願意放的也隨便 自從光緒二十五年起 凡所生的女兒 一概不准纏脚 到了光緒四十年 若看見十五歲以內的姑娘纏脚 家長定充軍的罪 到了四十五年 若有年輕的纏脚 不論富貴貧賤 一概發給官賣 給人當奴婢 再不然民間實在舍不得這纏脚的美事 可以定個規矩 從前纏脚的是尊貴人 以後纏脚的是極下賤的人 不能作人的正妻 不能合人平等 這個王法彷彿利害 其實一點也不兇 你們想 人都有個人心 雖然是極愚極蠢的人 誰肯受疼受苦

甘心作下賤人呢　奉勸在上的人　不要拿這個當作沒緊要的事這是去害強種的第一件要緊事　凡不是邪僻人　沒有不以我這話爲然的

不是老生常談

俗語常說　三人一心　黃土變成金　可見人要是合起羣來　這個益處　眞是大的不可比了　世間上辦的事不論大小　合羣的人不論多少　果然能彀同心合意　各各勉力　沒有不成的　許多的事　半途而廢　敗壞不堪　雖然不能說定是一個緣故　到底這個大緣故　總出在不能一心的上頭　總是因爲意見不齊　各懷私心　所以纔弄的有始無終　虎頭蛇尾　我們中國最缺少的就是這愛羣的德行　不是我開口就誇西洋好　你們大家平下心去按着眞理想一想　誰是誰非

不難分別　西洋這些年裏　作出來許多的大事　那一件不是因爲合羣的力量　不論什麽都是合起公司來　凡事不能由着一個人的私見任意妄行　故此凡是有好處的地方　若看不出來就罷了　倘或一看出來　沒有不立刻興的　若是有弊病的　不知道還可以　一知道了　沒有不立刻除的　從國家的大事說起　直到民間的小事　沒有不是這樣辦的　我們中國人　所以事事不成　着着落後　也沒有別的大兇大惡　就是這人人但圖利己　不管損人　萬千中難見一個有愛德的　這些輕薄少年　開口便講自由　眞是把野蠻的自由作到極處了　所以把合羣的道理　傷害的狠重　我們願意叫中國強　該當知道　沒有信義萬不能合羣　沒有愛德也不能有信義　沒有教化的更不能有愛德　論事要論實在　不論虛文　爐竈裡沒有火　烟筒裡

自然沒有烟　風俗不好　一定是沒有教化　竟會爭空言　說大話
當的了什麽　西洋講教化的人　言規行矩　按部就班　各盡本分
中國講維新的人　議事廳在妓館裡頭　整天的喫歘玩樂　他還會說
大家不拘小節　我看你這不拘小節的　萬不能成了大家　故此凡
是眞正英雄豪傑　他那苦心孤詣　必有超過人的地方　道德仁義
不是可以假充的　我如今大聲喊叫　對那眞正有志救中國的英雄
對那眞心愛同胞的豪傑說　要中國强　先要合羣　要合羣　先要有
信義合仁愛　要有信義仁愛　非從教化德育上ㄉ根基不成

苦口良藥

如今講愛國合羣的這些話　反反復復　說的也絮煩了　差不多人也
聽俗氣了　爲什麽常常講這個呢　是指望我們中國强盛的意思　中

國强盛了　自然黎民免得受苦　也免得受外人的欺壓　到底怎麽纔能盛呢　非開民智不可　非合羣不可　要開民智合羣　非有教化不可　受了眞正的敎化　把那已竟喪了的良心找回來　作事先要信義自然容易合羣　羣合了　國還有不强的麽　凡人沒有良心　作事全是私心　就懂得貪圖眼前的小利　你哄我　我騙你　那怎麽能彀合羣呢　有教化的國　必有信義　倘或有欺哄人的人　通國裡都看不起他　說他是羊羣裡的狠　他這種欺騙的行爲　不過行上一回兩回　也就下不去了　在中國眼下的光景　先用不着講深奧的道理萬丈高樓從地起　根基不堅固　上邊無論怎麽好的工程　必是立不隱站不久的　什麽是根基呢　就是先有眞正的敎化　人人先有信義的心　作事要求與大家有益　要眞眞的去行　實實的去做　由淺入

四十四

深　由近及遠　進得一步是一步　得了一尺是一尺　果然能這樣合起羣來　天下還有做不來的事麽　不合羣是中國頭一個大壞處　要合羣　非把偏私嫉妒的心腸洗淨了不可　既然把偏私嫉妒去淨了　所存的就是仁愛的心　看天下人都是同胞　他們的苦　就是我的苦　看中國愚民　是因爲不讀書的緣故纔糊塗　想法子多立學堂　教他們學習有用的學問　開他們的正經知識　叫他們知道作人的道理愛國的益處　看見中國婦女的大苦處是纏脚　務〻捨命的要改過這風俗來　已前纏過脚的不必說了　以後再有誇讚纏脚好　不阻擋婦女們纏脚　由他們上做　這等人可以駡他是不如禽獸　傷天害理邪淫下賤種子　衆位看見這段話的　務必盡心的合各人勸說　中國不變法　必是要作人家永世的奴才　就等着種類滅淨了就完了　要

變法　也沒什麽難　先大家要同心合力　能出錢的出錢　能出力的出力　能出主意的出主意　各村各鄉　先要立學堂　無論男女都先要念書　要說立學堂沒有錢　請問每年民間　迎神　賽會　唱戲　浪費無用的錢　有多少　還落得惹事招災　毫無益處　如今爲栽培兒女　提拔同鄉　怎麽倒不肯出錢了呢　爲給女兒纏脚　鬧得哭涕抹淚　鬼叫狠號　費多少心力　不過把女兒作成了一生的廢物　不能走路　不能作活　這個樣子倒甘心　怎麽爲順着女兒天生來的原樣子　又利便　又省事　又不受苦　反倒不肯做了呢　總是說這是風俗　不這樣就不能出嫁了　難道不能大家商量商量　改這個最壞最惡的風俗麽　比方你們給女兒纏脚費的那工夫　要是教導女兒念書針黹　一定也學的有成了　若是一個姑娘　賢德有才　就是他不

四十五

纏脚　也必有人佩服的　怎麽愁他不能出嫁呢　總而言之　中國要
强盛　必得變法　要變法　必須從這小事上起　不然白白的高談闊
論　說一千年　也沒有用處　若不人人認眞的破除情面去做　你等
我　我看你　那必至於等到國也完了　種也滅了爲止　倘或不是喪
心的人　聽見我這話　必從今天就想法子改變

觀活搬不倒兒記　　竹園稿

北京城有一宗翫物　是用紙裱糊成的　上半截是一個人身子的樣兒
彷彿是坐着似的　下半截是泥揑的圓底　頭輕底重　統共不過一
尺多高　把他放在牀上　敎那小孩子們擺弄　把他搬倒了　他又坐
起來　前仰後合的亂幌　總也搬不倒他　故此叫個搬不倒兒　我昨
天到了北京　聽說城裏頭來了一個外國人　他有一個活搬不倒兒

每天在廟場上耍弄　憑着這耍弄耍錢　我聽見之後　我也要開開眼

到了廟場上　見有一個大帳子　四面圍了個極嚴　向南有一個門

上寫吳家戲場四字　把門的是個外國人　誰進去誰給他一百錢

門外頭還有一個中國人　年紀不過三十多歲　胸前號光子上寫着外國前敵四個字　手裡拿着一把鞭子　在那裏驅趕閒人　我給了外國人一百錢　我也進裡頭看看　到了裏面　原來有好些人在裡頭呢　圍成了一大圈　當中並沒有別的翫物　就有二三十觔重的一個大鐵鍋　鍋裏立着一個沒胳膊沒腿的中國人　頭臉五官都齊全　年紀約有五十多歲　胸前有四個大字　寫的是活搬不倒　他的脖子上　拴着四根繩子　前後左右各一根　鐵鍋邊上有四個環子　那四根繩子各拴在一個環子上　故此那活搬不倒兒　雖然沒胳膊沒腿　他可直

直的在鍋裡坐着　旁邊有五六個黑頭高身量的人　一個穿紅的　一個穿藍的、一個穿黃的　一個穿白的　就在四圍椅子上坐着　當中扶着活搬不倒兒的　是一個中國人　胸前號光子上　寫着徐圖挽回四個字　那穿紅的洋人向徐圖挽回一努嘴兒　他就把活搬不倒兒向穿紅的一推　只見那活翫物前仰後合　左搖右幌　然後這幾個外國人拍掌大笑　看翫藝的也都隨聲附和　遲不多時　穿藍穿紅穿白的也都這樣　把那活搬不倒兒　搬的直皺眉　我揣摩着　大概是頭疼心裏難受　又遲了一刻　那穿紅的說了一聲　樂　那活翫物就勉强着樂了樂　穿白的又說了一聲　哭　那活翫物又皺起眉來裝哭

我看了多時　實在難受　我見那外國人　都向裡邊歇息歎茶去了

我就問徐圖挽回說　你們是那裡的人呀　怎麽落到這步天地呀　那

徐圖挽回見我問他　他趕緊回了回頭　看外國人沒在旁邊　他就落下淚來了　他說先生啊　若提起我們的出身恐怕幾天也說不完　先生既問　就算是有心救我們三個人　我合你老　草草的說一說罷　我姓吳　我名字呌恥　這個活搬不倒兒　是我本家的哥哥　他名呌吳剛　那門外頭驅逐閒人的那個外國前敵　他名字呌吳心　當初我門吳家　也是北京的望族　我這位吳剛大哥　原是個練武藝的　十八樣兵器樣樣精通　他專以保鏢爲生　賺的家成業就　他有幾十萬浮財　還有二十多頃地　還有幾座買賣　還有幾處房子　裡裡外外出來進去也狠是個樣兒　不料那一年來了兩個外國人　就是那穿白的合那穿藍的　來到我大哥門上　原來是聞他的美名　要合他交朋友　誰想到我們大哥　看見他們是異鄉人　就冷不防的從後頭踢了

四十七

人家一脚，幾乎把那人踢喪了命，招的他們兩個人大怒，就對我們大哥說：你這樣行爲太不合理，你既然好講武，何妨偺們立一個打擂的場子，比比拳脚，考較考較兵器。我們大哥原是好勝，見了這個焉能退縮呢，故此就合這外國人立了一個章程，每年四季必要比較四回，每比較一回都要先下注，也須一千兩一萬兩一注，也須十萬兩百萬兩一注，誰打勝了誰贏，誰打敗了誰輸，誰先找來誰先下注。既下了注那一頭兒就得打，要是不願意打，就得賠出半注來。

那時候我們大哥財也足人也壯，一一的都應許了，不料這外國的武藝比中國人練的好，頭一回就把我們大哥的左腿踢傷了，所幸下的注不多，不過輸了六百兩銀子，輸了銀子不要緊，從此我們大哥的威名可就減多了。那時候我們三弟爲心正是血氣方剛，他不

服外國人　第二回比較的時候　他就下了場子　合那外國人比了幾套拳脚　他把外國人硬抱住了　衆人說合　作爲不輸不贏罷　我們大哥自從被踢之後　左腿就痲木不仁　合吳心三弟又有點不睦　越想越生氣　索性左腿不能動了　我們大哥　有個諱疾忌醫的毛病　又有個多忌多疑的毛病　故此他的病腿　總也不治　見了人他還拿假話遮掩　那外國人聽說他左腿痲木不仁的時候　就拍手頓脚的笑　就託人請吳心喫飯　趕着跟吳心交朋友　說老兄的武藝實高　佩服佩服　以後老兄不必下場子了　倘若我們失了手　反倒得罪老兄　反叫令兄解恨　不如偺們交個朋友　我們單合大哥比較罷　這吳心他本是個粗人　還架得住奉承嗎　後來外國人又送給我烟土　我實不瞞先生說罷　我一家子五口人　全仗着我們大哥喫飯　我又有

大烟瘾　我又沒本事　我一天也不敢離開大哥　後來外國人又常請我們老三吳心吸大烟　十包八包的送烟土　我三弟可也就上了瘾了　不多日外國人忽然來了　他下了十萬銀子的注　專要合我大哥比較　先生你想想　左腿痲木不仁　焉敢下場子呢　我大哥派我出來就說感冒風寒了　改日再比較罷　外國人不答應　他說不比較也成　可得照約賠我半注　不然我闖進門去硬打　到那時候　我不管病不病　只要叫我打倒了　可就得輸給我十萬銀子　我大哥吳剛聽見這話一着急　急的右腿也不能動了　赶緊找吳心　吳心不來沒法子　賠人家半注罷　這是秋天的話　到了冬天　外國人又來了　他說他下一百萬銀子的注　快叫吳剛出來比較比較　哎呀　這一注就抄了我大哥的家了　總而言之罷　又照上回不打賠半注的辦法

賠了個九萬　這時候　我大哥的浮財也淨了　地也都典出去了　買賣也都關門了　就剩下身底住的房子合身上穿的衣裳了　此時就有朋友勸我大哥快請一位明醫　趕緊治這下瘻　不論花多少錢　自要治的好了　那輸的銀子還可以找的回來　又勸我三舍弟也得合哥哥不要異心　人家既下注來了　你就得捨了命的打呀　打贏了你們不但都好看　而且不至於餓死呀　若要照這麼七股子八分的　你們這小家當兒　也就快抄完了　抄完了　你們弟兄三個可就受大罪了再想打也難了　據我看你還是拿命下注　打不贏是活不了的　先生請想　這朋友勸的不是好話麼　誰想到我這大哥還是諱疾忌醫　掩耳盜鈴　他對朋友說　你別聽外邊的風言風語　我實在贏了外國人五百萬銀子　我的地也沒典　房子也沒賣　我的腿不過受一點小風

這三五天他就痊愈了　這朋友一聽這話　就嘆了一口氣頓頓足出
去了　我們這老三的烟癮合我一般大　我雖然比他一無所能　我到
底兒老成持重　我也在坐定了時候思慮這個事　將來怎麼了呢　我
又不敢叫我大哥着急　故此我常哄他說不碍事了　外國人也都得了
半身不遂了　我遲兩天找他們打打去　不要看我是個烟鬼　我足以
打得過半身不遂的人　先生我若不這麼開他的心　我可有什麼新鮮
法子呢　我也知道急求明醫是個正經辦法　但有一件　他聽見喫藥
就皺眉　我爲什麼招他不喜歡呢　他不喜歡就許不用我　我一出他
的門　我憑本事沒有　一窩兒八代的　不得餓死嗎　我故此拿定了
主意了　喫一天混一天　活一天說一天罷　我們三弟他雖然不合外
國人比較去　他可能上家裡打擂來　一進家門　他的本領就來了

見人打人　見狗打狗　一不叫他打　就得給他錢　後來我一查考
原來外國人也不供給他煙土了　故此他癮的難受　就找尋家裡的人
外國人知道吳心他沒錢使　又生出一個壞主意來　就合吳心說
願出五百兩銀子　託他買兩條活人腿　說急等配藥用　我們這三舍
弟　見財心就動了　就赶緊來合大哥說　外國人又來了　他又下一
百萬銀子的注　我直勸他　我說漫說一百萬　我們大哥連一百兩也
沒有了　你就是把他打死　他也沒銀子了　後來他說暫且不打也可
我可要租你大哥兩條腿　租一年給一百銀子　我看大哥的腿　反
正是廢了　就鋸下來　租給他罷　我們治也治不好　還不定花多少
銀子　況且是租不是賣　偺們的名聲也好聽　將來偺們不願意租給
他的時候　還可以要回原腿　他乖乖的得給偺們安上　他們西法能

安腿　用電氣一催　就能邁步的　我在旁不敢贊一詞　我大哥想了半天　總想着這個辦法好　故此就叫三弟把兩條腿當時鋸下去了　到了晚上　三弟眞送了一百兩銀子來　他背地裡賺了四百兩　我也不敢給他宣揚　鋸腿之後　又叫我安上兩條木腿　遮掩外人的眼目　我們大哥整天躺在炕上　血脈不周　轉過年來　兩支胳膊　也不能動了　房子賣的錢　也花淨了　一百兩銀子　也花完了　租了隣居一間房　暫且存身　有了早飯　又愁晚飯　那外國人知道打不出銀子來了　又託我們老三買活人胳膊　總而言之罷　又像上回一樣的辦法　一百兩銀子　又把兩支胳膊賣去了　先生你猜外國人去我們大哥的四肢是什麽用意呀　原來外國人怕我大哥聽了高人的指教　假如一請明醫治好了　眞是他們一個大敵手　故此豁上一千銀子

就把一個人廢了　後來外國人又請三舍弟喫飯　誆了去就把他捆上了　跟他要那八百銀子　三舍弟的銀子都花沒了　跪在地下央告外國人說　你賣你弟兄的骨肉　你眞是無心了　我非把你送官不成　後來這穿白的出了個主意　他說不如把吳剛扮成個活撥不倒兒做爲吳剛是掌櫃的　教吳恥專管背着他　合扶着他　喂喫服侍等也都是吳恥的差事　教吳心專管驅趕閒人　給你們起一個字號就叫做吳家戲場　到處耍弄　按位要錢　再把吳心欠的銀子　作爲周息五厘　分年陸續歸還　每天進的錢　先還我們的欵項　有餘剩就歸你們喫穿　我一想也不錯　老三也點頭　又合我大哥一商量大哥直哭　他說我不管　事到如今　也就是隨你們二人辦了　把我放在那裏　我在那裏　樂意給我喫　我就喫一口　不然我就餓死也

五十一

情願　我見他無可無不可　故此跟外國人畫了押　我們就各處趕開了廟塲　自甲午至今　也混了七八年了　我們弟兄三個，天天喫不飽　每天賺的錢　不夠利錢　我到晚上還得另打主意去　我們那個外國前敵　在門外頭擋一天的橫兒　挨一天的罵　受一天的眼毒也不過就給他一個麪包喫　活搬不倒兒更苦了　喫不下去　欵不下去　求生不可　欲死不得　先生問我們的原由　這說的就是我們的原由　今日纔落到這步天地　說罷他又吊下淚來了　我說吳恥吳恥

你不必哭了　你們是自作自受哇　天生一家人來　不知道振奮精神　合力禦侮　反到互相猜忌　兄弟鬩墻　有病不求良醫　反到割棄股肱手足　苟延殘喘　自作自受　決不可憐　正說中間　那幾個外國人　欵完茶出來了　看見我合吳恥說話　立刻就拿着籐子來打

嚇得我趕忙往外跑　跑出門來　奧心就把我揪住了　正要合他支持　那幾個外國人都追出來了　心裏一急　就喊了一聲眞氣死人哪　將纔喊了個眞氣二字　揉揉眼睛一看　原來身在屋內牀上　纔知道是大夢初醒

爛柯山樹　竹園稿

鄙人有個毛病　凡有所感　必要把他記下來　然而苦不能文　故敘事多是白話　去年八月節前　我在大公報上演說的頭一段是戒拜兎　目下快一年了　今年八月節　大概衆人還是照舊拜罷　第二段是說門神　北京各衙門　雖有改了的　別處沒見改過來　第三段我演的是中國文法太深之弊　第四段是莫錯過　第五段是就中國現勢籌女學初起之辦法　第六段是歎津俗　第七段是貴業賤業說　第八段

是觀活搬不倒兒記　第九段是論中國之宗教　第十段是勸政府官勸令不許纏足識　第十一段是說合羣當人人以忠恕存心　第十二段是以鐵撇喻中西强弱之所由來　還有一段醫學　還有兩段我忘記題目了　這白話有什麼好處呢　一則雅俗共賞　一目了然　二則言淺意賅　感人最易　這新聞紙上　最不可沒有白話的　我昨天又遇見一件可感的事　說給你們衆位聽聽　我們北京的北山北邊　有兩家大財主　一家姓甄　一家姓賈　甄家以開果木園子爲生　還有無數的田產　栽樹種花　培土灌水　都是甄大爺帶着子弟親身自理　早起晚眠　實事求是　若是有非用外人不可之處　他也是眼同督理　絕不自求安逸　委權於人　故此甄家的事業　一年比一年興盛　每年夏秋收穫的瓜果　運售各處　眞是成千累萬的銀錢　甄家老哥兒五

箇 小哥兒們也有十四五個 就有一兩位讀書求功名以壯門戶的下餘都是小學普通後 學一實業 都能自賺自喫 而且都是樸實耐勞 溫和勤儉 皆因那甄大爺的人品性情 事事率眞 又是箇莊稼買賣起家 故此他沒有官家排場的惡習 也沒有念書人家空談的惡習 那賈家是箇官途財主 賈大爺做過一任粵海關 一任福州將軍 賈二爺做過織造 賈三爺做過海關道 賈四爺做過堂郎中 賈五爺帶過十營統領 賈六爺出使過外洋 賈七爺做過藩臬 總而言之罷 發財的美缺 都歸他一家了 就是他的奶媽媽之子 都可以保箇功名 他家姬妾用的器皿 一律是大赤金的 其餘的濶樣兒 是不用說的了 若論家當 眞有抵國之富 內中賈大爺是讀書出身人極忠厚謹慎 後來告老還家了 賈六爺故在任上了 賈七爺在任

的時候　勤政愛民　嚴察屬吏　也有些好聲氣　後來也故在任上了
下剩的二三四五這幾位　或有因侵吞中飽被參　革職查抄家產
因而家敗身亡的　或有因剋扣暴虐　革職發往軍台効力的　那些嬌
姬美妾　也是走的走逃的逃　不幾年的功夫　弄個一敗塗地　只剩
下一位老而無能原品休致的賈大爺　率領着一羣喫慣穿慣花慣樂慣
又可恨又可憐又可歎的少爺們　埋頭度日　俗語說　官滿如花卸
事敗奴欺主　眞是一點兒也不錯　可有一節　瘦死的駱駝比馬大
破船還有三千釘呢　賈家的餘產　打掃打掃　還值幾十萬　這一天
大少爺賈維新說　咱們大家振作振作整頓整頓罷　你們看甄家
一天比一天强　這果木園子　想必是有利　二少爺賈自强說　那是
不錯　我們何不仿他辦辦呢　三少爺賈振作說　我們是名門望族

資本又厚 辦出來 自有比他强的 四少爺賈能事說 我今天就擬章程 你一言 我一語 賈大爺聽着樂的直拍把掌 說維新自强振作能事四個好小子 果然要把我家整理好了 不但子子孫孫一大羣免得爲他人奴隸 而且衣食充裕 還可以重振家聲呢 第二天呈上章程來一看 哎呀 錯過讀書做官之家 焉能有這樣詳細的章程呢 章程上是 一請教習先習洋文 二出洋入外國植物學堂肄業三購種回國順便聘請技師來家 四在家建設植物講堂 五買良田若干頃 六建洋式高大樓房以便存儲果品 七學堂旁立植物報館一所八在北京上海建鮮果子店二所 九招請通曉中西文字之同事 十由外洋購運船兩隻馬車三十輛爲載運果木之用 果木園之章程是一果木園子之工人薪水從厚飲饌從豐 二請書手二十名 每日周遊

園子一次　將所見情形呈報　三特由外洋買自來水機器一具　安置園子旁　以作灌溉之用　四果木園子內外　安設電氣燈一副　以防賊人偷竊果木　五雇壯丁一百名　巡邏園外　六園旁立化學廠一所　由外洋聘著名化學師敎授生徒　考求所產果品　賈大爺見此章程　趕緊將房產作押　借了四十萬銀子　交他小哥兒四箇辦去了　展眼過了六七年　洋文學會　出洋已回　眞照着以上的章程　一一的都辦齊了　賈大爺一看報銷賬　淨飯錢與戲錢　就是三萬多兩　買機器買車船地畝以及雜費　又三十多萬兩　果木樹將種在土內　工人還未給薪水　聘來的技師四位　每位每月五百塊　一塊也沒給人家　賈大爺一看　就歪了嘴了　趕緊把四位少爺　叫到跟前　說道　我派維新爲總辦　自強爲會辦　振作爲提調　能事爲總查　你們

認眞經理　勿負委任　說罷　往後一仰　就得了半身不遂了　且說總辦賈維新　見洋技師支取薪水　他分文也沒有　急的無法　合三位兄弟一商量　不如將坆地作押　借二萬塊錢　都給他們　作爲是賠他一年的薪水　將三年的合同撤回　全叫他們去罷　大家都說不錯不錯　衆位呀　這總辦賈維新他有一口煙癮　每天午後四點鐘纔起來　會辦賈自强是好嫖　坐上車出前門　一住就是半箇月　非家裡來人催三次　他不肯回家　提調賈振作是箇半瘋兒　沒事他胡指使人　弄得執事與工人　無人不駡　總查賈能事　好要排場　身懶嘴勤　查事都是派下人去　他每月不過出一二回門　若查見重大可辦的事　他也須一笑兒就完了　若查見一點極細極微的事情　要是赶上他心不順　就須把執事人送了官　四個頭目人　既是這樣　那

五十五

些執事　也就都隨便了　偸的偸　走的走　好人都告辭了　剩下一羣壞小子　一天的合他四個人鬼混　果木樹也都乾得半死　機器也都成廢鐵了　樓房招住閒人　終日聚賭　車船無貨可運　一天的逛街遊湖　有人就告訴賈維新說　你老人家　擔多大沉重　費多少銀錢　外邊都知道賈家果園子的規模宏大　北京上海賈家果廠的金字匾　也是萬目共瞻的　刻下看看是六月了　人家園裡的樹上　都結了好果子了　咱們園子的樹上　棵棵是乾枝　你老若不勵精圖治臥薪嘗胆　這一敗　可就沒法救了　維新聽說之後　說道　多承指教　我明天有箇應酬　我過了明天　我必出去的　這一天來到園子一看　嗳呀　果然照說的話一樣了　趕緊把三個兄弟呌來　大加申飭　又作了一篇自責自儆的文　用綾子裱好了　掛在客廳內　又把

那執事工人　革了數十名　次日命家人十名　拿景泰藍的花盆　盛滿了淨水　維新親眼看着　挨棵的灌澆　三個兄弟　也都穿着實地兒紗的小緊身兒　帶着西洋皮手套　跟着忙碌　每人背後都有兩個家人　用芝蔴鵰扇子　給四位搧風　哎呀　那一天果園裡　比皇上行耕藉禮還講究　灌完之後　維新交派工人　每日必要如此的工人垂手侍立說　着着是是　從此以後　四位又不管了　工人見主人　十幾天不出來　他們一天就澆上了三天的水　挪出工夫玩去了衆位　這將枯的樹木　若按着時候　緩緩的澆　還可以救活了經他們這一泡　把樹根全都泡爛　又有人給維新送信　說樹根全爛了　目下是七月了　維新一看果然不假　問三位兄弟　可有什麼新鮮主意呢　賈自强說　聲名所關　體面所關　我有箇妙計　可以免

人訕笑　咱們今天赶緊僱幾十名油漆匠　買他幾百斤紅綠顏料　再買幾十簍桐油　再到崇文門花兒市　僱幾十名紙花匠　再到四條胡同料貨舖　連夜赶做定吹琉璃桃琉璃蘋果琉璃梨琉璃柿子各幾萬枚用鐵絲纏在枯樹枝上　花匠配葉兒　油漆匠上色擦油　三五天的工夫　就可以把咱們買家果廠的聲名壯起來　買振作說　北京上海咱們開的果子店　難道也賣琉璃果子麽　買能事說　那也好辦　把車船拍賣了　僱着使用　挪出錢來　把甄家的果子買幾車　裝滿了在街上繞走幾遭　然後運到上海擺在店內　就說是咱們園子裡出產的　誰不信呀　買自强說　僱車船時　多許他脚錢　務必揷偺們買家的旂子　若有人打聽　務必叫他說船車還是咱們的　買振作說明天我揑幾個假人名兒　做幾篇秋園賦　把偺們哥兒四個頌揚頌

揚　把上海北京的買家果子店誇讚誇讚　登登報宣揚宣揚　你們看好不好　買自强笑着說道　還是偺們官家子弟善於彌縫掩飾呀　買振作笑着對買能事說　還是咱們少爺班子的人員能辦事呀　買能事面帶不悅說道　不用說誰能辦誰不能辦　反正這幾十萬銀子是完了還有幾十萬虧空　買自强說　幾十萬也罷　幾百萬也罷　也不是偺們自家原有的　不是偺們受苦賺來的　反正都是那苦百姓傻小子們的錢　偺們別說閒話咧　赶緊去僱人做假果子罷　搪過這一陣去以後偺們　還是求一封信　打點箇缺　幹偺們的本行罷　收什三二年　弄他百八十萬的　過舒坦日子去　以後再有提說甚麽通商惠工咧　甚麽挽回利權咧　我不把他打的叫娘　我不姓買　我枉是買自强了　總而言之罷　三五日的功夫　果然照他四人說的　把假果

子金弄在樹上了　眞是紅柿碧桃　靑枝綠葉的　臨近了雖無香氣
遠看着却倒有趣　一時哄動衆人　都認以爲眞了　還有一位大官
也要看看　賞塊匾　鼓勵鼓勵　可巧那當天晚上　從西北上起了一
股黑雲　從東北上起了一陣狂風　霎時間陰雲密布　雷電交集　東
南上來了一陣冰雹　西南上又颳過了一陣暴雨　這賈家四位弟兄
縮着脖子藏在被窩兒裡　連大氣也不敢出　此時他們把假果子　也
都忘了　到了次日晴了天　噯呀　果園子裡的樹哇　拔的拔　折的
折　滿地是琉璃渣　滿街是油紙樹葉　衆人這纔知道賈家園裡樹上
結的是假果子　及至甄家園裡一看　人家樹上的眞果子　傷耗的
不過十分之一　原來是人家有綑就了的籐竹笆子　一見陰天就擋
上了　故此傷耗有限　這賈氏四位　有說他們羞愧難見人　都投東

海的　有說是都給甄家做了夥友的　這段故事　是我們一個老隣居說的　大概是宋朝的事　我可不知是眞的還是假的

說合羣

竹園稿

我們中國的土地不是不廣　人民也不是不衆　出產也比歐美各國不在以下　怎麽我們中國人總在人之下呢　皆因我們中國人　不知合羣　人家各國來到中國　都是一個整體來的　你看他們國雖小人雖少　他那鋒刃可是極銳的　故此無敵不破　無堅不摧　我們中國地面雖大　人民雖衆　細細的一想　原來是個散體的國　就好比一座沒有主人的大宅院　居住的都是賓客　沒有與這宅院關心的　誰偸誰就偸　誰拏誰就拏　並無一人攔阻　也沒有人查問追究　故此我們地是空大　人是空多　做官的關心民事的少　百姓們關心國事的

五十八　二

更少　你不愛我　我不憐他　故此纔由着人家的性橫行　說到目下
我們中國的主權　就算失了多一半了　要說整頓好了　也實在不
是一句話的事　也不是一二年就能見效的　然而也不能因爲不好辦
就拋下了不辦　要打算向好處辦　該怎麽辦呢　頭件要緊的　就
是合羣　這合羣二字　可不是說了一年了　怎麽總合不上呢　據我
看來　其中有個緣故　這合羣二字　最是個成事的材料　也不但是
一國大事　就是咱們親戚隣里中　要打算辦成一件事　也是非合羣
不可　衆位說合羣　說的是當合的理　我如今說合羣　說的是合的
法子　據我看來　合羣是强國保種的第一關　這恕忠二字　又是合
羣的第一關　事到今日　我們中國上上下下的人　若不都存一個忠
恕的心　這個羣萬也合不上　譬如我們就是羣裏的一個人　咱們向

人合去　人家未必喜歡與我合　人家向我合來　我也未必喜歡與人合　彼此之間　就有許多的難處　何況千百萬人呢　譬如我們家庭之內　辦一件事　家長以爲是　衆人未必都以爲是　卑幼以爲是　家長又未必以爲是　必要你替我想　商量計較　不決裂　不狡詐　然後纔能把事辦成呢　兩三個人合夥做買賣的　也是這樣　古人說過　三人同心　力能斷金　假如要是沒涵養　沒容讓　沒擔當　這個人有點兒小過錯　那個人就吹毛求疵　那個人有點兒言語不周　這個人就得理不讓　管保做不了一年的買賣　就得關門　焉能辦大事　焉能得大利呢　我說這合小羣的樣子　就是合大羣的比例　我們中國要打算不爲萬國的屬國　就是合羣　要眞心合羣　就是大家都存個忠恕的心　大家都存一個忠恕的心　難道就能合上羣了麽

我說不能不能　這个過說的是個理　要說做出眞忠恕眞合羣的效驗來　可就全仗着我們中國的各報館了　這話怎麽講呢　皆因是衆人心裡忠不忠恕不恕　誰也不知道　誰也不能無故的找人合羣去　這報館好比是引線　維持大局的力量最大　轉移人心的力量也最大　我們合羣的法子　當從報館發出來　不但感動的容易　而且傳播的也寬廣　我故此說　中國人要合羣　莫若報館先合羣　報館合羣也是先以忠恕爲主　這一二十年以來　我們大衆沉睡　被報紙喚醒了不少　愚頑的人　被報紙化明白了也不少　大惡巨憝　被報紙勸懲過來的也不少　於這國計民生上　不可謂不忠　然而立言間有過激的　律人也間有太嚴的　未免有失於不恕的時候　我知道中國的事　不是一年壞的　也不是一個人壞的　要打算整頓　也不是一天

半天的功夫　必要沉心降氣　審勢揣情　我們旣當這挽回國脈的責任　我們就應當想這挽回國脈的辦法　古人說過　兎死狐悲　物傷其類　我們大家總要存一個憐憫中國的心　當體貼官場辦事的難　當體貼愚民無知的可憐　當體貼處處掣肘的難辦　當體貼沒眞錢要辦眞事的難　當體貼用人待人不能周到的難　就遇着那可恨的官長　我們也要含而不露的勸他　要知道大事不是駡成了的　越激越固執　反倒教那小心謹愼的不敢出頭了　好人不出頭　小人就多向前　小人越多　大局就不能挽回了　故此我們報紙上　第一要保全君子的名節　第二要包涵小人的短處　第三要獎助一切義舉　第四要設着法子教通國一心　遇着我們中國的好處　我們極力的褒揚　遇着我們中國的短處　我們含蓄着指點　總以不起內亂　不興大獄

上下宗旨合一爲要緊　總要感化得中國人　知道保全中國人　知道關心中國事　這纔是合羣的作用　旋轉乾坤的手段　若是七言八語從裡往外揚　就是那歐洲的强國　也架不住　何况我們破了氣的中國呢

勸政府宜勸令不許纏足議

婦女纏足的害處　已竟說過不是一次了　已竟裹成了的　就不必說了　單說這未裹脚的幼女　衆位可千萬别再裹了　其實都不裹脚與我也没有什麽便宜　都裹脚　與我也没有什麽傷耗　我爲什麽苦口的勸衆位呢　皆因這件事情　在天理人情上　實在有不能不勸的理　我嘗見醫書上說　痲木不仁四個字　我看着就納悶　怎麽一個人身上　就有不仁呢　這不仁二字　怎麽講呢　後來我一想　我悟

出意思來了　原來痛癢不關心　就叫不仁　故此那得了癱瘓病的人
你就把他的肢體　用刀割下去　他心裏絕不知道疼痛的　我們中
國人的壞處　就應了這兩個字了　不論大小事　總是痛癢不相關
絕沒有一點真仁心　肯說幾句與衆有益的話　肯辦一件與衆有益的
事　肯出一個與大局有益的主義　我們中國人　實在不仁到極處了
譬如這婦女裹脚罷　幾歲的小姑娘　嬌嫩的筋體　無知的父母
偏要把他的兩隻脚裹折了　我嘗見街坊隣家給女孩兒裹脚的時候
一個人按着孩子　一個人咬着牙的用布條子使勁的勒　把個孩子
勒的直哭直喊直央告　勒緊之後　還要用針線縫上　那野蠻父母
必還說　孩子呀　寶貝兒呀　你的脚若裹不好　你長大的時候兒
受氣招笑兒　可不要怨我呀　衆位你們聽聽　這話彀多糊塗　我嘗

見那初起裹上脚的小姑娘　疼的眼淚汪汪　不敢把裹脚條子放開
疼的無處擱　無處放　坐不下　站不起來　到晚間睡的時候兒　總
得頭向牀裏　得把這兩隻膿血糢糊筋折骨斷的脚　亮在牀沿外邊
過過涼風兒　纔能睡着　等到下次再裹　那血跡粘的脚上　揭也揭
不下去　硬要把兩隻天然有的脚　裹的脚心朝天　究竟有什麽道理
有什麽好處呢　不過是供人翫具　落一個娘家手藝高罷了　哎
我們中國人　可實在是沒仁心了　至於裹成之後　病可不能離身了
腰腿疼數月不能下地的　兩肋疼的　面黃肌瘦的　氣串前後心的
兩隻胳膊抬不起來的　心跳四肢無力的　午後發燒咳嗽咯血的
喫完了飯就倒飽的　病有百數樣　全由於血脈不流通的毛病　死的
死廢的廢　沒病的實在是百裡拔一　自初裹至裹成　不知害了多少

良女子　天降大災於人　必是疾病死喪　或假手於盜賊水火刑獄
不料降災於中國女子　偏假手於本人的父母　豈不是一件怪事嗎
家家是一座刑部　這還不甚可怪　可怪的是拿這麼一件不仁的大事
竟會沒人禁革　勸捐不准抗　抗捐的爲亂民　平亂民的剿洗幾座
村莊　殺戮幾千百姓　政府都不以爲虐　我們何不把勸捐的手段
用在勒令不許纏足呢　假如有敢抗的　就是殺戮幾千人　也是極仁
的事情　何况沒人敢抗呢　這件事　就求一位仁慈的大臣　快快的
奏上去　一道　旨意　幾千張告示　立能出民水火　登之袵席　若
說不合政體　難道開捐賣官開賭賣彩票　都合政體嗎　變成了的
聽其自便　將纏的趕緊放　未纏的不許纏　年年下　旨意　年年貼
白話告示　各處再派人扛上木牌告示　沿街敲鑼　沒有辦不好的

六十二

果然要有位大人出頭　我必勸大家給他建生祠的　我又嘗聽見一種
混賬人說　事揀大的辦　這纔足不纔足　算不了什麼要緊的　喔
你把我們中國的大事指出來　你們能辦何事　也都指出來　據我看
事無大小　當辦則辦　好事成一件是一件　不好事去一件是一件
只要天天辦　沒有不能成就的　譬如那積錢的　不愛惜一個的、
終久也積不了十個　一輩子也積不了千百個　這纔足的惡俗　是我
們中國人一件極大的害處　怎麼還說是小事呢

誠之爲貴

本報上的附件　屢次講說人生世上　爲人處世　該當愛羣　該當真
誠　因爲這是立身的良藥　立國的根基　那裏知道有許多的人聽見
這話　狠笑我是迂腐不通　撥弄這老生常談　併且說若是照你這樣

子行去　當今之世　一定是要喫虧的　現在的光景　通國的人　不論士農工商　要在這世上能立得住　能佔便宜　全是用權謀詐術詭計多端　凡是會用嘴甜心苦笑裡藏刀綿裡之針刀頭之蜜手段的那是得了處世的妙訣　守身的眞言　但在乎人用的巧妙罷了　我聽見這些話　却不甚驚奇納罕　因爲當今之世　欺詐成風　這些澆薄淺陋的話　聽從久已絮耳了　但可怪是如今有許多的自命是高明人講維新　講治國　也拏定了這個自私自利虛詐哄騙的主意　還加一句好聽的名字　說這叫外交手段　㘈呀　可悲可憐　你們衆位想想　中國一敗塗地　到了這步天地　緣故雖多　到底總根子的原故豈不是缺少了這眞誠兩個字　纔落得這樣麼　中國不論官民上下農工商賈　那一樣不是在虛浮上頭　你騙我　我哄你　究竟算起

來　所得的益處有限　所受的禍害無窮　不用一條條細加比方　但
就着工人說罷　工人作的物件　偸工減料　一點兒也不結實　外面
把他裝飾的極好看　就要好大的價錢　人雖然也可以上他的當　到
底下次就不買他的了　他這樣手段　只可以騙人一次　一個人不受
他兩三次騙　天長日久　人人都受過他的騙　他那哄騙的方法　再
也不能用了　只好是閉門歇業罷　就有人說　我在這一處騙完了
再騙別處去　咳　這話更糊塗了　你把十八省都騙完了　你還往那
裡騙去　總而言之　那虛假是萬靠不住的　只可以騙得一時　騙得
一遭　萬不能長久　那忠厚誠實的　雖然是迂腐　到底天理人情
全對得過　人不要看一時　俗語有一句說的好　喫虧是便宜　又說
喫虧的常在　你看那專用虛假的　自以爲別人看不出來　其實但是

有知覺的人　沒有傻子　偶爾受其所愚　不能永久糊塗　人爲什麼放着坦平正直的大道不走　單走那灣灣曲曲的窄路呢　爲什麼放着至誠無僞的君子不作　單作那鬼鬼祟祟的小人呢

北京啓蒙畫報館來稿

連日讀大公報的附件　痛論纏足的害處　語語驚心　抱愧生一段白話　說得更是眞切　合我支那人　都當這樣着急　都當這樣慚愧　古時創此淫刑　並沒有把婦女當作人　直當作一件活玩藝兒　不必高論　就從戲台上比方　凡是靑衫子的戲　沒有不是貞節的　扮演出來　從未踹過木頭蹻　到了那花旦淫蕩的戲　專專的要做成小脚　借着兩隻木頭蹻　描盡春情　這樣看起來　纏足一事　是好是歹　不辨自明　二萬萬男子　都受了這種累　還是至死不明　女子主

中饋　這是讀書人的口頭語　試問纏緊雙足　久立竈旁　有不脚疼的麽　主中饋這句話　先靠不住　其餘不必問了　教育子女　爲婦界的普通義　不纏足　纔能操勞　能操勞　纔能無病　果無病　然後生育子女方得其道　不善育者　必不善教　種種流弊　全從纏足而來　貧窮的不必說了　就是富貴人家　房裏擺着這活玩藝兒　太平的時候　自以爲樂　遇着亂世　可就獻了醜了　前年洋兵入京親眼看見　許多宅門的家眷　扶墻摸壁　好容易扒出彰儀門　擦眼抹淚　叫苦連天　當家主的　到了這個時候　沒有不恨纏足的了似乎從此醒悟了罷　那裏曉得　好了疤瘌忘了痛　兩年以來　到處聽聽　仍然是講究那雙臭脚　這不是怪事麽

也是集附安蹇詩存

解題

《也是集》，附《安蹇詩存》，光緒丁未（三十三年，1907）天津大公報館鉛印本，行欵同《敝帚千金》第一集，綫裝，一册。本書所據底本爲首都圖書館藏本。

封面題簽題『也是集』，内封鎸『光緒丁未夏日　大公報館刊行/也是集/魏戫』，後附英斂之小影一幅，附注云『乙巳夏日照於東京』（編者按：乙巳，即光緒三十一年［1905］）。卷首冠《馬湘伯先生序》，末署『光緒丁未季夏南徐馬良撰』；次《嚴幾道先生序》，末署『侯官嚴復』；次《吕眉生女士序》，末署『光緒丁未夏五旌德吕清揚序於奉天女子師範學校』，末附『安蹇附識』；次《也是集自序》，末署『光緒丁未四月安蹇自敘於津門』。

《也是集》正文首葉首行題『也是集』，次行題『安蹇齋主稿』，收英斂之所撰文章三十三篇。《安蹇詩存》正文首葉首行題『安蹇詩存』，卷首冠《小敘》，收英斂之所撰詩詞三十三首，末附彭永年先生題辭及詩二首，喬心困先生詩四首。

全書卷末附《韓補青先生跋》，末署『光緒丁未六月韓梯雲頓首拜跋於津門』；次《翠微居士序》，末署『光緒丁未季夏皖南翠微居士吴麟拜序於津門旅次』；次《郭養田先生跋》，末署『光緒丁未六月郭心培拜撰』；次《盧乾齋先生序》，末署『光緒丁未年季夏古黄乾齋氏盧懋功序於瀋陽旅次』。

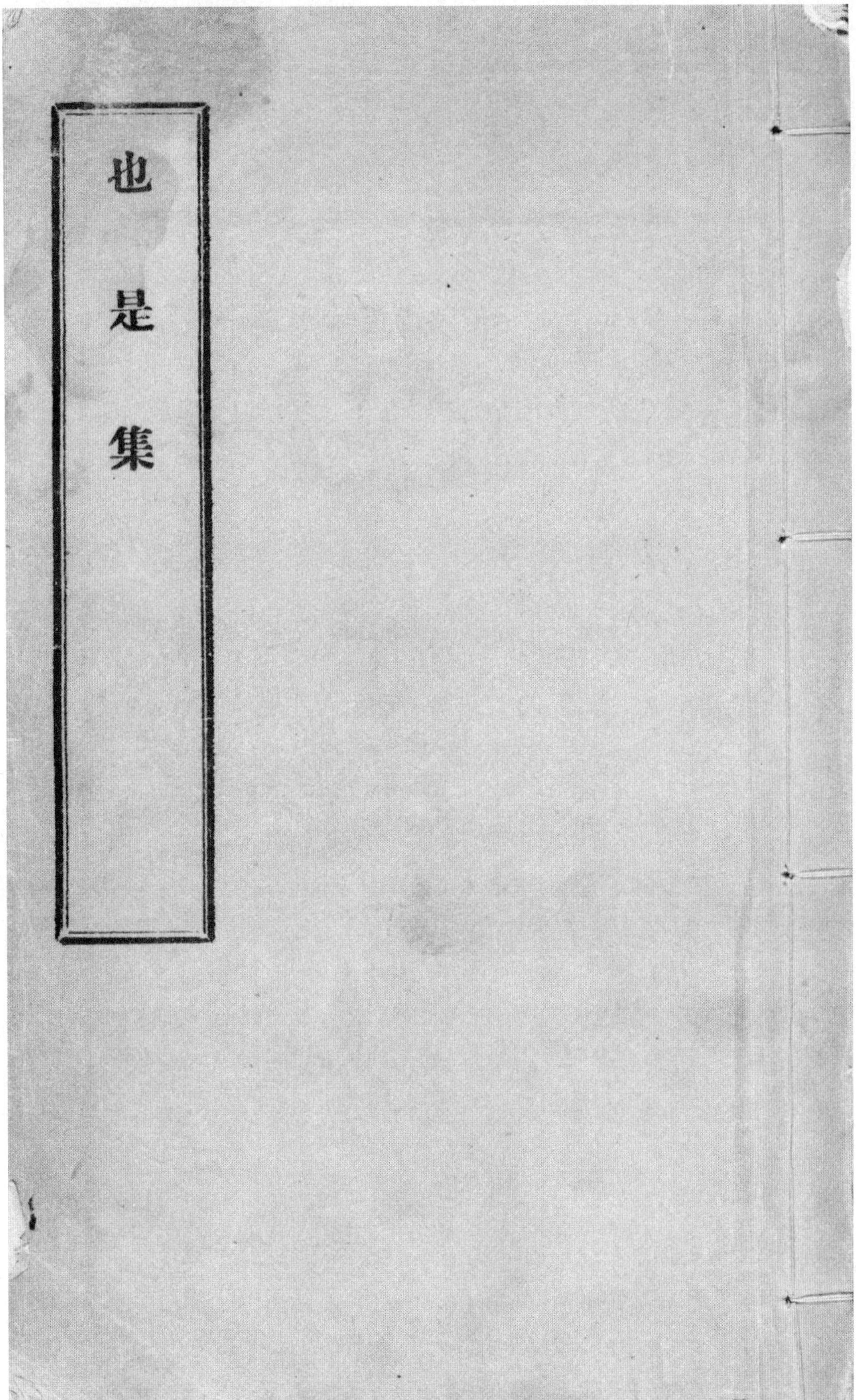
也是集

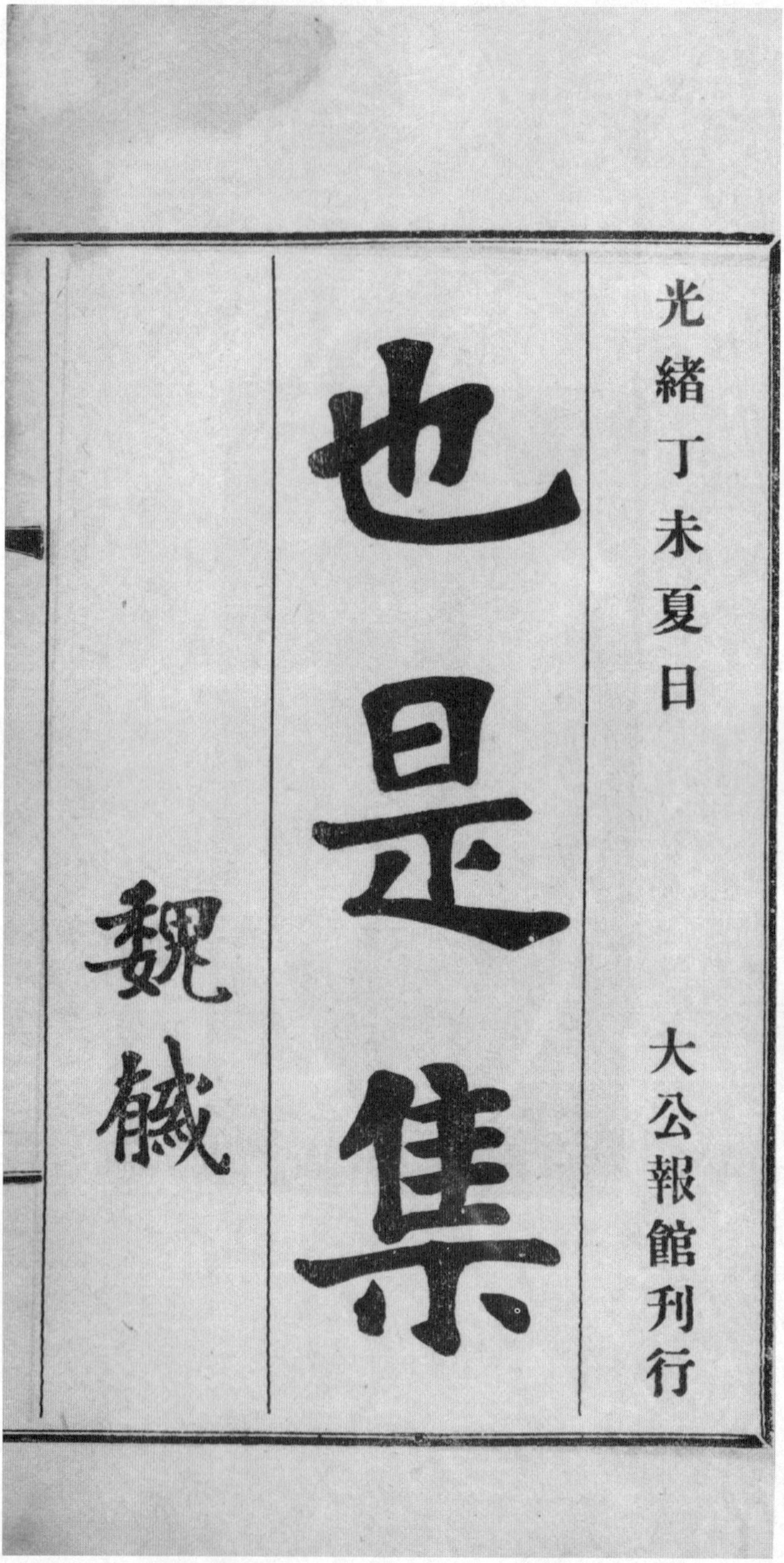
光緒丁未夏日

大公報館刊行

也是集

魏戫

英斂之小影

乙巳夏日照於東京

馬湘伯先生序

舉世爭言立憲惟百蠻及諸屬國無國民權利者乃不敢言言亦不能行也自餘知有國民權利者强如俄國弱如波斯已無不勉强而行之故我國不言立憲則已言立憲而不虛心預備言預備而不實力奉行雖如綸如綍以言之究與不敢言者相去幾何其或以程度未到歸罪於民民不受也譬之預備秋操而不先訓練是誰之過歟惟訓練可以造程度憲法亦能造國民傳曰堯舜之民可比屋而封桀紂之民可比屋而誅斯民也三代所以直道而行也奈何堯舜在上而歸罪於民爲桀紂之民也若必程度既到而後立憲則西史所載大都民不及待而先事要求要求而不繼之以爭且亂者蓋不多覯我而效之强鄰肯坐失漁人之利乎然則猶幸程度未到飢者易爲食渴者易爲飲憲法之能造國民惟此時尤易乃或以憲法者君有責任民有權利非先聖之訓而不

首都圖書館藏書

知此乃絜矩之道也原理在因人心之所同推以度物使彼我之間各得分願分所當有或止於敬或止於信一國之內無有有責任而不兼權利者有權利而不兼責任者如一綫必有兩端而憲法所以規定此兩端者也有兩端即有長短而憲法所以界定此長短者也不然上下四旁何由均齊方正而不踰絜矩之矩也耶且使民無權利不將舉國奴隸俱亡恥俱苟安而人主將誰與守此國土又或以憲法者可相師而仿行政府優爲之何勞議院是又不知憲法者其原文 Constitutio 共立之謂也所共立者一時有一時應守之責任與一時應保之權利既非一成不變則必時時有與共謀保此守此者而後可夫非議院而何問口體之適否必於食此衣此者問責任與權利之當否而不於國民可乎民不勝問問諸代表十室之邑必有忠信縣舉一代表而下議院不可勝用也府舉一代表而上議院不可勝用也戶口多者多舉地方廩之不

勞官歟何鰓鰓然而慮財政之不敷顧嘗聞一國之民寄耳目喉舌於議院是矣而又寄之於報館何居且謂憲法精神與報館議院之權同消長又何居蓋一人之身耳目聾瞽喉舌瘖啞則手足雖具動觸危機一身責任猶且不遑遑問身外權利故一國之民所恃以共謀一國之責任與相當之權利者耳目喉舌之用居多然無報館以會通之則乖隔無議院以統束之則乖離又何怪報館與議院竟相因爲用所不同者議院居政界報館居民界故監督政府一爲直接一爲間接若惡其監督也而違之俾不通竊不知憲法將何由而行矣吾友安蹇主人自幼以求道爲心每棄家徧訪宗敎是非不敢苟同已如此及長遊海外挾所見聞問學歸剏大公報爲民耳目思破其迷爲民喉舌思宣其隱者迄今五年所更東方大事疑以傳疑信以傳信是非不敢苟同於强國强權又如此因自選論說若干詩若干爲一集欿然若不敢自以爲文也者而命之

曰也是集此固報館之文非主人之文也報館之文以代表之程度爲程度文不文非所論至若雷同是非以程度未到欺買所代者或不知爲知之可與言而不言則也是集决無是矣但立憲問題有待於報館昌言者何限主人其勿萌退志將繼自今大書特書備他年立憲之史乘而也是集不過其嚆矢也

光緒丁未季夏南徐馬良撰

嚴幾道先生序

余識英君斂之於辛丑當是時　畿輔以義和拳之亂召八國之師　禁籞淪於敵兵　天壇爲其坰牧國之未亡僅耳英君憤然號呼將伯集數萬之貲設大公報館於津沽間以遒人振鐸箴膏起廢爲己任嗟乎義士用心良苦開館以來出報凡數千番日日爲論說指擿瘕瘵發覆將然方其勞形怵心往往通昔不寐蓋種族國土之重受賦上宰不可自已熱誠發中則聲淚俱竭文之美醜精粗不具論乃若其情亦至可念已而塗聽者方以爲好訐而鳴高也悠悠蒼天彼何人哉今夫謀國之士同診疾之醫惟所遇之猶可以生故其詞滋危其說彌厲若明知其無可爲力則戚者失聲疏者却走又奚嘵然負建鼓以求亡子爲然而雖有至深之論預發則聽者藐之雖有極危之詞數及則履者狎之不然千古亡國敗家其晚節末路之所當孰非孝子忠臣所早爲垂涕泣以

序

道之者乃終於事勢流極之所必趨無毫氂補救者又何說也嗟乎知言屢中
豈亡國僇民之所樂居而存吾說者於以見道之必不可畔云爾是無亦英君
所以類存其論說之微恉歟既求吾弁書以質之侯官嚴復

呂眉生女士序

莽莽塵塵寰球之大跱立其上者雖不一國當夫草昧未闢智塞慧蒙老死不相往來之世國勢無所謂盛衰而其所謂盛衰者乃君主一家之興亡非一國之興亡也今則東西大通往來若堂奧優勝劣敗天演競存五洲從茲多事而無寗日矣是以欲國之立而不爲弱肉强食者一視其民之德智爲樞機德智雖優尤視國家之能用與否我中國土地二萬萬餘方里之廣人民四萬萬之衆自開海禁以來一敗再蹶喪師辱國何歟呶呶之口豈不盡曰無人才無人才夫以五千年開化最早守古最篤之邦民智之優下方之寰隣少年新進之列强固不可同日語然而芸芸之衆賢愚不齊未可一概抹煞所慮有而棄遺猶之昌陽引年而病者不進智珠在櫝而買者竟還此則無可如何者也若當世學識超邁通貫中西者新學界中固不乏其人而都下英君歛之尤負希世

俊才膨愛國熱血其兀兀矻矻淚筆婆心窮年盡日以報紙擴民智以危言警當權然徒亦洞洞之空言表其忠愛之忱貢之同胞已耳懷璞韜光不爲世用徒歎人才消乏國勢夷凌嗚呼然耶否耶斯固不足爲驊騮騄駬棄置轅下悲而慨夫欲馳進文明域者不一策勵爲痛惜也斂之之爲人不特富於國家思想而於友朋尤摯丙午之夏清揚以應北洋女學之聘由皖來津方匝月而召電車傷臂之禍左腕骨折瀕於死者幾矣竊以盡個人之天職而犧牲生命固無足惜其奈白髮之親何斯時臥疾醫院雖承名醫之調治旣斷使續然尤賴英君夫婦之保持護慰得以生全夫人淑仲女士學問澄淵品性敦厚爲我女界之傑出而與清揚尤稱莫逆者也茲斂之來書謂其彙集平昔文稿命曰也是集將付之剞劂貢獻於世囑弁數言以誌交誼觀其宏論卓識超越千古固無待不學者之贊一詞世之覽斯集者視爲政治家可視爲教育家可視爲博

愛家尤無不可嗚呼三都賦出洛陽紙貴試披讀之一何補於經國裕民之大猷若斯集之現彩於東大陸也吾知受社會之歡迎必以爭覩為快此果故人阿私偏好之言歟爰書此以歸之

時光緒丁未夏五旌德呂清揚序於奉天女子師範學校

大凡墨客文人箸書立說丐人序跋非為攀麟附鳳即希標榜讚揚故套相沿牢不可拔今安蹇勦襲惡劣之也是集亦猶是也緣該集既無不脛而走之價值不得不作此附驥登龍之想藉以供諸我社會焉今　梅生女史賜來弁言譽揚失當吾亦無須汗顏緣文之體例固應爾也獨至序中自謂受傷時鄙夫婦保持護慰得以生全云云未免太過在女史固謙抑為懷善善從長優加奬飾在僕等則冒功掠美殊不敢當不過女史受傷時聞耗首至者為鄙人且關心獨切至丙子淑仲曩贈女史詩曾有君乃得天獨厚者我

眞此世最親人之句足見吾輩之交誼固有較庸俗超過萬萬者是不可不

表明之以誌弗諼者也

安蹇附識

也是集自序

僕以一武夫素不屑於雕蟲刻篆顧石可撥三百觔弓能挽十二力馬步之射十中其九每藉此豪邁自喜然此等伎倆見遺於社會無補於身家遂棄之弱冠後知航文學則又以汜濫百家流覽稗史侈淵博甚至窮兩月之目力讀四庫提要一週亦足見其涉獵之荒矣已而走南海過越裳臨滇池瀞滬瀆爲汗漫之游者數載歲壬寅掫大公報於津門日拮筆弄翰爲所謂報館文章者今旣五年消磨歲月枯敝精神自笑學無一長汶汶汨汨將此終身已乎甞見世之文人學子每都其詩與文爲一集自許名山世業若謂坐言起行之事功郎於此具僕何人斯亦將步其災棃禍棗之陋而一鳴於世乎鬱滋之積聊復爾爾姑借此一揚眉吐氣世之見者珍爲先覺之知言也可斥爲狂瞽之囈語亦無不可　光緒丁未四月安蹇自叙於津門

也是集

今世之人材果足今世之用乎 甲辰

安蹇齋主稿

歷覽東西諸強國之治績其內政外交文修武備製造通商凡夫致富強隆教養諸端無不日上蒸蒸有加無已而一推勘其根本所以能目張綱舉百廢俱興者要不過賢者在位能者在職朝無倖位野無遺賢而已而賢能之所以能在位稱職者固由於獨掌大權進退百官者能鑒別其善惡而舉措咸得其當然究此賢能之才豈皆徇齊天縱才智生成一有所需如探囊取物投之所向用無不宜乎此天地間斷斷未有之事也

十年樹木終身樹人管子之所以治齊也夾袋人材以備錄用呂蒙正之所以相宋也不寧惟是唐虞之世闢門籲俊無朝令夕改之職守無求全責備於一

身終身其官以便專注精習於一事而免泛騖旁索之徒勞後世俱失古人精義以天下爲一家之私物或以詩文爲進取之階或以賄賂爲陞遷之具威福黜陟一循乎私所以治世常少而亂世常多也降至今日紛亂喧呶不可究詰不幸而寰球大通華洋雜處以我之短方彼之長優勝劣敗之理既不可假借掩飾其處於必敗且亡不待筮蔡矣

然則國之所以興亡成敗全視用人之當否爲轉移而人材之優劣盛衰全恃培植之何如爲基礎中國用非所學學非所用久爲世之明達所詬病自數年來屢受非常之創痛疊經特別之激刺亦既稍稍有所覺悟知舊法之不可以苟安矣於是改絃易轍於凡西國之所謂富强者亦步亦趨而百方則效之究之痼習未除積弊難返而牽强附會敷衍因循南轅北轍終未能見其有濟也

雖然此亦勢所必至情有固然查各國當新舊交替之際所謂過渡時代者未

嘗不變亂顛倒藉藉紛紛互相攻訐互相傾軋嘗有至數十百年而未已者今我國言變法非一朝夕矣然執政當權諸公非八股帖括之儒卽捐納夤緣之輩於所謂政治法律測算製造聲光電化以及水陸戰陣諸事不惟不通其學直有並未聞其名目者而一旦遽使之握大權居顯要求其不措置乖方鹵莽僨事者天下甯有是理哉

至於所謂維新志士慷慨少年果足以强吾宗國拯吾同胞乎則吾尙有不能多信者自古所謂英雄豪傑建大功立大業者其志趣節操必有人所不及者焉其愛情熱力必有大過庸衆者焉而今之志士大都勦襲民權自由一二新名詞於是睥睨一世傲慢羣倫以花天酒地爲運動之機關以奸貪狠戾爲經濟之手段日言愛羣拔一毛利同羣未見其肯爲也日言愛國得數金而賣國未見其不肯爲也而且互相罵詈互相傾陷胸憤戾而口呌囂性兇殘而手毒

辣安見其能愛羣也
造育人材固爲立國之根本而變化性質最爲世間之難事中國刻當初變科舉爲學堂其教育不溥遍課程不完備自不待論歷觀各報所紀學界風潮各省學堂無不鬧事者而鬧事之原因起於飯食者十常八九夫入學堂之宗旨豈徒餔啜哉豈不聞古之好學志士鑿壁分光者有之劃食分粥者有之卽如日本所傳述之苦學生堅苦刻勵黽勉從學者所在皆有其志趣抱負固加常人一等哉今各省學堂之風潮其過錯固不必獨委之學生然上下誠意未孚彼此互挾私見所可斷言者足見吾國人格之卑矣倘使推倒彼一班老朽登庸此一班新進使之執政秉權其果能此善於彼乎此吾又未敢遽信者也
當此之際國步阽危如累卵時局叢脞如亂麻黨派攻擊如敵國人才寥落如晨星而舊弊堅留新猷未布百端待理萬事需財倘猶如此之因循敷衍爲揚

湯止沸之謀作隔靴搔癢之計恐猶太波蘭之覆轍即在目前彼時雖追悔痛恨於今日復何濟哉

然則爲今之計奈何曰直無可奈何而已矣以中國四萬萬之衆有恒產者無千分之一是生計一道急當籌畫者也通文字者無百分之一是教育一道急當講求者也夫小民衣食之不繼安能責其講禮義尙廉恥書契之不識安能望其通古今達中外既貧且愚其何能圖存於此競爭劇烈之時代況此富庶明智豈咄嗟立辦之事哉以今日如此之講農工商賈無論其合否即合也其富强當在何時以今日如此之講栽培教育無論其成否即成也其收效當在何時再遍查海內濡迹之士宿學之儒著書立說傳布學界求其果眞言皆有物果能坐言起行者恐一經淘汰後尙無三五人也而此數人者既不肯詭遇又不善鑽營宜其投閒置散終老牖下也

嗚呼今日之人材竟如此之希絕世事復如此之危急在上諸人猶然酣暢冥頑不少覺悟一聽悠悠忽忽斷送國家命脈於昏沉大霧中嗚呼顧不大可怪哉顧不重可悲哉吾爲此言非無病之呻吟非太平之咒詛非妄自標榜以鳴高非故爲危言以聳聽然則今日之國家遂從此以已乎曰是又不然但其可爲之理則有而其可爲之事則無也問今日之政府果眞能物色天下之賢才而一洗相沿之陋使各効其能破格錄用信任不疑乎斷無有也問今之國家果眞能一秉大公盡除私意革專制舊章改立憲政體乎斷無有也當此奄奄一息沉痼膏肓之際非有奇絕之舉動如掣電驚霆使人耳目一新如傾山倒海使人精神震眩不足以昭蘇萬物悚惕羣倫也然而吾何望焉願與天下有心人共謀一哭也

强之本果在兵乎癸卯

今之盱衡時局者動曰某國兵强無攻不克某國礮利無堅不摧是以雄長大地睥睨羣倫故欲强國者非練兵製械不足禦侮而樹威凡此云云予豈獨不謂然然縱考之往古橫覽之東西其得失皆歷歷可指其成跡皆昭昭可鑑凡夫拓土開疆兼弱攻昧混成一統者無不戰功赫濯殺人如麻然貪大喜功窮兵黷武苟無文德以善其後無不終歸滅亡前功盡廢其揭竿肇亂蠻觸之爭狐鳴篝火者茲不具論若夫亞力山拿玻倫之儔倘矣身經百戰絕後空前爲歷史增異彩資後人之美談人但識其軍法如山士皆用命也而其一種堅忍卓絕苦心孤詣文化輸於異邦法制垂於後世謂非天挺人傑英邁蓋世者能與於斯乎卒之或以貪得無厭弗戢自焚或以繼續無人頓墜前績使後人不勝感慨係之衛青不敗李廣無功豈皆可以倖致而苟免乎是未嘗原始要終詳情度理一討論之也中國鑑於甲申之役始有海軍之設購戰艦聘教師

四

遺餘力惟泰西之是步是趨卒之甲午一役熸焉無遺世之論者徒歸咎於國運而已夫中國之敗豈必交綏而始知哉當海軍之初設也日本議院頗有倡爲抵制之計先發制人者一元老排衆議而言曰中國向有絕妙之言談而斷無踐行之實事諸君何必鰓鰓過慮嗚呼我中國之痼疾癥瘕何以外人若見其肺肝哉無乃以其不事根本徒矜皮毛而固立於必敗之地乎程子之論治道以立志責任求賢三者爲致治之根本苟無三者雖講興利除弊安國養民邊境備禦敎化根本徒虛言耳況兵之一事一國之安危三軍之生死係之不揣其本徒逞血氣安見其不僨事辱國而有餘夫練兵難而練將尤難使非天才敏捷閱歷深透但知師心自用徒尚淫威其收效也小之則臨陣潰逃大之則反戈相向必矣查外國之練將也必使之多學多考多所歷練不特考於一國必且考於各國迨其至高等分數得上等文憑閱歷已深衆議僉符然後命

以統帶而中國則不然或以文壇之健將濫領兵符或以考古之名家謬膺司命當其平日雅歌投壺輕裘緩帶非不雍容而彬郁也殊不知學非所用用非所學驊騮雖健用以捕鼠則反不如跛猫况以無用之古董陳列於兇危要害之區乎張珮倫吳大澂其已事也不獨此也凡夫兩陣相遇旗鼓相當兵之所以致勝者以其敢死也而今所招者非椎埋鼓鑄之流卽游手好閒之輩且薄以養之刻以待之卹終之典畧焉弗講而月得數金僅足果腹施此價值使之賣命人非至愚誰肯出此倘欲責以大義而平日誠意未孚離心離德爲之上者但知擅作威福養尊處優尅扣飽囊侵吞肥己其銜恨而腹誹也久矣但爲飢寒所迫無可奈何耳田橫五百項羽八千豈皆以嚴刑峻法脅之乎外國之待兵也優其廪餼衣食充足兵若致禮雖以元戎之尊無不答之其戰歿者恩恤及其子之成人而國家歲時必行追思之禮是其死也妻子安之兄弟榮之

五

鄉里敬之倘或臨陣潰逃則繫獄苦工長糧盡削妻子鄙之兄弟薄之鄉里賤之中西治法比而較之孰優孰劣不待智者而亦能知矣雖然兵者不過有國者之一端即使賢能在位紀律嚴明轉戰無前殺敵致果而一國之治安萬民之樂利即能於是賴乎故古人有馬上得之不能馬上治之之語今中國用人行政諸端非以苞苴即徇情面俸祿之薄不足養贍身家中飽之多反遠過於正額利源莫興百廢未舉上下之情隔絕不通徒以鑒於屢敗之羞強鄰之侮而始專注於練兵夫兵固爲可百年不用不可一日不備者但既昧未雨之綢繆徒爲見兎之思犬無論速效之不可立期且惜機緣均已錯過況復循以種種牢不可破之陋習加以種種不可救藥之敗壞皮之不存毛將焉傅膏肓深入針灸何功後先緩急本末重輕不容躐等不能倒置者也草茅下士傷神洲之陸沉痛時事之板蕩潛夫慨論漆女悲吟望當道深思痛省盍亦於眞本大

源處一致其力哉

論保存國粹丙午

按說文粹不雜也易曰剛健中正純粹精也古人凡用粹之字義皆含精純美麗之意至近今時賢所謂國粹者大都爲古代流傳至理名言流風餘韻足爲經世宰物繕性陶情者若文章若美術凡屬快心目瀹性靈者皆是也然則所謂粹者固有美無惡有是無非者也使一國有此而社會見重於他族一人具此而品格度越於流儕夫如是安得而不保安可而不存是豈待智者而後知哉

自歐風東漸泰西之奇技淫巧新理異說日灌輸於吾國喜新之輩稍稍趨之而舊學宿儒羣相唾斥爲離經背本當彼之時一齊衆楚雖有儀秦之舌不能獲勝於嚣嚣頑固之口也迨庚子變局痛遭挫辱於八國然後朝野上下恍然

相悟於舊法之不足以圖存於是大有太元覆瓿論語當薪之概而負笈求學於外國者絡繹於途踵接肩摩而正未艾也至是而新理奇說竟充斥於學界勝氣少年喜新厭故矯枉過正慕鶩舍雞者亦誠不少然人具是心心具是理疑者悟之端不遠之復今是昨非亦學者應歷之階級正毋庸戀戀其過慮亦毋庸忿忿其仇視也乃舊學宿儒輩本其一孔之見挾其自大之心痛心疾首奔走喘汗而相告曰噫嘻今時何時耶晦盲否塞天翻地覆之時也天心酣醉人性迷眞下喬入幽用夷變夏吾聖道其墜哉吾國粹其亡哉是不可不急圖挽頹波而遏狂瀾之道也於是囂囂然塞於途盈於耳者無不曰保存國粹保存國粹

夫國粹之當保存固也然吾獨不解所謂粹者究係何若使果足鞏固邦國康濟羣生躋吾民於富強進吾民之幸福者則造次於是顛沛於是須臾不離可

也又豈僅保存云乎哉無奈事有大謬不然者吾徒見其狃於習蹈於空務虛名貴實禍使有心斯世者不忍坐視不言而聽其擾攘贊鼓也今姑就人人相習似是而非之口頭禪有名無實之門面語略爲一剖之

如曰治國必本經義善乎新政眞詮之言曰中國經學崇尚已久學古之士習而不察此則曰經學足以治事彼則曰通經所以致用相矜以博相尚以文不知世易時移新理代出今欲取二千餘年已前一國自爲之事施諸二千餘年已後五洲交涉之時吾知其必捍格而不合矣且不惟不適於用而更於文明進化之機多所窒碍夫事也物也理也固有爲古之所有今之所無者亦有爲今之所有古之所無者執古之有無以定今之有無不可也夫寡過之書孔子名之以易知人之論孟子斷之以時聖人必不欲固守舊章以爲天下後世累夫通澤非不可以爲高何如邱陵之爲高易也學古非不可以通今何如以今

七

川今之爲功易也且西人所讀之書閲數年而一變華人所肄之業歷千載而
不更西人新法之善必竟委而窮源華人古法之拙猶多方而護短此豈外國
智而中國愚哉亦學術有以悞之也（按新政眞詮前總序及康說書後解釋
宗經之謬洋洋數千言今不過錯綜引其大義欲知其詳者請閲原書可也）
查近日保存國粹之說官府倡之於上士夫和之於下舉國皇皇衆口一詞幾
如晤面之寒暄語吾獨非中國人民乎而何以甘冒不韙貽頑固以忘本之譏
哉顧事實有大繆不然者奈一靈未泯不敢苟同不忍爲同流合汚之談以貽
悞我家國也今試平心論之使我學術文章果爲完粹精美顛撲不破眞足與
二十世紀列强競勝於天演旋渦中則俯拾卽是何事他求乃今儒見勢絀優
劣判然亦不待智者而後知也人尙實際我崇空談人重趨新我專泥古重其
所輕急其所緩幾何其不背馳而欲收富强之效果豈異緣木求魚北轅適越

乎夫我以四五千年開化最早之古國非無精粹完美者存但與今之趫捷強悍時時翻新之輩遇卽勇猛精進尚瞠乎其後况退守數千年以前之古義而欲與之並駕齊驅得乎

卽令情驅勢迫不得已變八股爲學堂乃老學宿儒以其畢生所薰染者而挹彼注茲故學堂雖立而每校中經史國文居其大半但師資不過如是羌無新異可言不知國處爭存之日欲求強立端在西學欲事西學必習西文乃有實效倘仍日讀十三經廿四史就令讀到口沫手胝而吾國受制於外人者自若也曾何有毫末之益乎乃今學堂之芽甫萌而保存國粹之言蠭起一唱百和相與兢兢其富強之根基直同摧殘踐踏而不已又豈僅壅閼新機阻碍進步乎

或曰誠如子說見異思遷盡棄其學而學之則中國數千年之聲名文物不一

八

旦掃地盡乎叛聖離經卽種滅國亡之漸爲禍之烈孰有過於此者曰子亦知以禍福爲言乎吾之所以斷斷於此者亦正爲利害計也子不見夫日本之變法乎以數千年相沿之舊俗一旦禮樂棄漢文章衣冠易唐制度何其毫無顧惜決絕若此當時豈少保守之輩以忘本叛道爲爭者乃今吾但見其轉弱爲强蒸蒸日上矣又豈迂腐之輩前慮所及乎子又不見夫猶太之爲守乎種界之辨最嚴舊俗之守最固其自詡爲聖裔者何若自矜爲國粹者何若乃今種散國亡轉徙流離無定所呻吟憔悴於强暴之下者又何若欲待恢復盛業紹緒絕學吾恐其地老天荒海枯石爛有所難能矣今吾國峩高冠拖長紳者猶執萬事精於儒之繆見挾其鑽研故紙餖飣陳篇之伎倆謂詩書可以當戈矛禮樂可以爲甲冑詎知時遭迍否際會艱難賦一詩而不能退虜撰一文而不能送窮然後知非古人悞我實我悞古人也

或曰如子之說然則所謂國粹者固不必保存矣曰是又不然夫以一國之大萬民之衆人各有心詎能絜一子又不見夫泰西之美術館乎凡夫雕蟲小技刻鵠奇思苟有一技之長則無不分門收錄卽今陳列館中摹革皮之畫註象形之文者在在有之士各有志不能相强則又何慮古術之失傳乎故吾嘗謂人曰今中國科舉雖停八股雖廢倘千百年後有人猶能摹陶庵之雄恣效正希之慘澹者亦聽其便不過爲遊戲之文非果眞代聖賢立論而可施之於修齊治平也謀國家識時務之豪傑豈有他奇哉不過輕重緩急各得其當斯亦可矣（至學堂教科何者爲必修何者爲隨意當另論及之茲不贅述）

至於報館掌文職國民之嚮導啓迪誘掖影響於社會者甚速且大居斯席者雖不必淹貫中西然識見亦須加人一等或燭事於幾先或消患於萌始不能同流合汙取媚俗人倘濫厠匪人以其昏昏使人昭昭則貽害於社會者曷極

或有學識雖欠開通心術尚頗誠慤有時偶涉錯悞猶可冀其改悛則仍不失爲善補過之君子獨至一等依阿趨附之輩故爲反對眞理呵詬新學以自鳴其保存國粹之心揣其意未嘗不知西學之利實用中學之逞空談也以爲不如是則不得上憲之歡心無以謀其升斗而阻隔風氣閉塞民智非所計也此輩直無是非之心而惟以上憲之好惡爲是非水母目蝦可憐孰甚

或曰彼保存國粹者或出於愛國之誠曷見其言不由衷迎合上意也曰愛惡人所同性公道自在人心雖曰人心不同有如其面然亦無甚相遠豈有號稱宿學自命通才者竟取吾國之蠻風陋俗久爲各國所齒冷者矜爲國粹一一而稱道之倘非富心病腦之輩斷不忍出此也使果推彼所論凡相傳最古爲他國所無者不問事之損益理之是非皆稱國粹則纏足一事實爲吾國獨擅之長各國詫爲奇特者也何則骨斷筋折而不惜奇痛虐苦而能甘以朽腐爲

神奇誠好人之所惡吾人獨具之特色各國甘拜其下風稱爲國粹豈不尤愈於强牽古義厚誣古人爲直捷了當昭著彰明哉今囂囂之口相與矜持保存者誠有類是吾非敢放誕厥詞故涉輕薄也嗟乎使若輩保存國粹者果得達其目的底厥成功吾恐粹雖保而國不存願有斯民之責者去其驕矜澄其心目毋徒狃積習務虛聲而禍我種族覆我邦家也則不獨鄙人之私幸已

論某大員設計傾陷報館之苦心丙午

世事紛庬原因複雜非可執其一端遂得概其一切倘執一端遽加論斷即不免影響模糊錯繆歧異爲識者所不取至論中國政治之腐敗人心之險詐然犀不能燭其怪鑄鼎不能形其奸其故又豈一言所能賅括者哉

夫四千年之古國四萬萬之人民豈無軼羣出類繼往開來之豪傑而所謂力挽頹風轉移一世致君堯舜上再使風俗醇者然而闃焉無聞也嗚呼豈不痛

哉

雖然吾嘗聞風俗與教化移易者也苟無先鋒誰爲後勁苟無崇尙誰肯步趨世風之崇尙險詐也而能從事險詐者即得邀上賞夫然誰肯抱璞含貞懷德守道踽踽涼涼而獨向斷港絕蹊哉即有一二拘迂不化之徒而動輒得咎舉國非笑其不廢然返駕者希矣此所以世道日壞人心日漓而舉國無一眞血性眞氣節之人小人道長君子道消其所由來者遠矣

車爭險路馬騁先鞭至擁擠蕪雜之宦途爲尤甚苟無機警傾壓之才即有投閒置散之患夫亦出於天演競爭之不得不然者無足怪也獨至吾近所聞某大員設計傾陷某報之事尤爲足奇其慘淡經營良工心苦可笑亦復可憐也緣某報平日宅心正大不涉偏私惟才拙性執有類汲黯之戇然言雖可惡心實無他非若釣譽沽名之流爲挾嫌攻訐擅其名利雙收之計者也故某大憲

夙頗重視每借此爲察查屬下之資羣僚屬以爲不便己私也銜之次骨近乃思得妙法聯合同志結一團體得間卽使人通信於該館其無關緊要之新聞亦時時從實訪寄迨該報既爲信用偶爾卽夾以極無影響之事使該報陷散布謠言惑人聽聞之咎一日寄一某事該報卽悞登之某大憲見報以事關重大飭人暗爲探訪純屬子虛遂有人乘間向大憲言該報所紀無足憑信請以後毋以該報爲據可也云云

夫君子可欺以其方該報以新聞之來核其情形苟無恩怨卽可據有聞必錄之例登之亦無甚罪過者也况君子之過如日月之食無心之失知則必改亦不失其爲君子獨惜該大員以朝廷堂堂之貴官以夙夜在公殷煩之政體何不憚煩而爲此妾婦爭寵傾陷之計其心尚可問乎其器量狹隘若此其識見卑鄙若此推此則其致君澤民者可知矣推此則事上待下者可知矣此等品

格竟躋卿貳國事若此則尙能望整飭紀綱振興百度乎
中國官場向以阻隔朦混爲能事自日報代興抉幽發隱不遺餘力而奸邪之輩慴茲多口亦勢之所必然獨惜其不解正道以處之修德以禳之而獨用其譖訴傾陷之慣技以自完其卑鄙齷齪之天職爲可憐也
近世開明諸國其所以對待報館者何若而報館之所以自處者何若我中國當此時代朝野上下猶此冥頑泄沓而觸於目接於耳者無非此卑鄙齷齪之情形吾所感傷於吾前途者甚深且大故據所聞以論之若徒爲某大員又豈足勞吾筆墨者乎

原敗 癸卯

欲查一國之興衰成敗莫不具有致之之原因其政教卽演成其風尙其風尙卽演成其性情其性情卽演成其資格造因結果如鼓應桴無毫釐之或爽者

也中國五千年之舊國也開化之早土地之廣人民之衆物產之饒大地莫之與京自李聃倡無爲之旨秦政施愚民之術後世人君利其便於私圖推尊誦法務使英雄入彀而腐儒又從而附會之於是曲說謬理汨沒性眞變亂彝常習非勝是當古人立說之際於當時世風趨尚未嘗持之無故言之無理迨變本加厲而弊端百出截鶴續鳧削足就屨矯揉造作務使人人失其自主之權捐其當躬天職薰陶漸染賢者亦然而惟以依阿順從爲教法圓熟輭媚爲道德遞嬗而下已成積重難返之勢設有人衝突其範圍而羣必曰爲大逆不道此西人所謂習染成第二之天性也中國之上驕者道理使之驕也中國之下謟者道理使之謟也天無二日而星月不能敵其光媚茲一人而黎庶俱當極其敬大人者指爲嶽降小人者稱爲蟻生於是食前方丈侍妾數百人不爲泰也黎身枯面枵腹攢眉分應爾也禍福苦樂俱無限量非關才德但曰命運道

之不平莫此爲甚矣當茲競爭劇烈之世優勝劣敗其效昭然歷歷在目不能假借不能掩飾者也以我中國腐敗之政治黑闇之訟獄在位之貪黷小民之愚昧膠執於成法束縛於虛文而復加以上酣下嬉苟安偷惰崇尚詐僞迸絕直言其病痛遠種於數千年之上其潰爛乃遍於百體四肢奄奄一息徒具人形方之各國飛揚奮發踔厲精悍之情狀詎可以道里計今者創鉅痛深之餘亦既稍稍覺其不可苟延不能終忍思欲改革振作之而不揣其本揚湯止沸安見其能有濟一行政也朝發一道條教暮申一角咨文不期事之能否辦到不問行之利弊何如但有不痛不癢之一段具文斯能事已畢於實事焉能有濟也一用人也苟循常法旅進旅退非關情面即以賄賂眞才安得能出也一財政也取之於民用之於民原爲天地之常經亦即西國之善政而我國向無年終之清表可以昭示於民且中飽侵吞遠過於正額雖損下而未益上安得

其不窘困而民豈樂輸將也一練兵也餉項匱乏器械窳劣步伐未習營制不一而項替缺額尅扣侵呑尤不一而足也雖然倘此皆無之矣而未練將以領之選帥以統之調度無方指揮無術其不臨陣潰敗紀律毫無者未之有也其餘一切陋政弊俗欲縷述之窮年莫竟綜核用人行政諸大端條條莫不與西國相反而人之所以强我之所以敗者不旣彰明較著明若觀火乎雖然今者

詔修律例矣廣設學堂矣設商務部矣立譯學館矣添練兵處矣殊有發奮爲雄百廢俱舉之概要知人存政舉道以人宏有治人而無治法有實心乃有實事源之濁者其流不能淸本之固者其枝乃能榮嗚呼彼得變法明治維新是望於武人大君體乾剛健者之有以起死回生撥亂反治也

說報癸卯

西國學報章爲政府監督中國言主筆爲斯文敗類夫報者誠一國之代表者

也國民程度之高下智識之開塞風俗之美惡要以報館之多寡消路之暢滯紀載議論之明通猥鄙徵之西國之所以監督之者中國之所以敗類之者推求其故莫不皆有致之之原因有人焉古今成蹟之得失中西政治之優劣全局在胸燎若觀火陳一義也而天下莫之或搖發一言也而是非因之以定彰善癉惡激濁揚清心如鑑衡目同秋水夫安得而不政府監督乃者以卑鄙齷齪之身濫厠筆削清議之席恩怨偏私糊塗滿紙恫嚇敲詐拉雜成篇人樂放僻邪侈也而復助桀爲虐民信異端邪說也而更推波助瀾鄙俚蕪詞互相標榜狎褻醜態自鳴得意夫安得而不斯文敗類夫報者所以存三代之直也直而不直已堪唾棄況復加以種種罪孼種種痛苦奸淫邪佞臃腫潰爛流毒傳染汚我報界乎予之爲此說也固非爲個人而發也獨惜我國之顚連困頓一至於斯而更有此晦盲否塞之報以錮蔽人心閉塞風氣而國民豈復有飛揚

發達之一日或曰是非自有公論邪正不容混淆何如靜觀默察以聽其自生自滅乎亦何勞此喋喋以蹈互相攻訐之陋耶予曰不然文明之國固貴言語自由也而是非邪正要不得以不辨凡無端妄肆雌黃毀謗汚衊者大干例禁但是非之心人皆有之好善惡惡世有同情膺風化之責者固不得以善惡混將毋同二語了之也且欄有瘟牛羣牛皆病鄰有瘋犬村犬皆災不滅星星之火燎原堪虞不塞涓涓細流潰隄必見是消災弭患者尤在杜漸防微也今者强鄰四逼伏莽未安誠危如累卵之秋倘非全無心肝冥頑不靈之輩誰不思鼓勵奮發力圖振作求所以自强自立之計而顧忍以有用之心思置於無用之地乎夫豈惟無用且益以壞人心術敗人名節而孜孜不倦矜矜自喜嗚呼我國民之程度亦何低下如此是可傷已今予婆心不死敢爲我同胞正告一言曰君子爲善日休小人作惡日拙尙望我同胞猛著先鞭力反惡習舊染汚

俗咸與維新不然漏舟之酣歌未終積薪之好夢未穩劇烈風潮同歸於盡使彼時再鄙此爲老生常談亦不可得已

嗚呼派者言 癸卯

時局沸騰萬事叢脞一枰殘棋刦外復刦和戰中立無有是處一籌莫展萬念俱灰蓬廬澁縮搔首躊躇憂時之淚縱横滿臆冷譏熱罵何補於事此時此際眞眞苦煞無可奈何之嗚呼派先生也嗚呼時局之危如累卵人心之散如團沙上下養成奴隸性朝野誰具愛國心言戰而無戰守之具言和而無善後之法言中立而誰容其中立不待智者而知也中國自開海禁四五十年前事不忘後事之師也而一誤再誤百罅千孔眞稚子與奕秋博無著不錯無子不死夫著錯子死亦何足奇所奇者至死猶懵然悍然而不以爲非語云欲換凡骨無金丹予謂欲醫盲心無妙藥也溯自庚申熱河之狩爲開國以來創之最烈

者也然後知弓矢刀矛之不足禦敵驕傲滿盈之不能濟事不得不變其方針而另起爐竈乃支節皮毛畧事點染而羣猶以爲用夷變夏憎茲多口後遂有甲申之役外侮已不一來人心自當深警而乃積習不除病根牢在泄泄沓沓振作毫無甲申而後復有甲午甲午而後更有庚子至庚子則社稷幾屋　兩宮西狩人民塗炭生機全無遭此創鉅痛深天翻地覆可謂萬死一生矣應如何臥薪嘗胆痛反積習力圖振作乃弊政依然也陋俗不改也官府之貪婪尤深也庶民之蒙昧如故也上下酣嬉流連忘返荒亡以殉降至今日釜魚籠鳥宰割由人惟有俯首乞憐束手待縛已耳夫復何言嗚呼國運之興衰成敗天乎人也人乎天也昔有巨艦行冰洋中而船主苦寒也衆水手爭刮削船板烘火以獻船主喜其忠己也而厚賞之迨板破而船沉同葬魚腹中今者供獻進奉得毋類是而一方面動至巨萬豈非刮削敲剝而來徒供無益之淫巧佞嬖

之中飽者乎卒之民窮財匱國亂邦危變態百出強雄四逼此時雖有折檻之朱雲埋輪之張綱夫復何濟亦惟有太息痛恨怨歎咨嗟而已造彼時之因結今日之果倘以今日中國之政治人心欲收國富兵強之效則漢水應以西北流矣嗚呼夫復何言

趨時篇 癸卯

早知不入俗人眼多買胭脂畫牡丹爲此語者其亦有悔心乎古之哲言曰大丈夫相時而動馮道歷事九君自號爲長樂老後世人之無雙譜中其亦人傑矣哉孟子雖稱善辯而不知趨時妄倡邪說謂民爲貴君爲輕其大逆不道目無法紀之情溢於言表致世後二千餘年猶有人君銜之次骨而撤其祀享其亦幸不爲盆成括耳時之爲義大矣哉先天而天弗違後天而奉天時故有識時務者爲俊傑聖人因時天下隨時諸語古之時往矣一切皆成陳迹矣將來

之時不可知未便懸揣今之時何時乎晦盲否塞顛倒混淆紛紛藉藉憧憧擾擾之時代也國是叢脞危如累卵民生彫敝賤如下畜前謂之爲半教者今且降爲三等野蠻矣譏之爲下等動物矣天下滔滔一齊衆楚於此時而欲持公理伸民權豈不類卵之敵石螳之當車徒自取破壞自尋煩惱而已夫致君澤民者釣富貴之餌言也民胞物語者沽聲譽之誑語也且道德仁義不值一文錢不能解飢寒者也識得取靑紫攫黃白之奧竅則非奸貪險狠諂媚卑鄙不爲功知生殺予奪之權掌之者數人順之則吉逆之則凶苟能揣摩意旨曲意逢迎則致富貴取功名易如反掌輕如拾芥也倘有觸忤則誅殺竄流艱辛險阻不一而足也時會如此但得一人肥遑顧天下瘦但能一人樂那恤一路哭積薪之熟夢正好沉酣漏舟之歡歌堪恣愉快內政之腐敗只可聽其自然外交之荊棘只好隨時敷衍凡此皆屬氣數使然豈人力所可挽救民情反側士

氣浮囂執殺數人便可震聳其餘何必平其政刑致縱民權自由之邪說推賢荐能將置我於何地民康物阜何當於我之身家一勞永逸利賴後人非我目所親見身所親享笑罵由人好官我做毋爲迂愚徒博虛名而受實禍也嗚呼茫茫前路芸芸衆生時會所趨現茲怪相一世豪傑盡入烘爐靜言思之洵堪驚詫雖然物遇極則必反道有時而亦窮或有數存焉不可以幸獲或有術致焉不可以徒行吮癰舐痔得車雖多倘其涵養未深道力不宏奈發嘔作惡何是趨時尤必有忍其乃有濟婁師德誡其弟唾面自乾其柔輭圓熟亦可謂極矣而卒未聞其繼弟發達顯赫豈有幸不幸之別哉是趨時雖工尤當以合宜爲妙然而尤有進者術則工矣效則獲矣奈强存弱亡之理難逃種豆得瓜之果未有大厦忽傾燕雀安託崑山一炬玉石俱焚智者亦只見徒勞愚者亦同歸於盡二萬萬土地有分裂之虞四萬萬人民受奴隸之慘種滅族殘噬臍何

及諸君諸君盍一凊夜捫心稍爲遠慮

愛國心 癸卯

國者何以衆團體之所由成也愛國心者何思所以團結團體保持愛護之也保持愛護者何不使異族侵害我之自由致失其權利也誰人嘗具愛國心凡屬人類無不當有之也愛國心公乎私乎曰愛國心純全出於自私自利而非矯揉强勉使之生發者也然則我中國人愛國心何以若是其弱薄曰以國家爲一人之私物難責以人人眞愛之以國家爲公共物則人人不得不愛之西儒謂專制之國愛其國者只有一人其是之謂也曰我中國數千年雖專制政體史策所紀愛國者不可以指僂而遽謂專制國愛國者只一人無乃大謬不然乎曰伊古以來誠間有所謂舍身爲國毁家紓難者然祥麟威鳳曠世一見不可概之人人且但有朝廷意見而無國家思想或私於一人而非以萬民爲

十七

目的此所謂習也非性也以唐之大儒韓昌黎所咏之文王操有臣罪當誅兮天王聖明之句後世頌之爲盛德所發亡人之言今若律以兩間公理臣罪當誅者果何條天王聖明者果何在是拂人常性而硬使其忠愛纏綿也自腐儒創出三綱之說後世遂日以此等道理相附益驅世人盡入其牢籠而遺毒流傳致使獨夫之心日益驕固所以釀成上驕下諂晦盲否塞地暗天昏之世界也況撫我則后虐我則讐自古而然於今爲烈世之愛國者以國之能庇我身家安居樂業使得出作入息含哺鼓腹於光天化日之下不愛國則不得享此樂利胡爲而不愛今之不愛國者既樂歲終身苦凶年不免於死亡又從而壓抑之使不得伸其氣折挫之使不得白其冤只求一人之肥而不顧天下之瘦無論鬻兒典婦之錢剝敲不已民之視國直如陷身之阱催命之符痛心疾首時日偕亡而不恤夫安得而愛然則遂無一人愛國者乎曰有不過權要佞倖

諸公耳彼亦非愛國也愛其可以保高爵厚祿愛其可以得威福自恣愛其食前方丈侍妾數百人愛其金滿箱囊田連阡陌耳吾嘗不解授一官遷一職者曷爲上而謝恩下而致賀夫遺大投艱正當臨事而懼其寢不安席食不甘味又何有浹髓淪肌之足云豈其才具皆優於武侯乎今始知此等視官爲利藪之情顯然可想奈相沿牢不可破之陋習竟視爲天理人情天經地義無惑乎世風日下人心日偷國勢阽危時局壞爛也古人之拜官力辭難進易退豈故爲此矯情立異哉誠以纔說作官好便不是作好官的人夫汲汲以得一官爲榮者其志趣可知矣況自古以來國家意旨已乖以官爵爲施恩濟私之具培植涵濡一班圓熟軟媚材料使之歌功頌德損下益上豈知誤國殃民爲叢驅爵使民安得而有愛國心民安得不視國家危亡無關痛癢且不惟無關痛癢而竟睊睊胥讒直有幸災樂禍之情凡此皆民無愛國心之正原因也今國家

欲民皆有愛國心必須盡反其所爲使上下情通苦樂與共毋縱狼以噬羊毋視民而如畜知民爲邦本而善撫之斯本固邦寧知食乃民天而善養之斯天人相應顧人情孰是厭安康而樂禍亂者得毋有不得已而迫之使然者耶若以此言爲離經畔道惑世誣民請讀孟子所謂君之視臣如手足則臣視君如腹心君之視臣如土芥則臣視君如寇讐等語豈非我所指愛國心之眞註脚耶吁可深長思矣

無愛國心之派別 癸卯

中國人公德缺乏愛國心弱薄前篇已略論之矣顧其原因不一志趣各異今再推衍其派別以竟前說所未竟夫政尙壓制則迫民無愛國心官貪吏橫則驅民無愛國心無純正宗教則民昏昧渙散而不能有愛國心凡此皆屢經敷陳毋庸再贅者也此外種種不能有愛國心者更請一一言之中國最不開化

最無進步之一端即凡事之興衰成敗無不諉之於氣數二字也執途人而問之曰當今之時局何如則莫不答以禍多而福少也當今之人物何如則莫不答以賢不肖多而賢才少也當今之政治如何則莫不答以弊多而利少也轉問其何以如是則莫不答之曰氣數使然衆口一辭幾成鐵案此諉之於天者不能有愛國心也殷憂啓聖多難興邦際此邅迍倘能操心慮患發奮爲雄亦不難轉弱爲強去危就安乃平民則曰我輩草木之人有何能力國家興亡風俗隆替乃官長之責也何與於我事小官則曰我輩奉職趨公思不出位但求無過敢望有功運籌帷幄燮理陰陽此當軸者之事也吾何敢越俎而僭議當軸者則曰天步艱難時丁厄運民氣不足以振作兵力不足以揚威我欲有所建白更張則不免觸在上之怒招同輩之嫌與其以剛方見黜何如以媚悅取榮伴食模稜以待來者此諉之於人者不能有愛國心也至於冷淡者無愛國心

卽所謂嗚呼派也弔古傷今旁觀冷歎譏彈時事絕少補救之心鄙薄同人又無卓異之行究之不過汨汨汶汶與俗浮沉同流合汚而已謹愿者無愛國心謹愿一流束身自好位卑而言高罪也是其玉律居是邦不非其大夫是其格言甚至以理亂不知黜陟不聞爲高尙其事天下滔滔聽其所止但求終身安穩凍餒無虞願亦足矣其他驕奢者但事自尊淫佚者但求自適懶惰者但期苟安貪婪者但知黷貨薄刻者無仁慈遑論保種欺詐者無誠實徒見害羣嗚呼茫茫四顧國破而家竟何依芸芸衆生皮亡而毛將焉傅國之興亡匹夫有責豈徒好爲高言哉亦實人人生死禍福切膚事也無愛國心烏乎其成國無愛國心烏乎其爲人

國之要素曰愛與信 壬寅

愛德爲合羣第一要義人無愛德必不能有益於羣無益於羣卽有害於羣害

羣之罪惡固多而尤以缺乏愛德爲其總原因故直可以總括之曰無愛德則倫類因之絕種族因之亡故愛德爲合羣之大源諸德之總滙非臆說也試略徵之天主十誡總歸天人二端而人事之大綱卽愛人如己孔子之道一以貫之亦不過忠恕二字而已所不欲勿施於人東海西海此理此心古今中外無能或二者也聖賢千言萬語無非維持人心範圍世道使得合羣相安共享太平幸福乃人心向惡惟知利己不顧損人是不得不有法律以約束之然齊之以刑民免無恥夫果得無恥而免當斯亂世猶爲上矣不然泛濫橫溢害羣將何所底止世之爲羣害者固多如洪水猛獸水旱瘟疫等此出於天者也刀兵盜刼擄掠兇鬬此出之人者也皆有形易知或得設法求免乃有無形之害不滅於以上種種情形而能使國勢不振人心渙離萬事隳墮而且防不勝防辨不易辨惟我中國獨擅其長故日卽衰弱而不悟日坐困苦而不知果何事哉

卽無信二字是也信者不疑之謂也無差爽之謂也今夫中國朝野上下其誰爲眞誠無僞言信行果者乎無不互相欺飾互相詐騙緣爲此欺飾詐騙者不過爲利己私圖而已夫旣爲利己私圖其害羣也必矣此等害羣不過論其外象若論內情於無形默默中其消散國民志氣蠹耗團體精神者更不知其幾何矣人孰無急公奉上之心乃因急公奉上者而遇欺詐受累焉後之人鑒此自然解體矣人孰無慷慨仗義之心乃因慷慨仗義者而遇欺詐被難焉後之人鑒此自然裹足矣世有倡維新者而衆人竊議曰得毋其自圖富貴而騙吾輩爲之出力耶世之倡善舉者衆人私議曰得毋其圖飽私囊而使吾輩爲之捐貲耶其他各事莫不類此凡世之當仁退讓見義不爲觀望游移瑟縮滑脫之輩吾不欲咎其齷齪卑鄙無慷慨心無丈夫氣也實由彼如鬼如蜮如蝎如蛇奸詐誆騙之害羣蟊賊爲之作前車爲之設明鑑致有以懾其心阻其氣也

害羣之大者孰有甚於此乎此吾所深惡痛絕欷歔悲愴而不能已於言者也嗚呼民失教化詐僞成風久矣始而緣因於自私自利繼而必且害及同羣終而且害人以自害嗟乎若稍具愛德者其能流陷於此乎善乎歐洲之風俗也倘有以撒謊二字加諸人人皆視爲罵詈之至辱者法國之諺常曰謊語爲最賤之劣迹孔子不云乎言不忠信行不篤敬雖州里行乎哉又云人而無信不知其可也今吾敢敬告志士仁人有國家思想者凡欲救我中國化我陋俗尚於此道加之意而力挽其頹風也

冷血動物 甲辰

往者嘗遊巴黎之動物院規模宏敞蔚然大觀凡一切獅象虎豹昆蟲鱗介之屬無不搜羅備至驗其寒暑之性調其飲食之宜遂其蕃長生存之道而供人觀玩焉然此亦泰西通都大邑所恒有不過規模大小品類繁簡各有軒輊耳

獨於該院主室中見水盆內蓄一物爲所僅有該物長僅二尺似魚非魚似獸非獸顏色慘淡狀類木石審視之則眼鼻皆具而一息奄奄氣絲僅屬類羽士之垂簾同老僧之入定若甚自得焉詢之院主則曰此介於動植間之冷血動物也西國博學士區生物爲三等戴天履地顱圓趾方具靈明能思想有倫理知合羣所稱爲萬物之靈者爲靈魂披毛帶甲飛潛跳躍具知覺識痛癢需飲食曉利害無論水陸林莽以遨以嬉者爲覺魂春生夏長萌芽坼葉得雨露之滋則欣欣向榮經風霜之摧則靡靡就萎無論參天匝地植立蔓生者爲生魂而猿猴者則與人近似而無思想介於靈覺之間者也而石蚌者雖有血肉不能動轉永嵌石縫以待潮汐則介於生覺之間者也今此物食息雖具而運用毫無緣腦筋絕稀不敷貫注故蠢蠢冥冥長此終古不過備弱肉於強食而其種日就澌滅爲可傷已予聞院主之言矍然神驚泚然汗下夫强存弱亡之理

無分於二者之間而適者生存一言實爲兩間之公例今我國當競爭劇烈之際處急湍旋渦之中而舉國瞢瞢如痴如醉其麻木痿痺不知較該物爲何如然而有不同者則國民中勇於私鬬怯於公敵明於己私昧於公益當權者方憑其勢力以事剝削殘賊而縱其淫樂貧賤者則揭竿肇亂嘯聚山林爲刼殺掠奪以擾民生是二者皆於外界侵凌而外復自促以速亡者也嗟乎是冷血動物之不若矣悲哉

蘇報案之感情 癸卯

近閱上海各報紛紛譯錄審訊蘇報一案惟尚未得窺全豹故不能知其究竟上海各報亦未有論及之者或以案情未定而無從論斷其是非耶既各報之斲輪老手尚未輕一評斷則予之淺陋無學者又安敢搖唇弄筆徒招喋喋之厭耶本報向主博愛合羣之宗旨從未一涉偏激殘忍狠戾諸說獨怪世之自

命維新革命諸君平日志趣之高不可仰意氣之銳不可當洶有叱咤風雲搖撼山岳之概乃一夷考其實靜觀其後無不怪相畢呈醜態百出者嗚呼而今而後吾知吾中國之眞無人才矣夫宗旨不同各行其是原無不可奈何其口夷齊行盜跖之多也嘗見世之博達英明者矣口若瀾翻文如泉湧訐人之短則窮形盡相儼如牛渚燃犀炫己之長則奇材異能居然智珠在握於朝政則冷嘲熱罵於朋輩則吹毛求疵見一善事則帶訕含譏遇一惡行則筆誅口伐凡此皆徵其矯矯不羣落落絕俗者也而孰知偶得上憲垂青則沐恩感德塊壘頓消矣稍與同儕睚眦則明槍暗劍設法陷害矣口講公德一有銀錢財帛之交則侵吞騙詐俱現矣日言平等一遇愚懦卑賤之輩則强暴蠻橫無比矣陰賊險狠謂外交之手段固如是也奸貪欺詐謂天演之競爭理當然也開口罵人奴隸性而已之依阿曲附何其工也終朝自命主人翁而搖尾乞憐何可

笑也中西古今大人物大豪傑固如是耶夫愛者合羣之要素誠者立身之本基東海西海此理此心無能或二者也倘鄙此爲老生之常談而妄謂大家不拘小節君子不親細務者亦祇見其大言欺人害人自害而已近世列強爭雄逞其淫殺黷武之志而猶有一班慈祥惻怛君子體上主好生之德創十字會不分畛域普施救濟乃有人無端妄倡殺人主義不分良莠不問善惡皆在誅鋤之列其暴戾乖張慘無人理亦何如是之堪怪詫耶幸而此輩窮居伏處不得志當時也倘使大權在握其殘賊斯民侵奪斯民較當世之貪官污吏不知居於何等也古人謂天下者天下之天下惟有德者能居之不嗜殺人者能一之民權平等之理亦求各守義務不相凌軋同保安和而已世造之英雄英雄之造世未有不合天理順人情而能成立者也嗟乎巍巍銅像不鑄反覆之人赫赫史書誰稱虛僞之輩聞吾語者得毋謂爲揣摩風氣者乎

王照案之慨言甲辰

世之疾病纏綿呻吟床褥者或恨爲無妄之災或歎爲命途多舛有本屬感冒小證而誤於庸醫之謬方致成不起者有本屬靜養可瘉而誤投猛烈之劑以促其生者夫致病必有其由診疾要得其當良醫不作夭折遂多世之人恐死於疾病者無多死於庸醫者比比也中國者世界久目爲東方病夫者也民智之愚昧人心之渙散政治之腐敗弊病之繁多官吏之貪橫小民之疾苦訟獄之黑暗刑罰之慘酷諸惡皆備寸善毫無誠扁鵲望而却走之日也喪師辱國而不知恥割地賠款而不爲羞猶復上下酣嬉冥然罔覺古人謂哀莫大於心死蓋今日者中國之心死久矣溯自甲午庚子兩次敗衄而國氣喪攤賠款勒重捐而民氣喪阻新機起黨禍而士氣喪種種摧折壓抑國之元氣蕩焉無存當國者宜如何猛省奮興力圖補救乃猶斲喪其一絲僅屬之餘氣以速其死

嗚呼顧不可痛哉嗚呼顧不可怪哉庚子之禍幾至不國頑固諸君誤夷黨敗此爲新舊兩黨屈伸消長之機乃亦不得不重事維新再圖變法而數年來牽掣束縛敷衍因循弊卒未除效何由著而所毅然悍然雷厲風行者獨杖斃沈藎一事耳夫卑鄙齷齪一沈藎何足道必欲置之於死致五洲報紙嘖戾譏罵代懟不平　朝廷所得者殊不值而沈藎所遇者殊厚幸耳今者又於窮困無聊素有瘋疾之王照施其猛獅搏兎之力定以永遠監禁之罪致使外人驚疑喧噪紛黿其本國疑中國有仇視外人之心吾獨不解執政諸公何樂而出此查王照戊戌所上條陳並無大逆不道之語彼時不過因　朝廷變法求以自見耳究之康梁目中並無其人黨於何有今遽入於康黨之舊案重治其罪適以示　朝廷度量之不宏是非之莫辨渙散人心壞敗士氣直緻然予外人以取亂侮亡之機行見我中國愈不爲世所重嬉笑怒駡且遍騰於五洲惜哉昔

英女皇維多利亞初登極時有行刺者被獲諸臣欲置之死女皇諭曰宜善視之俾得從容供述凡予所行不善者爲何條因何仇隙而欲行刺務使盡其詞毋令懷寃枉也卒之無所供白法當死英女皇竟赦免之自是終維多利亞之世無行刺者女皇之宏量大度至今世人猶稱道弗衰他若俄國政尙嚴酷君權極尊束縛國民俾不得少有自由權利而虛無黨遍佈國中歷代俄君屢瀕於危惴惴無一日之或安由此觀之嚴酷之與寬和釋放之與束縛是非得失當可了然奈何我執政諸公處燮理陰陽之地居調和鼎鼐之名無嘉猷格君之誠有揣摩逢惡之巧獨惜其目光如豆但知祿位當保而不知奠國家鞏固之基但以緘默爲高而不顧貽身後唾罵之柄膏肓深入不思所以培補挽救而更多方斲喪之使痿痺之證復加入癲癇奄奄一息能經幾多攪折耶不禁爲吾中國前途悲也

說情面 甲辰

中國者一素尙情面之國也用人行政察吏選將無不以情面出之內外上下靡然一轍視若固然莫之或怪觀夫一職之選補也不問才品如何而惟視情面之如何一事之興辦也不問民生損益而惟視情面之損益州縣之出任也凡上司之薦幕友薦家人者不敢不以情面受之督撫之陞遷也凡當權之代說項致八行者不敢不以情面從之雖古人亦嘗有夾袋人材之選拔茅彙征之占奈今之純出以私置國計民生於不顧何且情面者實賄賂之效果賄賂者乃情面之原因雖有時瞻徇情面者未必果有賄賂之得推原其由或因利害之所關或爲榮辱之所繫於是不得不屈心降氣以瞻徇之矣惟其如是故人心漓風俗壞弊莫去利莫興是非顛倒賞罰失當天下事遂不可復爲矣歷覽古今賢豪才智之士絕不肯倖進賄託諂媚逢迎瞻徇情面也故凡倖進賄

廿五

託諂媚逢迎瞻徇情面者絕非賢豪才智之儔賢豪才智既抱道自守難進易
退由是君子道消小人道長下堂見蠹出門觸蜂接耳入目滿坑滿谷欲其不
枉法營私殘賊斯民蠹害邦國者豈可得哉求其能大法小廉致君澤民開務
成物者豈可得哉是種種弱昧亂亡國不成國之因無不由情面二字基之也
雖然據此以言情面者遂爲人世間之窮兇極惡必須剗除淨盡者乎是又不
然夫含生負氣之儔豈得無情朋儕眷屬之間誰能鐵面要在有公私之別明
善惡之分不得假公濟私渾惡爲善耳不然但以乖張悍厲不近人情或矯飾
沽名或險詐釣譽其貌似不徇情面矣而孰知其害世則更有甚於情面者乎
嘗見野蠻之國專制政體生殺予奪而莫予違一任私心之愛惡不準情理不
恤人言其杜絕情面爲何如又貪官汙吏枉法致賕笑罵由人好官我做其輕
藐情面爲何如再反觀文明之國立憲政體行一政發一令或詢謀僉同或三

占從二其注重情面爲何如以拿波侖第一之精悍絕倫披靡一世猶謂一報館之力勝於八千毛瑟槍其顧忌情面爲何如是二者之是非美惡論世者可一按而衡之也總之情面之徇否要當以準天理洽人情爲論斷若夫證父攘羊其子可謂不關情面矣而孔子不以直許善乎亞立斯多之言曰吾愛吾師吾尤愛眞理是眞不阿所好能得是非之正者世之居民上者盍一覈其是非邪正而定其所從違勿徒以一二人之情面而殃害萬民也勿徒姑息於一家之哭而恝置全國之哭也嗚乎當此天荒氣敗之時顧安得鐵骨金筋之造世英雄一挽此頹風哉

論出洋考求政治要在得人 乙巳

去歲夏間本館曾著今世人材果足今世之用乎問題一篇將向來中國用人行政之陋習及當世新舊人材之資格略爲敷陳謂循此不變枝節而衍敷之

終必淪於滅亡而後已併謂當此沉痼膏肓奄奄一息非有奇絕之舉動赫然之奮興如掣電驚霆使人耳目一新如傾山倒海使人精神震眩則不足以昭蘇萬物悚惕羣倫也云云今試平心論之使當權執政諸公而果賢且材也吾國何以日益阽危叢脞若此吾國所以叢脞若此日益阽危者而鏘鏘濟濟肉食諸公其爲不賢不材也必矣夫一國之大萬民之衆附託於數人肘腋之下將以謀一國之幸福躋萬民於安樂也乃後世倒因爲果不知官之設所以爲民而竟謂民之生原以爲官於是天理泯滅公道消亡黑闇之世界以成文明之福樂莫享由此遂有不問理之是非而但加以大不敬三字即可夷族者矣由此遂有不問情之屈否而但加以目無官長四字足以殺身者矣國政如此其不驅民於卑屈圓軟諂媚逢迎也得乎世之論者但詈中國人獨深奴隸性其不知栽培涵育之者深且遠矣今以如此之國政如此之民格不幸與世界

强且智者遇互相爭存於天演旋渦中其爲必敗且亡何待蓍蔡近者以勢驅情迫無可如何朝野乃競言立憲政府遂有派四大臣出洋之　旨此一舉也各國注目其措施各國評議其利弊大都以此爲改良政治之起點中國之轉弱爲强化危爲安或此是賴但又羣疑滿腹慮所遣之非人未必能探取各國政治之精義將有寶山空歸之歎誠以中國向來凡事有始無終有名無實或以一紙空文塞責遂畢乃事或併空文亦無而竟如絮之隨風泡之浮水轉瞬歸於無何有之鄉矣今吾輩所慮要亦不外此而爲謀國家之公益有不得不盡其區區者更因望治之殷猶解倒懸豈故好爲吹求哉然無濟於事實見惡於當磁則又早知其必然矣

夫欲爲巨室則必求工師欲善其工則必先利器用違其才則騏騮捕鼠跛貓不及用當其才則庖丁解牛游刃有餘得人則昌豈獨文王之濟濟多士哉今

我國人材何以消乏若是則用非所學故則不行選舉故其他貲緣閹宦仰賴苞苴者更無足論矣以若是之人材使之率由舊章習常蹈故尚不能勝任愉快況今遠涉重洋於語言文字迥然不同之國而使之考其文物制度其不同暗摸辨蒼黃隔壁察媸妍也幾希雖諸公携有譯才其果爲學貫中西識超庸衆否恐難見信於國人也吾非於諸公有所怨望敢肆其謗訕而作新政之梗阻 誠恐買櫝還珠炊沙作飯而貽笑鄰邦也即不然隨帶諸公本皆一時才雋之選然聲望未隆閱歷尚淺雖不至北轍南轅或亦恐事倍功半爲今之計既有續派大臣之說我政府諸公果眞有圖富强救危亡之心即當痛革相沿之陋破格用人但問其才品長短不拘其官職尊卑何不就通國所最推崇傾倒且於此事最相宜之人而一圖之其人維何則侯官嚴又陵丹徒馬湘伯南海何沃生三水胡翼南是已之數人者深通西文利器在抱負天下重望懷用世

婆心倘假以大權俾獨當一面其建樹必有卓然可觀者其必不至汶汶汨汨合汚同流升斗是謀有孤委任也然使此輩趨蹌跪拜頌德歌功今日供獻明日鑽營必非所長不甯惟是且凡志切匡時者必不屑小就抱道自守者必不肯逢迎或見忌於羣小或觸犯於權貴自古所稱人傑奇特之士何一非踽踽獨行落落寡合亦非關標奇立異傲岸鳴高已也人有不爲也而後可以有爲此爲正比例獨可惜其所長處即其所短處此所以明良契合曠古一遇耳然有國家者本有求於賢才非賢才有求於國家也若夫善貢諛媚揣摩迎合者流雖吮癰舐痔苟可以得富貴而亦甘爲之雖奴顏婢膝苟可以保祿位而亦樂就之一命之下動稱浹髓淪肌一官之除輒謂天高地厚然則此輩恭順則恭順矣其奈僨事貽患何其奈蠹國殃民何今於一國安危萬民禍福所關繫之賢才概以奴隷之道處之其應命而來者舍奴隷其誰與歸况層層挫辱節

節苟求保位則惟賴錢神謀缺則每由狗竇人以類聚物以羣分舉國皆狂豈能獨容一醒衆人皆楚安得不咻一齊嗟呼茫茫前途岌岌危局雖止其沸而未抽其薪雖傳其皮而未換其骨使吾四百兆國民呻吟壓抑於貪官汚吏之下而相與同淪於奴隸也寃乎慘哉然則吾輩徒爲憤激之談亦何所救不過徒速禍之及身而已嗟乎然則吾輩其獨非人耶何以不得含餔鼓腹吐氣揚眉於光天化日下也安富尊榮諸貴官長者盍亦反心自省爲全國爲一己之後果一參想之

說官乙巳

官者介於君民之間者也所以承流宣化爲君上作股肱爲民庶作保障致君澤民擔於一身安內攘外惟彼是賴其責任亦極重矣責任既重品位自尊亦自然之理無足怪者乃後世之爲官者不任其重但侈其尊謂與庶民懸殊安

富尊榮是其固有之利權而庶民遂亦不以同類之人視官一任其剝削侵奪含恥忍辱搖尾乞憐蜷曲於其肘腋之下然論官之形質雖或有移氣養體較窮苦小民曲眉豐頰腦滿腸肥者而萎瑣狼狽獐頭鼠目者流亦所在多有非三頭六臂丈六金身除衣服華美飲食豐腴外本與庶民爲同類之人非若虎豹獅象與狐兎犬羊之判然不同可恣其磨牙礪爪弱肉强食也

自嬴秦以來一統天下專制之政興人主之權日漸尊崇遂至高無紀極而官之一途亦不得不水漲船高與民隔絕矣故君門萬里之外復有侯門如海之謠嗟乎天澤之分別既嚴人事之乖違日甚降至今日而官遂得蠹國殃民擅威作福之專利商標矣語云利之所在人爭趨之故欲遂其驕矜者先以諂媚爲進身階梯欲獲其利權者必以賄賂爲生財資本嗟乎尚書竇進侍郎犬嘷賤妾與大臣同名溺器則鐫鑄姓字蓋慘淡經營良工心苦由來久矣

中國數千年來一治一亂其興也未嘗不芟夷兇邪登庸俊良以博天下之歡心其亡也未嘗不讒入高張佞倖當權以結萬民之怨毒然忠也奸也賢也佞也或治或亂或興或亡謂否極則泰來有剝而斯復統不出亞洲一塊土黃種一族民皆無關命脈也今不幸寰球大通門戶洞闢天演之競爭日益劇烈優勝劣敗强存弱亡無容假借於其間而我則沿牢不可破之惡俗堅存官尊民卑之謬見一任其摧折壓抑務使吾民卑鄙苟且廉恥俠義消滅無少存然後彼可從心所欲而快然於心也嗟乎時至今日猶有加無已使其貽誤通國使吾民一蹶而無望復振一亡而永不能復興萬民則永作階下囚官長亦豈能逃刀上俎始以上驕下諂爲可以長保富貴者今則同爲淪胥矣

或曰有民則不能無官尊卑本有秩序元首股肱豈能倒置如子之說將使卑踰尊疎踰戚混亂顚倒遂爲大同邪治歟曰非此之謂也夫道揆法守勞力勞

心各得其職始足爲國我今日之所謂尊卑貴賤者非果眞尊卑貴賤也試以王公與庶民比較之其才德果相去幾許試以督撫與厮役比較之其器識果相去幾許不過此有依附彼無寄託而已不過此善鑽營彼拙謀幹而已此所以運氣之說獨行於中國爲最當也夫以枉道之功名詭遇之富貴無才無德智儕厮役之人而使之當大權居民上其可尊可貴者吾不知其何在所可知者彼之嗜慾兼人彼之殘忍過人彼之驕侈非人所及彼之淫威爲人所懾耳彼下此覬覦艷羡此尊高富貴者流則揣摩迎合無所不至於是屏除公理抹煞天良惟以在上者之喜怒爲從違不問事之利害如何也惟以在上者之好惡爲是非不問理之曲直如何也有時彝良不能盡泯故每見其對人言曰此等乖理之事在上者之意旨如此眞無可如何者也嗚呼張綱埋輪朱雲折檻不作久矣彼齷齪庸奴輩不過以其尺聞咫見所汲汲者惟蠅頭鼠尾之小利

三十

是圖惟濁富虛貴之現樂是冀不如此則不克厠身宦途不得爲官其亦可憐
也巳
今以我國此等之人心世道上昏下瞶之官民與彼君明臣良民權充盛民智
開通之國遇其孰强孰弱孰興孰亡豈不如立白日而數五指倘有絲毫不瞭
澈者哉
近者立憲之說日盛然但變其皮毛而不於其司政當權之人一洗滌刮磨之
則永無攺革之望然則非以拔兇邪登俊良爲開宗明義第一章則永無起死
回生之一日欲拔兇邪登俊良非先力除尊卑貴賤之謬見不可予故痛爲破
世俗膠固之謬見一敷陳其義使得解黏釋縛得悉生人之原理相與恍然悟
涊然恥則去妄求眞趨生避死或易得其效也予豈好爲罵詈徒快一時之口
舌哉實婆心不死悲憫同胞之念迫而爲此耳

按中國長官賢良明達者或不乏人徒以一人之精力有限一國之政務紛繁左右之人又諂媚逢迎者多骨鯁忠直者少更因爵位日崇驕恣日甚晤對賢士大夫之時少狎暱姬妾佞倖之時多雖有秉賦彝良高尚志氣其奈斲削錮蔽之多何哉諸公倘清夜自思亦當慚愧無地然但以經商壟斷之道論之則威福擅作而莫予違予取予求而莫敢阻計亦良得矣此所以饞涎流吻者流不惜貼妻鬻子奴顏婢膝以出其價値也

砭雅丙午

古之人爲文有砭愚者今予獨爲文以砭雅夫雅者俗之反此例也語云不俗即仙骨又云諸病可醫惟俗不可醫夫既不俗而雅矣乃求不易得者也又何砭之有曰時與勢不同也際會淸平則修文偃武時當靡鹽則重武輕文消積兩端迭爲反復亦社會人羣自然之勢也我國家宴安既久士大夫襲乾嘉扢

雅揚風之餘馴至士習頹靡人鮮實用乃近數十年來承其惡果爛熟之後眞才消乏國是日非迭挫大辱不可收拾而稍諳時勢者皆知徒沿舊習不足以競勝列强圖存大地也於是吐棄陳籍販輸新機而變法變法之談相聞於道路從來矯枉者每易於過正於是水火冰炭雜然並興而舊學宿子慨靈光僅存懼廣陵將散爲敵力之反抗而保存國粹之說出焉舊染慣習深入人腦斯說一倡羣然歡迎而布菽珠玉徒爭其雅俗辨其貴賤不復問其孰與饑寒有密切之關係者矣賦詩退虜撰文送窮文人結習往往如此

夫琴對幽篁棋敲永晝閉門覓句對客揮毫雅則雅矣然何一有補於人事何一能救夫危亡

且夫磨驢時雞與珍禽異獸其爲貴賤雅俗雖三尺童子亦能別之然夷考其實一則無益於人而待養於人一則有益於人而供應於人也然則謂周鼎商

彝其享用不及土甑瓦缶凡斥此語爲鄙倍者其不識人事者也萬有不齊雜然併進以成今日之繁衍社會予非欲執三古之樸陋以絜今日之文明然事有重輕時別先後倘急其所緩重其所輕必見蝕於今日之優强種族此之不務而徒雅之是矜其亡無日矣雅云乎哉雅云乎哉

訂才丙午

予嘗見世之文人才士窮不遇時者往往憤嫉佯狂嬉笑怒罵以自鳴得意何其見之陋而情之苦也乃彼附和者流則爲之解曰大都才人志士麗質天生聰慧絕世其得志也闔闢雲雷上下風雨而造福一國宏濟斯民繼往開來建不世之業猶反掌耳不幸而境遇迍邅身遭困頓則風狂落拓縱慾恣情亦匪所不至灌將軍之罵座聊暢悶懷阮步兵之踰牆姑消洒渴治世能臣亂世奸雄成者王侯敗者盜賊往往然也信如此說則今之落拓無聊之輩皆臯夔稷

契易地則同之人也雖然彼曲眉豐頰腦滿腸肥赫赫執政者何代無之彼輩之伏處不遇時未必不牢騷感憤如今之才人志士之恒狀及其掇巍科躋顯仕一旦出人頭地其建樹設施果何如耶其視子女玉帛較國是民依果孰先而孰後其於攬權植黨納賄營私較推賢荐能安內攘外果孰多而孰少及孰重而孰輕豈眞如昌黎所謂大丈夫得志於當時等云云卽畢人生目的乎此安石既出其如蒼生何所以不能無歎也昧昧者流不知一爲研究而比較之加膝推淵但憑一己之褒譏施之者既自信爲鑒衡之平受之者亦嘿認得月旦之正呶呶刺刺不知久爲冷眼人冷齒矣吾爲今之志士才人正告一言曰文似相如不過類乎俳優學如元凱亦正等諸鉛槧卽使筆驚風雨詩泣鬼神亦不過於美術館中爭一席地非眞與國計民生有所干涉也彼挾此伎倆而高官厚祿肥馬輕裘者幸也非分也彼擅此才能顚連困頓貧不自存者亦分

也非不幸也板橋詩云此等自非公輔器山林點綴雲霞窩知言哉眞理所在予小子又何敢妄事譏彈今謹爲志士才人再一示其鵠的曰夫處而無守者出必不能有爲窮不能善其身者達何能兼善天下道德根於性天非可妄事假借經濟資乎學術非可襲其皮毛志士乎才人乎其尙求諸實際務爲社會益無爲社會累

說假丁未

假者眞之反實之對也夫人情未有不惡假而喜眞者誠以假之一物實社會之黴爛品人羣之蟊蠹蟲有百害無一益故社會人羣避之如瘟疫憎之如蝎蛇而不願與之同中國

然則假既爲人人所詬詈人人所痛恨宜其早絕迹於天壤消滅其根株乃夷考其實則不然而擾擾塵寰芸芸倮長觸於視線接於聲浪幾無時無地不有

所邂逅抑又何也

夫人情之虛假每起於自私而自私之由來則根於生性野蠻時代率其渾噩之天橫攘强取絕無曲折洎乎羣級衍進避忌遂多禮讓旣興詐僞以起此聖人不死大盜不止老聃所以發其牢騷先進野人後進君子仲尼所以致其慨歎迨僞君子不如眞小人之學說發明然後知武三思固非窮兇極惡人也大聖賢眞英雄宗教家以及非宗教家凡其功業炳史册德慧光宇宙者無不由精誠肫摯眞實不虛得來反是則雖能取悅於流俗而必不能見許於明達雖能眩惑於一時而必不能昭垂於久遠蓋天理所存人情之感遂演成此法則而不磨

中國聲名文物開化最早之國也地當温帶謀食非艱賢哲輩出敎化大備誠五洲之樂土天府之雄國也乃數千年來大一統之天下無敵國外患之足致

其憂勤馴至君逞驕奢民習窳惰道德日落風俗日偷重虛文而不重實事尙空論而不尙實行醞釀薰蒸遂成此痿痺麻木之國衆然而國衆之私慾嗜好固在也憧憧擾擾各謀己私巧取暗算機詐百出在上者以假籠統其下在下者以假欺騙其上諂諛不過具文條教無非套語至於臣下之章奏部署之牘函粉飾諂媚空中樓閣視爲固然忝不知怪時至今日謂中國爲假之製造場也可謂中國爲假之出產地亦無不可嗚呼以此強國國何由強以此變法法何得變然則中國之處於劣敗而不克與列強爭勝者無他其一言以蔽之曰假

新年頌丁未

二儀播萬有化機無停輪夫年何新乎有豈非猶是兎走烏飛寒來暑往天時人事日相催促之歲月乎蓋雙丸跳擲遞嬗循環有過去有未來無現在而成

此萬物逆旅中過隙之白駒長繩難繫貴人無饒志士才人每悲辛痛悼之不遑又安能向此無情歲月浪事祝頌弄其無謂之詞乎夫柏葉作銘椒花獻頌不過臣妾希寵取媚之爲而達人志士所不屑也

準此以談則凡百人士對於新年有悲慨無歡忻有消損無增益旦暮古今彭殤一致芸芸衆庶詎非蟣蝨之處袴蟪蛄之啼松其由來莫究其歸極不識擾擾百年終歸於盡夫亦大可哀也已

然則人之所以爲人究有不滅者存國之所以爲國究有可賀者在是在吾人審其眞妄辨其是非而鋪張揚厲總期有濟於事實有補於民生焉

慶典之在天下各國皆有人情所同東亞西歐初無二致推原其故或主其立國之年或祀其戰勝之日或賀其事功之成立或紀其學術之發明要皆不外於闔國榮光進民幸福爲目的値斯時也國徽高張彩燈炫耀羽觴醉月瓊筵

坐花舞蹈歌呼無間童叟而人民之熙熙如上春台士女之陶陶儼登樂國所以鼓盪神智黼黻昇平者詎無由乎獨我國則不然當疊辱屢挫之餘值物敝民彫而後主權半失瘡痍未平此誠臥薪嘗膽之秋豈復踵事增華之日乃觀於朝政則敷衍如故觀於百官則泄沓如故觀於訟獄則黑暗如故觀於人情則虛僞如故雖有去歲七月十三日預備立憲之　詔旨九月二十日釐定官制之新章而識者則病其變虛名並未變實事襲皮相而竟遺精神百罅千孔敷衍因循補苴張皇總無是處再觀於欽天監之例奏則風從艮地起主人壽年豐又如故也鐵板文章千年一致豈不大可歎乎夫以此區區之尚不能改而膠固把持之弊政更何論焉

或曰人羣演進之道有定級之可循非可一蹴而躋便成大同郅治者子盍觀夫吾國近數年來之往事民氣之伸團體之結與曩昔有不可同日語者知爭

約而抵制美貨矣知國債而納國民捐矣抗取締而全體罷學矣憫災難而踴躍輸賑矣雖其間之純駁不無微末可議要皆不能不謂之有進步豈非可賀之端乎子但執其一偏而妄事吹求得毋鄰於苛耶僕乃正色答之曰凡此云云是皆在下而不在上且更無與於承上起下之官也夫亦何賀之有曰惡是何言也子誠所謂明足察秋毫而不見輿薪者子不聞夫各國之立憲皆出於要求逼迫擲無數頭顱始購得之者乎今我國聖明在上無待要求而 恩諭之頒各國未有況當權諸老夙夜在公諮謀一是以成煥然改觀之新制子是之不察而猥曰在下不在上得毋傎乎僕聞之乃矍然而謝曰如君之言是誠可賀矣謹假新年而進其頌詞

於戲漪歟盛哉國民之智日闢而權日伸兮以鞏固我邦家憲政頒布上下其一體兮以競進於廿世紀之年華民為邦本本固邦寧兮毋再云使由不可使

知吾國非自由不能存立兮自由非道德而無基當茲斗柄回寅兮大地皆春

湔滌其舊染汚俗兮咸與歲月而維新

聞北京中國婦人會勸捐事有感而書丁未

一國之强盛人無不知由於君臣明良紀綱整飭而後始得峙立於寰球見稱於鄰國也夫君臣明良紀綱整飭爲富庶治平之根本其誰曰不然然國之所以爲國者更有一最要之元素爲人羣之黏合力作社會之生命魂者此元素若一缺乏則人羣不成其人羣社會不成其社會不過擾擾衆生獸行禽息强食弱肉爭奪殺殘必至噍類無遺而後止此最眞最確之至理而淺見薄識者每忽而不察也

其要素維何則秉彝所自有之惻隱宗教所宣揚之愛德是已近日輕薄少年浮慕西學弁髦道德謂忠厚爲無用之別名視險詐爲應世之妙訣奸貪狠戾

惟一己之私利是圖作人羣之蟊賊如羊隊之豺狼背理蔑良忝不知怪非惟不怪且詡詡然向人誇曰當茲强存弱亡之時代吾自謀夫優勝地步而不得不運以巧思出以辣手也云云嗚呼使一國之人果皆如是則此爭彼奪傾陷百端行將不獲一日安而尙何國之能立更遑論夫國之强盛

近今東西各國之强盛人但震其船堅礮利工巧商精已耳而孰知社會中一種團結之密點全由於各種善會黏合而成乎西洋爲善會之淵藪即如卹孤有會養老有會醫病有會救貧有會欲縷指之日亦不足日本步武西法進步駸駸近數年中善會林立如愛國婦人會東亞婦人會出征遺族慰問會軍人援護會矯風會凡西洋所有者亦頗具體而微焉以上各會雖宗旨互有不同要皆以愛羣益世爲目的或彌人世之缺陷或助社會之發達且各會之出於婦女者蓋十常八九誠以婦女爲最富於愛情之人又心思細密不彈煩瑣故

大有功於社會也惟吾中國素最自稱爲禮義之邦者於此等益世愛羣之事反闃焉無聞其所號爲修福樂善者亦不過齋僧布道打醮諷經等事已耳初無與於人羣社會也至於婦女則養誠一般驕惰酸刻之風無事聚處非麻雀紙牌則評頭品足其略通文墨者亦不過嘲風詠雪作畫彈琴便自命不凡睥睨一切近日女學漸萌向之陋習或可從茲漸革然尙未見有出而爲社會奔走者有之則自北京中國婦人會始該會創立於去歲之夏以金山地震募賑救災爲起點乃近日江北水災以無門托鉢募欵維艱竟慘淡經營想出賣圖募賑之妙法青年婦女不惜露面拋頭於五都市上且置身嚴寒風雪之中不辭口講指畫苦苦勸捐爲前此未有之舉使吾聞之不禁五體之投地嗟呼吾中國一線發達之機端肇於此矣吾不震驚乎有形勢之軍容吾不眩耀乎美名稱之變法吾更不羨乎吾國多出數萬女博士女才子而獨罄折於此區區

婦人會也吾非故好爲激論徒取快於口角誠以此一點惻隱不忍之心爲人羣黏合之愛力即國家强盛之生魂擴而充之愛羣即所以保種保種即所以强國精誠所至金石亦開若夫彼無精神之武備反足資敵無實際之改革徒爲取擾至於一般女博士女才子亦不過口頭紙上勦襲一二平等自由之陳說徒爲一己標聲價謀私利之地步欲社會皆充其奔走優其供養充其量亦不過如嬌鳥豔花爲社會之玩賞物而已

或曰今之婦人會一般婦女不辭勞瘁爲此苦心孤詣之勸捐固然非爲謀利起見然則其果皆發於愛羣之熱誠而無沽名釣譽之私念夾雜其中乎且其中各員聲望未必高識見未必遠學問未必深子何如是之推尊溢美能無爲過情之舉乎僕聞言乃忿然答之曰君輩聲望誠高矣識見誠遠矣學問誠通矣然則何不亦鶩此虛名而一倡辦愛羣之舉乎且無論其爲眞誠爲假意而

實際則捐款綿綿災區屢滙涸轍之鮒生活必多甚矣哉三代以下惟恐其不好名傍觀冷歎之譏謗派誠爲社會蠹也昔羅近溪揭萬物一體爲講學之宗旨乃門人阻之曰如此恐流於墨子之兼愛羅曰子恐乎吾更恐也吾恐無愛之可流今僕對於婦人會亦云恐人無名之可好

西京游記乙巳

僕於乙巳夏東游日本多所聞見擬歸時將此次游記都爲一編顔曰借鏡錄蓋欲以備考鏡之資也迨旋津後瑣務糾纏日尠暇晷此事遂因循不果稿書盈篋漫無甄敘塵封蝕蠹收拾愈難嗟乎天下事未有不以因循而致誤者今偶檢敝簏中得舊稿數紙忽忽兩年渺同陳迹錄之聊存鴻爪更爲他日槖筆重游之張本

予既游奈良飽挹山水之淸輝乃來西京西京爲千餘年之建都地山川之秀

人物之美文采之盛街市之繁嘖嘖挂人齒頰間比止旅舍因口口口口兩君紹介函得交東方先生一見如故相得甚歡君曾游中國解華語故導引指點益我良多按西京以山爲城東西北三面皆山疊巘層巒天然垣壁腹帶數河縱橫交貫利用殊便乃西游嵯峨之嵐山兩峰擁翠一水澄青棹小艇溯流而上隨山灣轉妙境天開恐黃花川不是過也既而緣徑登山至大悲閣淵水潺湲林鳥啾啁蒼松翠竹拔地參天野草閒花送香弄媚爲留連不忍去東登圓山之也阿彌旅館樓閣盤空松柏夾路晴煙萬戶眼底畢呈洋洋乎大觀也北游加茂社觀葵祭猶恍見是邦古昔風俗之所存而本願寺之宏敞足徵該國佛教之隆布施之盛至京極之紛陳百貨游者蜂屯都踊之舞蹈天魔觀者雲集而劇場所演日俄戰狀惟妙惟肖不獨親切有味且使人愛國之心油然而生激國民敵愾之情寓教育游戲之內尤爲動人欽羡博覽會之所以勸工商

（指常時所設之博覽會）美術館之所以昭國粹是皆於富强根本文明進步大有關係者焉至武德會之設所以振國民尚武之精神而婦女亦有擊劍之嬉乃歎武士道誠爲大和魂也覩川島之織物高島之繡物綿子之絨物歎其心思之巧製造之精無怪其宇內馳名利權獨擅也至於帝國大學之大高等女學之高而盲啞院尤爲功參造化使人無廢材故予爲絹書功塡恨海術補情天八字贈之下及中小學校林立無人不入學無學不致用其富强之效果豈倖致乎予雖小留數日忽忽一觀未必果窺箇中三昧然但就表面言之如街市之整齊人民之樂利商不欺詐人無游惰且誠有路不拾遺夜不閉戶之風總之凡百人治無不整飭精勤蒸蒸日上詎不大可異哉而尤爲可驚異者當此日俄兒戰之秋徵兵籌餉旁午不遑不知者必謂其國內搔擾民不聊生而乃入其市熙攘如故也游其野宴恬如故也若不知有兵事者比詢之走卒

豎子則又言東三省事甚詳非麻木痿痺冥頑無靈也其果何道以致此哉日本自維新以來步武西法而進步之猛萬國所驚獨我中國狃於故常積習難返人心學術日益頹靡豈眞安危利災坐以待斃乎然日本之有今日效果固收穫於西法尤在善能捨短取長實事求是而教育普及實植其基焉但前此千餘年之文物聲名實挹注於中國我中國雖有數千年之聲名文物而進化毫無日益退步迨至强鄰緊逼而舉措咸乖在上者猶悍然以自尊冥然以弗覺在下者乃稍悟徒守舊說爲不足競勝於列邦圖存於大地也遂相率擔簦負笈於日本昔者學於中者今乃學於東循環往復固有相資之道相需之理乎夫中日兩國誠有唇齒輔車之勢合之兩美離之兩傷自不待贅言我兩國士夫稍明時局者必知和親輯睦之不可緩予不敏聊貢愚見質之貴邦明達諸君子其亦以爲然否

日光游記　此稿亦在日本時紀游之一

五月八日時值雨後朗晴由寓赴上野乘汽車向日光行過赤羽後西北遥見富土山山頭白雪幕遮高插天半黄公度雜事詩云二千五百年間雪一白茫茫總未消蓋姑指立國年代而爲是言也其實雪堆山頭不知其幾千萬年矣而歷閲日本之自有種族以來世代之遷移時局之變更天演物競以迄終古莫此雪若矣途中見鄉家多高標木竿懸布鯉魚五色陸離飃颻空中者亦有門插蒲艾者蓋猶舊俗遵陰歷爲端陽節之慶典也田間二麥漸有收穫者新稻亦有栽秧者婦女提籃兒童捉絮恍行沈石田鄉村風景圖中過宇都宫折向西北行一路松杉排立亭亭直上皆數百年物聞係德川時建東照宫各藩爭供獻一物此樹爲某藩所獻種者且云獻他建築歲時必需修葺徒多耗費此則無庸經營而價值日增今果皆合抱堪棟梁之任此公之識見誠加人一

四十

等矣倘移此樹木者而樹人則人材之蔚起國體之興盛不尤隆乎午後二時抵日光小憩乃賃竹兜上山兜以竹製平底周略有欄上覆一棚不轎不椅以二人肩之更一人副之以時換替予以身偉蜷曲其中頗爲不適乃頻下步行沿路風景絕佳松柏雜木瀰漫山谷濃青淺碧時間一二枝山花燦若朝霞（萬綠叢中紅一點）當爲是詠也過方等般若二瀑布略憩復上行乃至華嚴瀧賣茶人引至懸岩小亭觀瀑布景頗幽奇瀑布由山口下注其高據云七十餘丈澗中岩燕盤旋飛繞有若戀此瀑布者乃信口爲之歌曰

萬松夾路青一水下灘急爲言碧嶂裏藏有神仙宅灘聲震耳聾雲氣侵衣濕盤旋疑無路兩山忽排闥奇境訝天開華嚴瀧倒射匹練挂山腰如煙復如雪勢則雷電奔聲則山岳折平生塊壘情對此一宣瀉昂藏四海身沆瀣千古客願呼睡龍起灑遍中原澤

瀧傍一古式石碑乃小野湖山氏所作華嚴瀑布歌鐫於明治十一年七月間中有句云湖缺一隅如天缺水勢奔飛大瀑懸一落千丈又萬丈怒號撼地雷霆闐是水非水雪非雪亂爲珠玉散爲煙山日倒射溪風激使人耳聾目眩心膽寒云云

過此復上行至山頂樹木蔽天左右仍有高山不能遠望該處樹木苔蘚侵蝕枝葉皆作憔悴狀而他處則扶疎茂密欣欣向榮豈雨露土脈有不同歟抑經人摧折踐踏而未能遂其生歟未能究其致病之原因而山巔淵底逈異左太冲之所詠矣過此路漸平四山環抱中一湖如鏡卽華嚴瀧之所由來也原名中禪寺湖經天皇之臨幸又名幸湖按該處距海面已千有餘尺而湖當山頂亦頗奇湖之北面人家數十沿湖岸旅舘七八皆高樓憑臨湖面正北一山墳起狀如富士則二荒山也西北則連峯高聳白雪未消者白根山也高八千二

百尺時暮靄漸合天上一灣新月照於湖面水平不波蛙聲微唱予等乃止於臨湖樓旅舘中一額題曰山色湖光共一樓甚覺典切更有錢紹雲所書山高水長四字則未免泛矣夜間觀天上星斗較地上所見者大可數倍誠以地勢既高而濛氣甚清也因題一絶云

笑我身非歸隱輩乍臨奇境觸幽懷無多清福難奢望但願偷閒歲一來

翌晨至二荒神社一觀社傍亂木狼籍詢及舘主人知爲二年前大雨時山水陡下將一學校冲陷湖中該教習及妻與子皆死焉嗚呼寃哉當時校傍廬舍亦有被冲陷者該旅舘主人乃奮不顧身泅水救出二人後得官府中獎以二圓以下之賞金併出其獎狀眎予等以爲榮焉九時駕小艇過湖三刻達彼岸穿樹登山徑極曲仄不一時許至山頂乃下行遥見銅山北面諸峯亂石嵯岈樹木絶少中一深澗水流潺湲乃緣之而行崚嶒險仄不讓蜀道路中過兩茶

肆呰小憩至路之絕險處實僅容足而碎石活沙狼籍塡塞其下則壁立千仞亂石揷空少一不愼立成虀粉矣盤旋躑躅至午後二時許始達礦場礦務長備西餐後引看淘煉各場晚宿暢和館次晨館主出絹索書爲揮大字數幅九時乘電車探礦洞深至八千尺（其詳另紀）晡乘鐵軌馬車下行至鐵索運物處肩輿在焉路頗平坦然曲折殊甚九時始抵日光宿小西旅館之臨山樓夜雨大作灘流聲檐溜聲澎湃交訇如在萬頃波濤中

公利織布工藝廠創辦序 丙午

中國之弱由於貧貧由於生利人少分利人多其總原因在國民幼失教化長無職業以致懶惰成風昏愚若性而生計日以艱難種族日以衰劣行將難立於世界遑言競雄於寰球世之憂國者亦不過太息痛恨於天荒氣敗不可挽回而遂冥然悍然營營汲汲於自私自利之小結果顧及大衆利益者蓋寥寥

爲夫好善之心誰不如我揣其意則謂杯水難救車薪蹄涔無補滄海民之愚頑國之頹弊豈一二人所能拯救坐是愚頑者日益愚頑頹弊者日益頹弊强鄰外侮相逼而來木必先腐而後蟲生不信然哉近者競言變法矣顧相與膠執辯論者虛言多實事少而一二深識之士謂坐言千里不若起行跬步於是創爲工藝各局收集年少無業者使習一藝以爲他日自立計意至美也雖所及不能溥遍然國多一執業之人即少一流民乘除計之一舉兩善備焉由此漸推漸廣互相角逐舍短取長推陳出新安見其不能轉弱爲强由貧致富千章大木起於萌蘖萬里長江發於濫觴倘鄙萌蘖濫觴爲不足爲則終古亦不能成一事矣今同人有感於此本愛羣保種之懷思所以竭其棉薄設織布廠一所大者即所以興利源塞漏巵挽利權小者即所以使人自立得謀衣食免流於匪類然尤有進者使人但習工藝不明義理竟爲藝成而下仍不免爲野

蠻粗鄙之夫故復訂每日必以二小時課以認字讀書演講有益心身家國之事俾得了然於强存弱亡優勝劣敗之理而得相與競爭於新世界中此同人區區之目的也愛羣保種之君子亦有樂成此舉者乎則馬馱千鈞蟻負一粒期各盡國民義務而已

新政眞詮叙 辛丑

自海禁開和局成風氣爲之一變列國角逐競尚富强上求下應不遺餘力其取長舍短推陳出新惟日不足於是中國懷才賷志之士識時達變之儒覩相形見絀之情爲思患預防之計亦日出其聰明才智思所以策治安圖富强者發爲議論鴻篇鉅製充棟汗牛其良法美意博引旁徵井井有條娓娓動聽固皆蒿目時艱痌瘝在抱而其獻可替否之意無非忠君愛國之誠也顧鐵路電線戰艦礮械之屬中國亦既行之有年其效卒未大著適足以滋弊而畀敵其

四十三

故何哉得毋未得其要領而徒事皮毛耶善乎陶方帥之疏略曰變法當變於根本病根不治但學西法弊上加弊試令各國效我取士用人則所謂富强者不過四五年衰弱矣令我闒茸嗜利之輩往治彼國不過一二年弊端百出矣誠哉是言也然使今之當道者非闒茸嗜利之輩而但知奉公守法拘執舊章者無達變之才不足以濟時艱也其或能辦事認眞破除情面者無識時之略不足以挽大局也其他謬執古義墨守常經者流只堪容於太平無事之秋當此列國競長之時非徒無益適足取辱而已下此伴食宰相歌寶市曹無論矣再下骩法營私憸壬邪佞以及冥頑繆妄傾國殘民者更無論矣或有稍識橫書浮慕西法者拾西人之唾餘襲各報之陳說於眼前小利小益道之津津若者可以富國若者可以强兵若者利權可以收回若者外人可以懾服皆不足爲正本淸源之計而成起死回生之功蓋華嘗遍求夫立說著書期能坐言起

行確有成效者實不數覯今者香港何沃生胡翼南兩先生以所撰新政眞詮全部見示屬於滬上重印善本以廣其傳披讀一通歎未曾有其爲生而別開匠心獨運者蘇兩先生議論宏深識見遠到如曾論書後新政論議新政始基等書久爲海內名公傾折茲復增入康說書後新政安行勸學篇書後新政變通四編晰疑辨難推勘入微務期眞理昭揭不使僞辯混蒙挈領提綱搜精抉髓辨別今昔中西之異同發明郅治大同之歸宿大聲疾呼振聾發聵苦心一點熱淚兩行直使華五體投地一瓣心香因倩格致新報館重印公諸世人以開吾中國四千年之風氣以牖吾中國四萬萬民之聰明世之君子讀此書者知不以華等爲阿所好至全書之援古證今旁諷曲喻浩瀚數十萬言如長江大河一洩千里掀翻跌宕略無滯機賈生之上書遜茲精詳劉向之條陳無此痛切惻怛慈祥若杜工部之每飯不忘憤激憂危類屈大夫之行吟憔悴立言

如此足與日月爭光堪爲中華生色矣嗟乎使當軸者早用其言豈有今日然則兩先生之不遇也是其不幸耶抑國之不幸耶華嘗聞之否極泰來有剝斯復撥亂反治之時玆豈其會耶太白詩云天生我才必有用若兩先生者豈能終老林泉不爲蒼生霖雨乎使兩先生之果見用也以中國之地大物博何難轉弱爲强駕歐洲而上之卽以此書爲吾中國富强之左劵也可

大公報千號祝辭乙巳

大公報自出世至今已一千號矣自念區區苦心始終堅持者其宗旨在開風氣牖民智通上下之情作四民之氣其目的在救危亡消禍患興利除弊力圖富强奈同人學疎才短深愧咫聞尺見無以達其苦衷而肩其天職故每設題徵文冀海內高明之士發其蘊蓄匡我不逮既經斟擇公之同胞聊作清夜之鐘當頭之棒固非沾沾較量文字之優劣而徒相矜炫於詞華也今當千號舉

行慶典循例復事徵文而時局日亟國是愈艱日言振作而上下酣嬉如故日言開通而上下冥頑如故其一切偷惰貪婪驕奢殘暴無不如故殊使鄙人悚惕乎天演之必不可逃而劣敗弱亡奴隸牛馬我其永世沉淪此厄運耶此中國不亡是無天理之問題所由出也然天道無親禍福自召有爲若是人定勝天或竟窮變通久尙未極其會耶嗚呼河清無日郅治何期然愚公難悟精衛任勞耿耿此心海枯石爛茲者更承熱誠博達諸君子不我遐棄錫以宏篇或爲國家策治安或爲民族謀幸福在下者既盡匹夫有責之義在上者毋懷不可使知之心深望執政當權諸公去其驕矜激其熱血澄心以納洗耳以聽探其中窾握要諸端勇猛改革堅卓奉行或可迴狂瀾之既倒起痼疾於膏肓其造福中國者卽同免淪胥者也幸毋以出位言高漫相呵責嗚呼杞人憂天者緣身之在天下也漆女悲嘯者由身之有繫魯國也報館文章云乎哉斯文敢

四十五　一

類云乎哉今謹爲之祝曰
嗚呼政府監督祝政府休休其有容而不我毒嗚呼國民嚮導祝國民喁喁其向化而皆有造時有汚隆爲妖爲瑞民有智愚爲厲爲惠與國民緣繫而無墜
中國萬歲大公報萬歲

呂氏三姊妹集序 乙巳

呂碧城女士爲前山西學政瑞田公之季女甲辰暮春爲游學計至津主予家四月中其長姊惠如復由塘沽任所來津時相過從與內子淑仲一見即針芥相投苔岑契合遂盟爲姊妹矢以永好予因得讀兩君詩暨辭惠如則典贍風華匠心獨運碧城則清新俊逸生面別開乃摘其尤佳者登之大公報中一時中外名流投詩辭鳴欽佩者紛紛不絕誠以我中國女學廢絕已久間有能披閱書史從事吟哦者卽目爲碩果晨星羣相驚訝況碧城能闢新理想思破舊

錮蔽欲拯二萬萬女同胞出之幽閉羈絆黑暗地獄復其完全獨立自由人格與男子相競爭於天演界中嘗謂自立卽所以平權之基平權卽所以强種之本强種卽所以保國而不至見侵於外人作永世之奴隸嗟乎世之衰高冠拖長紳者尙多未解此而出之弱齡女子豈非祥麟威鳳不世見者乎惠如詩辭纏綿悱惻怨而不怒深合古風人之旨其命意之高琢句之雅足徵其蘊蓄之所存彼世之號稱通人學子扢雅揚風葩藻雕繪者未見其果優於此也予久蓄興女學之志惟苦於師範無人不克開辦今得此天假之便乃犇走組織獲諸君子力爲天津公立女學堂是年秋予偕內子赴滬値碧城次姊眉生適欲游津乃相與遍歷滬上女學堂及各名勝嗣眉生偕航海北上與淑仲共朝夕者數旬暇時評議古今討論學問乃歎其家學淵源有由來矣眉生性豪爽有古俠士風言吐慷慨氣度光昌素不屑弄事詞翰然落筆淸靈極揮灑之致亦

頗與乃姊乃妹並駕齊驅各樹一幟何天地靈淑之氣獨鍾於呂氏一門乎予夫婦既以獲交三姊妹爲榮幸乃各錄其稿若干刊以行世俾我國女界中得所觀感興起併以識予夫婦交游之幸欽佩之誠因爲述其梗概如此

呂氏三姊妹集跋 乙巳

世界大通羣雄角逐優勝劣敗强存弱亡我中國當此危急存亡之秋殆岌岌不可終日而臥薪嘗胆猶恨其已晚急起直追恐未必有濟良由沈痼已深非一針砭之可療積重難返非一朝夕之可瘳憂國之士憤世之儒方將痛抉其癥瘕而一一攻伐之不使少留餘孽豈復可推波助瀾汨精役慮於彼喪志無益之物夫尚實際以謀國民之幸福騖虛浮以益種族之頹靡此中西强弱之所由分也我朝自乾嘉全盛之時在上者隆稽古右文之倘在下者極搦藻揚華之雅於是風之所靡百年未斬士大夫刻篆雕蟲之問册吟風弄月之篇章

浩如烟海而士飯塵羹千人一面災梨禍棗與日俱增顧識者每唾棄而不屑視然世人挾此遂得作名士稱達人掇巍科躋膴仕無怪其羣相臚附也迨時遭屯否際會艱難撰一文而不能送窮賦一詩而不能退虜朱考亭嘗曰詩者無用之閒言語陸象山則曰寄語同游二三子莫將言語壞天常凡此云云固非時髦之所樂聞顧揆之眞情詎非至理然則予於今日猶爲呂氏三姊妹詩詞之刋豈故相趨於流俗徒尙無用之言語益驅國民於花鳥世界而爲鸚鵡之巧舌哉曰是殆不然固非文過而便佞也夫西國之所以富强者亦未嘗不基於學但與吾國有本末緩急精粗眞妄之異耳且彼强迫教育無間男女近者吾國廢科舉興學堂亦稍稍知所步武矣獨於女學尙闕焉弗講寥落如晨星而呂氏三姊妹承淵源家學值過渡時代擅舊詞華具新理想爲吾國女學之先導樹吾國女界之標的循華求實由筌得魚未始無影響於社會未始非

人羣進化之一階此則予刊行是集之微意也世之達者其亦以爲然耶否耶

北支那每日新聞出版祝辭 癸卯

晚近之世覘國民程度者每以報館之多寡定民智之高下而國民嗜報與否與民智之開塞爲正比例報也者誠布帛菽粟之外而一日不可或缺者歟吾中國邸報創行最早數百年於玆進步毫無除宦海中人時一披閱而讀書士子多有不知爲何物者民間更無論矣海禁開後通商口岸始創日報迄今三四十年相繼而起者南北不過數十家而旋開旋閉現如曇花者不知凡幾而且政府目之爲敗類官場疾之如寇讐此碩果僅存者或岌岌皇皇或汶汶汨汨曾不得言語之自由是可慨矣吾聞之日本帝國維新三十年來報館林立統吾全國報章不及其一大州縣之多且多者日出數十萬紙少者亦在萬張吾中國以二萬萬方里四百兆人民報館僅得此數且無在萬張以上者比而

較之相懸奚若而政治之得失民智之開塞不待卜可知矣近者吾友多田特峯氏創每日新聞於天津吾因之有所感矣夫泰東西人之嗜報章非惟於本國爲然卽僑居異土人數稍多無不卽有報館隨之興起藉以通耳目擴知識無怪乎其周知四國暢達時務而蒸蒸日益强盛也豈吾國之士大夫語以報紙避之若浼閉目塞耳不願視聽者所可同年語哉鄙人主持大公報一年有餘矣竊不自量力日以逆耳之言煩聒顧裨益於政治者若何影響於社會者幾許豈惟言者諄諄聽者藐藐行且招夕雞之嫌矣今感吾國之閉塞若此羨貴國之開通如彼而更欽貴報之濟濟多士槃槃大才行其自由溥其公益萬言曰試一紙風行可操券而待焉不辭淺陋敢以鄙俚之辭賀

天津游學會演說 癸卯

自去歲方鍾錢朱諸君立意創游學會組織至今基礎已立游學之關係與利

益已經諸君演說再三章程之美備爲有目共賞此兩端無待鄙人再贅矣今既承諸君命以演說不敢不將愚陋之見請正諸君大凡天下事先有理想然後有事實先有造因然後有結果刻下之游學會方在理想造因之候宗旨章程無論如何美備不過皮毛糟粕而已倘無眞精神貫注其中則旋興旋滅或日形腐敗至於不可收拾所謂有治人無治法也非鄙人於此會方興之時敢以諸君逆耳之言煩瀆兵家必先審慮致敗之由然後方能立於不敗之地今鄙人敢以區區獻曝愚忱爲諸君告第一先要宏其願力堅其志趣孜孜矻矻必達其目的而後已如船行海中必認準方針勇往直前自能到其所欲到之處不然飄飖浮泛逐波隨流不遭沉溺即迷方向所以此會之成就與否有益與否但看諸君願力如何志趣如何耳古語云有志者事竟成又云老天不負苦心人凡事根深方能蒂固水到自然渠成此一定不移之理也試看大限伯

伊藤侯日本游學獲益之前車嚴又陵馬眉叔我國游學志士之模範嚴馬二公雖未得大展其抱負使我中國如日本之翻然一新但嚴公所譯著各書雖毀譽參半究爲我國之破天荒爲新學開山鼻祖以任公學界巨子尙推爲哲學初祖而馬公雖學者一謗者百平心論之究不能不推爲拔類特出之輩茍有用我者盡其所學自能强我種族今諸君創游學會識見不可謂不遠志趣不可謂不高鄙人但祝諸君毋徒恃宗旨之正大悅聽章程之美備可觀仍必須貫注以無上之眞精神以愛國保種爲心以不若人爲恥不達其目的不已所謂鍥而不舍金石可鏤其日後之造就又豈可以限量伊隈嚴馬諸公云乎哉數公不惟不得專美於前或恐後來居上新學日明建諸公未建之奇勛發諸公未發之奧理啓廸後學利賴無窮則此一游學會也足爲我中國魂足續我黃種命比造物之以太爲生物之養氣一會已足再有千百會亦不嫌多也

若夫向學志趣雖堅而願力不宏但認定自私自利之小見無救國愛民之眞誠學成而歸充其量亦不過一買辦通事而已或宗旨雖正而志趣不堅淺嘗輒止同一無用則多此一游學會有何重輕等而下之借通幾句洋話可以詐騙鄉愚魚肉同種作外人爪牙附敵國羽翼則此游學會不但無足重輕而無更勝有矣所以鄙人爲諸君告者獨此宏其願力堅其志趣而已

青年會爲格林巴樂滿兩君開歡迎大會演說丙午

開會大意無庸再述今日所到諸君俱屬高明僕不學無識迫於會中數君之切囑來此演說今不得已謹將愚見陳述一二望諸君進而教之

格巴二公不辭數萬里之奔波到我中國本其敬主愛人之心爲我國謀幸福實堪欽佩僕夙所主張者以信教自由合羣愛衆爲宗旨十數年來審察天下大勢嘿念立國與宗教有密切之關繫近今時彥每有崇尚哲學鄙薄宗教自

命爲識見高超不落科臼者豈知一國之中人類雖衆然庸常之輩每佔其多數至上智之才及下愚之質百分中未必即佔一二三凡此中材可善可惡之輩倘無一純正宗教爲之維持聯合即不能固結團體日進於善斯賓塞教辟一章極力闢斥迷信之謬然其後段文章復痛陳無教之害諸君亦嘗留意味之否乎從前有某名公臚陳宗教與哲學之比較大意謂從事哲學者每主張無神之說既無神矣則世間之善惡皆空人生擾擾數十年但圖一己之樂利足矣何必自苦又何必焦心勞思爲他人及後世之利賴計乎宗教家本其敬主愛人之心一夫不獲其所即我之本分有虧犧牲二字發源於耶穌後世爲其徒者推尊誦法爲愛人之事業劇苦虐死有所弗恤夫豈明哲保身者所肯出乎即如紅十字會亦發起於教會中國向鄙屑而不肯入及至前年竟有求入不得之勢殊可歎也

五十

信教自由合羣保國爲僕向來所持之宗旨至各教之互相排斥互相辯駁僕亦能各說其大概然在今日以僕觀之不免陷於理障有如小蟲蠕蠕果核之內又安能知殼外天地之大哉故僕絕不取此僕之爲此言非摸棱兩可作騎牆之故技也僕既非主張黏滯之迷信又非主張空虛之哲理乃折衷於人事之利害言之蓋無教不能以立國有斷斷然者門戶之爭姑附闕如（世之淺識者每謂日本人宗教心最弱薄迨僕親蒞彼邦之後詳爲審查乃知其大謬不然）

又近日有一問題願與諸君商之即中國之新章凡外國人所立之學堂不准立案是也近二年自收回利權之說興無事不以收回利權爲事至其利弊是非則不問也在中國目下果然學堂林立課程完備再事此舉亦未嘗不可乃今學堂不過甫有萌芽而欵項奇絀教員缺乏各省又同此一病當此時正幸

有他人之爲我先導作我輔翼觀摩以競其進步乃今不惟不利用之反爲此深閉固拒之術僕誠歎其非計之得也至論外人所立之學堂或恐其不能範我馳驅然則何妨標明我之程度收取之人才但問其合格與否不必問其出國何學堂也豈不甚便而我政府隱然示以限制者惟在叩拜孔子一事今中於之教民數百萬豈乏忠君愛國才智明敏之士乃格此一事即不得從事學堂豈非盡此芸芸屏諸化外乎庚子一役果能盡絕根株亦復拔去眼釘肉刺乃既不能令而復不能設法以獲其効用此僕更深惘執政之量狹見小而徒劃民教之畛域擾擾攘攘恐終無已時矣日前赫君答廣紳之函僕讀而感觸者久之今僕深盼中外明事理有聲望之諸君共籌一善全對付之道爲我全國大局計此卽鄙人所主張之信教自由合羣保國之義也諸君其幸教我

天津青年會弋登堂春季大會演說丁未

演說之題爲萬國青年會萬國平和會萬國紅十字會萬國改良會畧
述四會立會始末及其宗旨茲不贅錄
天下各國宗教各有不同難强人歸之於一凡人因某教生其感情得其裨益即可信從某教故近今各文明之國皆重信教自由

宗教不同宗旨各異要以通行最廣益世最大者爲最上乘按李提摩太光緒十八年時所著之救世教益一書在彼時救世教人數已達四百十五兆其冠於地球各教可知矣至救世教如何益於國家該書述之甚詳不必煩叙近今科學日益發明間有積學之士不以教爲然多方斥駁然茍具良知之人平心論之以今之國家社會若屏去宗教其能久安長治否乎此問題恐有心人不能率然拒駁之也各國之發達進步日臻富强者皆宗教之導其源斷非誣語

天下事不覈其原始要終之眞究竟但執一面之詞以相攻訐吾未見其有當

也世之崇尚哲學者流動斥宗教家之固執迷信有障眞理然請觀歷史上之大英雄大豪傑建奇功立偉業者强半出於宗教之人而哲學家肯損己利人澤及後世者有幾人乎善乎培根之言曰哲學如深閨處女雖美麗不能生子其意即謂爲空高無補而已

邊沁云增長人之幸福是謂之善妨害人之幸福是謂之惡道德也者所以增益樂利豫防苦害者也樂利關於一羣謂之公德關於個人謂之私德按此云云則所謂增長幸福豫防苦害關於一羣之樂利者豈有逾於救世教者乎

吉典克云造時世之英雄必具超羣卓絕之才勇敢直前之氣窮人所不知之事入人所不履之地熱誠博愛雖汚辱苦痛無所顧慮使多數人類得生於光明空氣中按此云云則此等人物出於篤信宗教之英雄豪傑多不勝述而其他未見前仆後繼有如此者

五十二

巴得云古來大思想家具高明之見委身創立一事以結重大之果然其理高深不合國民程度難得衆人之信從甚至蒙垢至死久而久之衆始漸漸明其眞理

故瑪志尼嘗云欲圖大事者必先置成敗利鈍於度外今日不成期之明日今年不成期之明年以至十年百年無不如是吾身不成期之子孫期之吾友吾黨他黨無不如是但求行吾本志達吾目的云云此等志氣惟教中人有之又非虛語也

中西道教固有不同至今日泰西學術日益精密中國素所尊寶之經書按名理學公例經人指駁者指不勝屈鄙人嘗思孟子豈非一代聖賢而英雄者乎舍我其誰一語其自任亦云至矣但天不欲平治天下一言豈非窮而諉諸天乎試問自堯舜以後至今四千餘年何時爲天欲平治天下之時乎至明哲保

身一語爲社會中無公德之起點雖舍生取義殺身成人者間有其人然保身一語既爲規則適中各人之私懷不期奉行而自奉行此中國之於合羣團體公德等事萬難發達之原因也

再者親親而仁民仁民而愛物此語推到極處非自私自利而何孰若愛人如己之一言直捷了當

人之言曰天下不患有辯駁是非之人但患有顛倒是非之人予則謂顛倒是非之人尚可以眞理剖析之以利害曉喻之所最可患者在置是非可否於不論不議之人唯唯否否一無成見麻木頑固蠢然塊然彼所知者惟在一身之勞逸苦樂彼所求者惟在一已之子女財帛何謂國家何謂社會天塌有大漢支柱與我何干此等無益於社會有害於人羣者是中國受病最深處且最佔多數所以纔造成今日之時局西諺云卑劣人民焉得善良之政府無善良之

政府焉得强盛之國民二者相因相生互相牽掣則亦互相沉淪而已可痛哭也中國之所以不振者因事事無不與西洋相反人尙實際我務虛名人凡事必研究其底裏我則淺嘗輙止自謂已足顚倒錯亂輕其所重急其所緩近日久在中國之西人聞中國之變法無論所辦是否眞實是否有益統以目笑存之曰此不過又爲熱鬧口頭或借行私意而已復有西人謂中國人之熱心固有時而發然不過五分鐘卽消歇已

名者實之歸倘我不如此何以他人多方誣毀如此在我輩有心之人當如何深發警省勉策前途耶

今日赴會者中國人爲多數且皆係尊貴高明之士不才無學無識聊借他人酒杯澆自己塊壘不過把自己愚見供陳於諸公之前所言是處請諸君聽納所言非處請諸君指教我天津近日預備立憲試辦自治此係最好機會如今

我將顧寧人天下興亡匹夫有責一言供獻諸公在座諸公無論爲官爲商爲民俱國民一分子不可妄自菲薄作自了漢不可仍執不在其位不謀其政君子思不出其位等陳言頂天立地之事業每發起於微末之人有爲若是但患人之無志耳又古今每每人之發奮立志激於一無關緊要之人之片言今不才即作諸公之無關緊要人之片言一縷微風感觸諸君之耳根激起諸君一段熱誠則我中國之力改前非勇猛精進全隨諸君之馬首是瞻則不負今日之盛會已

安蹇詩存

小敘

僕當弱冠前後頗喜吟詠友朋見之輒詬病其不諧韻律遂不復多作嗣南北奔馳有所感觸間仍以韻語記之如天南小草安蹇齋待焚草越南竹枝詞等無慮數十百首今皆散佚不知所在比者也是集刊畢或病其篇幅太少因復拉雜塡以詩集一卷嘗一臠者即可知全鼎之味無煩連篇累牘也若云能以少少許勝人多多許則吾豈敢丁未季夏安蹇自識

久病吟 甲午

久病無完氣多病無完身與其病後能求藥孰若病前能自珍噫嘻古人此語誠有道我今徒爾傷懷抱病在肌膚未之憂病入膏肓復何求折肱折臂茫無省一敗塗地方知警知病無方亦徒然知方無藥更堪憐庸醫殺人如兒戲況

復諱疾尤醫忌天下事理古今同徙薪曲突不爲功止沸咸誇揚湯好潛消誰識抽薪早曾聞孤注讖澶淵藥不瞑眩痼疾安可痊嗚呼雖危安有不藥理一息尚存勉之矣起死回生命世雄碌碌焉能望餘子

感懷

誰云將相原無種自古人情重世家材大豈眞難世用山巔淵底託踪差

秋日感懷 壬辰

蕭蕭冷碧桐凄凄衰綠柳一年又秋風四序驚環走萬物本無心世人徒滕口强意作悲歡執着爭空有嗟哉落落身陋室日株守枯魚入夢頻窮鳥投懷久才窘懶賦詩量淺羞飮酒閉戶寡交游殘書樂理首功名笑土牛身世嗟芻狗古人貴有爲死不求速朽俗情樂燕安孰知患生肘螳螂貪捕蟬黃雀伺於後世事誠波瀾反覆迭休咎識時在俊傑有道穀則醜履霜思製綿涼風圖補牖

振作務及時噬臍徒呼負感秋發浩歌遺懣擊瓦缶聊同漆室吟豈是求其偶

即事

豈因顰效昔人游節序驚心不自由九日題糕暮春禊此間不樂復何求
藉迹陶情焉在迹因詩寄意詎關詩水流有意一何遠雲出無心任所之

孤鶴

羣鷄喔喔相爭食孤鶴翛翛自忍飢物以羣分恒見逐情緣孤往慣蒙嗤待脩
擘海凌霄翅會看摶鵬舞鳳姿無限襟懷聊寄慨殘毫破壁寫新詩

題南豐集示友

曾聞曾子固獨恨不能詩昨得叢殘稿偏驚妙麗辭精嚴饒古意澹治具新姿
佇走聊相寄閑時偶一披

寰宇 戊戌

寰宇竟多事豪傑久牢籠肯隨赤松子安覓黃石公英雄蟄屠狗下士走雕蟲
慷慨世詬病委靡翕成風抗直鄙袁絜謇諤嗤陳東嗟哉少陵叟不作長樂翁
孰謂廟堂拙終過草野工身卑輕尙義祿厚競保躬苦想梁公節徒羨絳侯功
果敎鑄錯鐵終使傷駝銅結轄髮爲白淋漓淚洒紅鬱鬱扼塞意咄咄徒書空

安南偶成 戊戌

鄉關渺何極翹首暮雲遮已過伏波柱還乘博望槎烟雲頻幻態滄海浩無涯
不盡興亡感詩成只自嗟

廣洲灣晚眺

徙倚欲何適蒼茫立海頭半天紅日晚萬頃碧波秋對此危殘局自成侘傺憂
舊時亡國恨猶見說硇州

筷子籠

飈輪奔赴海天空妙境別開籛子籠層疊萬峰疑見阻迴環一水喜相通嶔崎碧嶂情俱壯浩瀚滄溟氣爲雄如此屏藩屬他族悵然聊賦大江東

雷州舟次讀曾惠敏集偶成

而今掃却書生見以後羞談紙上兵天步艱辛多變態人謀乖舛枉勞形他年趙璧歸何望此日荊州借易成苦憶折衝曾惠敏那堪中道隕長城

赤坎

揭來赤坎路雅趁一帆風少海波翻碧童山石漬紅晚烟炊竹屋殘照落蒲篷百戶聊成埠魚蝦入市豐

麻斜

麻斜無正土淹瀰水中央地遍浮沙白村饒老樹蒼年荒民簡陋兵懦盜猖狂作客今三月黎言總未詳土語謂之黎言

三

題陳白沙釣台

自然忘己標宗旨出類軼羣天挺才瞬息古今塵六合却嫌多事釣魚台

贈朱雲鵬四絕佚一

積雨新晴殊愜心蒲西良友偶重尋相逢嘿對無言說即此深情抵萬金

憐君壯志久無伸豈是儒冠悞此身大器終能成顯用但須求己莫求人

俊傑匡時自古難況今紛擾萬千端世人浪負懷才恨肉食誰稱不素餐

題板橋集丁亥

板橋老子詩何古自出機杼不拘譜理切情眞氣更豪一代詩人無其伍浮薄才華世有之可憐多爲暴富兒區區著述圖不朽災梨禍棗徒招訾我公識見獨超此雖然亦欲留片紙託名翻板復何傷化鬼擊腦胡爲耳

乞兒行辛丑

凍雲漠漠風颻颻號寒冷雀聲啾啾蕭條慘淡情何極廣厦能無杜老憂君不見疲癃殘瞽衆無告菜色鶉衣何潦倒臘盡依然未製衣日昃居常不起竈幾回呼遍路三叉行人不顧徒咨嗟誰家豪華少年子貂冠狐裘七寶車哀求一錢半錢耳追隨相將二三里不生憐憫反生嗔幾喝豪奴鞭欲死吁嗟乎飽漢不知餓漢飢人情自古皆如斯行將聽命甘溝壑無奪斷送者頭皮

殘秋晚眺

漠漠暮烟横蒼茫百感并亂峯秋欲老一水碧無情塞雁傳新恨荒雞送舊聲蕭條楊柳岸長嘯晚風淸

高水湖

高水湖呆裂帛湖靑靑夾岸葦兼蒲峯頭湧出淩霄塔柳下鋪成似砥途粉蝶翩翩花側見黃鶯故故耳邊呼尋詩訪勝情何極伴客登臨興不孤

秋興

老木號秋風寒雲釀朝雨吾心有至樂不爲境所苦黃菊綻東籬綠韭茂南圃隨遇適其安時與漁樵伍

雨後

雨後郊原淨絕塵山光野色共清新半溪蕩漾波成縠滿地蒙茸草作茵小鳥有情呼向耳閒花解意笑迎人兒童捉翠相歡樂堪羨無懷太古民

春游

日暖風和詄蕩天春郊閒步趣悠然小溪活活魚游樂弱柳纖纖燕語便至理悅心貧亦富淡懷忘物缺猶全此情此境誰堪識非佛非儒更不仙

晚晴

六橋風景近何如探勝尋芳散步徐春色滿隄微雨後斜陽半樹晚晴初闗闗

水鳥情相得點點沙鷗意自舒瀟灑襟懷誰可語翛然直欲問濠魚

偶成

枕經葄史日休休閭巷羈踪馬少游坐擁百城眞富貴何須食肉更封侯

亂塔寺

亂塔斜陽裏西風野草黃高低村掩映遠近樹蒼茫晚燕繞寒舍秋鵰起大荒曠懷何處寄紅葉滿前莊

和夏時若姻兄八首之二

康濟斯民一片心許由自淺帝堯深出山懷潔廉泉水潤物含滋時雨陰偶向孫登學長嘯還將粱父入微吟山鷄對鏡成忻賞豈有多才累瑞禽

毀瓦磨磚吾自拙吐哺倒屣公何忙用行舍藏大人德渾俗同塵君子光此日暮雲隔春樹何年醉月重飛觴腹中納我數十輩滄海眞堪百谷王

五

步友韻

樽前一曲聽驪歌黯淡魂消可奈何煮酒敲詩嫌日短停雲落月苦情多英雄
肝膽同天老兒女心腸不世磨羨爾天機自清妙不徒皮相說溫和

癸卯秋日同錫侯西湖偶作

六橋三竺試凭眺慰情亦云聊勝無翻笑古人眼孔小浪將西子比西湖
萬里天南數往還崇邱大壑胸際盤滄溟碧嶂飽眼福海外歸來不看山
吾非故作拂性語國步民依擾未休英雄兒女百感集再好湖山不解愁
錫侯能爲吾黨豪相邀同射錢塘潮熒熒漁火雜還裏笑指碧空秋月高

和蔣梅生

風塵牛馬一年年梗泛萍飄任結緣濁酒那能澆塊壘新詩聊爾託雲烟民愚
深痛難爲國人定何憂不勝天爲誦青雲良友句與君併合豈徒然

徒向中年悔少年賢豪夢想識無緣半生壯志隨流水一片痴情繞暮烟每笑炊沙難作飯劇憐坐井妄談天興亡亦有匹夫責吾黨生期不偶然

附原作

知交零落幾經年得識荊州亦夙緣海內賢豪推領袖樽前楮墨走雲烟熱腸似我還憂國宰肉何人欲問天記取江河舊風景五陵佳氣尚依然

辛丑北上舟中和友韻

陸沉禍變覩神洲侘傺能無屈子憂莽莽中原潮怒湧悠悠豎子注輕投斯文莫再誇千古此錯眞堪鑄九州傑起豪英祝天降重將威赫震全球

自題小照彙錄

老泉發奮之歲諸葛出山之年問我生平事業非儒非佛非仙

國是民依久繫思不才無學性徒痴千金敝帚家家享誰向筌蹄識斂之

六

爾身則長爾貌亦揚英雄肝膽兒女心腸愛平權喜獨立挽頹風持淸議生雖功不見死亦志不變地老天荒海枯石爛耿耿此心無或間

感時 丙午

國之強勝曰合衆嚴分種界猶太亡從來惡根無善果嗟爾庸人自擾忙歡娛燕安戕心斧艱難憂殷成德基試看古今興壞跡生於憂患死於嬉草澤由來有志士膏粱自古無英雄波蘭猶太莫須有身毒突厥將無同袁粲直死何其寡褚淵苟生眞箇多殘筆一枝代喉舌終朝喚公無渡河

寄內子淑仲 調寄菩薩蠻戊戌

閉門尋夢愁誰說迢迢萬里重洋隔當時悔輕離相逢何日期 駃態常嗔汝痴情酷兒女旅况飽新嘗相思欲斷腸

附淑仲詩

離家萬餘里何日是歸期囑君須自愛莫使妾心悲

憂懷難成寐漸覺北風寒落漠誰知己低徊月影殘

秋月明如水空庭夜巳深寒蛩窗外語落葉不堪聞

夕陽殘影照窗紗獨處深閨只自嗟今古痴情多少恨無非水月鏡中花

附彭永年先生題辭

偶排旗鼓上詩壇紀律分明意綽寬妙境天開樓造鳳麗詞泉湧筆飛鸞鏡

花水月澂清照海日江潮駭大觀自是君身有仙骨不勞屈宋作衙官

聽聾視瞶病難支本業都抛况詠詩忽覩詞華驚老眼不禁技癢捻衰髭鶴

樓搥碎情徒壯蠶繭抽殘思欲癡重繹來章成脈脈凝神猶似品茶時

先生名齡字永年晚年自號了餘又作蓼漁學問淵雅品節清介雖年逾

古稀猶酷嗜筆墨其書法之精妙殆近世所罕覩惟其清高之性遠出凡

七

塵一切詩字從不留稿生平所寫蘭亭當在數萬篇以上字跡重疊紙成墨色僕每過謁輒向其案頭强掇數紙歸而把玩心曠神怡覺飛鴻舞鶴之姿流水行雲之態落落欲往矯矯不羣列子御風泠然善也乃其字跡重疊中往往夾以信筆寫懷之作茲有數詩係從故紙堆中摹擬刻畫以出者其時蓋在甲申乙酉間也自先生歸道山後痛老成凋謝慨哲人其萎緬想前型時深黯惻今附詩於集後亦以識仰止欽慕之忱云爾

論書法

爲書在執筆縱橫靜運行不偏復不頗順勢求中平枯澁久不厭精純姿態生鍾王跡猶在顔柳嚴刻成虞褚信敏妙蘇趙寫聰明正直寓萬法側媚非所經嗟予好斯道自少時經營臨撫名跡遍玩日復勞形卽今年已老此筆猶未停自信閲歷久是道識慮精筆法本無法其法出中誠乃知一藝微皆

與道同衡

殘毫故紙老生涯几案孤燈閱歲華自恨未將凡骨換昂頭空仰二王家

未竟臨池夢欲醒悔從薄藝悞眞乘試看雲上神仙侶幾個拈毫說入能

逸少風流久濫觴或眞或僞倒吾行偶將今古來相較自笑遺羞翰墨場

附喬心困師詩

冬日大風望英華不至口占

東方明矣之子行矣北風暴矣之子冒矣凜冽乎風狂沓嗟乎道長莫憚道

長漸就漸將迨其升堂予與爾乎翺翔

偶作

出門無故入落漠窮廬裏所懷莫由伸隱嘿而已矣不嫌識者稀祗憂昧斯

理苟能會此心千古皆知己

八

題二曲集示英華

文士箋標五鳳樓斯文載道重千秋老夫衰暮無堪用助爾英年好進修

示英華

欲尋一個我便得一個你復思天地間亦不容有幾

吾師霽軒先生名松節晚年自號心困家奇貧無一椽寸土幼年並未入學校一日少長好學逢人問字弱冠時已淹貫經史所爲詩見者皆詫爲奇才中年後得李中孚先生集一見輒契素心遂盡棄舊日之學而專心致志於窮理盡性之業不復屑屑於語言文字之末予小子童年雖曾入學而四書竟未卒業迨遇先生後始承耳提面命知所趨向今之一知半解大都由先生啓廸訓誨而來也附識於此亦不敢忘本之意云

丁未六月斂之英華謹識

韓補靑先生跋

成功之英雄與失敗之英雄有以異乎政壇之事業與筆底之事業有以異乎成功之英雄令人歌以思失敗之英雄令人哀以泣時而建事業於政壇則可以叱咤風雲時而建事業於筆底則足以轉移社會顧此窮通成敗者不過自其權藉之異而言世之歌之思之哀之泣之與夫被其叱咤受其轉移者知之彼英雄不自知也其不自知何也英雄者不過各出其所欲供獻於社會者隨其所遇而得以若何之方法供獻之耳英君斂之於壬寅歲創大公報於津門其文章事業讀君之文者類能知之無俟贅述近出其向所爲文都爲一集將以餉世屬爲之序僕不學何足以知文顧雖不足以知君之文而足以知君之人者竊以爲莫僕若君負氣敢任有古俠士風而狀類武夫疑非能工於文事者所爲文雄勁蒼鬱一如其人不屑屑於尋行數墨之爲其所主持者皆其所

願行其所排斥者皆其所痛絕大旨略具於國之要素及愛國心諸篇類能成
一家言數年爲文其旨如一每縱談時事輒批郤導窾動得要領而精悍之色
時流露於眉宇間故其形之文章者皆有一種沈著豪邁之氣所積然也夫以
數年內君之所主持者使得以施行一二則社會之受福寧復可量顧不能得
其所恃爲供獻於社會之方法者乃不過若是毋亦其中有所不能自已者歟
嗟夫造物不仁顛倒衆生重其所輕而輕其所重必使世之懷琦抱偉者盡悠
悠之世百無一可嘗不得一假手乃不得不出其至無聊賴最後之策而以文
章鳴斯固受之者之不幸而社會或將大有所賴於斯人者歟世之知英君者
則其對斯集也其感情當何如
光緒丁未六月。韓梯雲頓首拜跋於津門

翠微居士序

大凡物不得其平則鳴天下有道則庶人不議士君子處世上之不能拾遺補闕自結明主下之不能取尊官厚祿爲宗族交游光寵乃緦緦然效杞人之憂痛哭流涕振聵發聾毋乃笑其爲狂妄目之爲多事歟然而國之存亡匹夫有責人心不死橫流必定處萬物中而目之爲人則民吾同胞物吾同與世界種族之盛衰皆吾人責任孔子曰天下有道丘不與易也曾子曰仁以天下爲己任孟子曰予豈好辯哉予不得已也克林威爾之愛國任千百人辱駡訕笑而卒不變其愛國宗旨考之往古聖賢則如彼證之泰西人傑又如此則人也安可以寂寂無聞與世浮沈耶英君斂之善於愛國者也雄才偉略世所欽仰惜不得志退而創大公報於津門報館者天賦職也朝政得失民生困苦與夫世俗人心皆可得而糾正之鼓舞之數年來如禁美貨倡國民捐希求立憲江北

災賑得大公報提倡輔翼之力尤多向非先生操守堅靜始終如一則天津之社會安有如今日文明結果歟余讀其文想像其爲人未嘗不私心向慕而歎爲五百年篤生名世才也先生之爲文不沾沾於字句而言皆有物如江河大川渾浩流轉往復百折汩汩然不間近見先生平日著述彙成一册名爲也是集集中論强國之本與論保存國粹原敗諸篇大聲疾呼唏噓感喟前不見古人後不見來者豪邁之氣躍然紙上其論無愛國之心派與説官説假之文語語痛澈切中時弊人君讀之可奉爲千秋鑑人臣讀之可奉爲官箴可爲斯世法則可爲後學金針向使斧柯假手坐而言者起而行以平日之婆心推而治天下未始非國家之幸也嗚呼有人才而不用而曰天下無人才吾竊不爲人才哭竊爲有國家者哭尤爲今之執政柄顚倒是非者太息流涕百思而不得其故也僕野人也不識時務亦未嘗隨聲附和求好於人先生與余未嘗謀一

而面先生言論學識足爲我師爲之神交者於茲三年矣先生近將也是集附之梨棗貢獻於世文人學士各挾其雕龍吐鳳奇才樂爲之序余不敏明知雕蟲小技不足以見大人然不棄芻言附之驥尾想先生當無不可想諸大雅亦無不可

光緒丁未季夏皖南翠微居士吳麟拜序於津門旅次

郭養田先生跋

高峯峻峭望之蔚然而深秀長流澎湃臨之穆然而遐思且天地者萬物之鑪錘山川者天地之錘毓以勢養氣以氣蓄勢浩浩乎襟抱紓徐而不知其所止飄飄乎遺世獨立而不知其所極是造物之無盡藏也而亦有志於名山大川者之所樂適山川無氣勢則不足以盡天地之大觀文字無氣勢亦不足以盡天地之大觀文字也山川也一而已矣蘊諸迹則爲山川現諸言則爲文字山川有時而變其形文字亦有時而異其格層巖疊巘峙立不磨斯爲壽世之山川危言讜論不投俗好乃爲救世之文字故救世者以時爲文之腦以氣爲文之骨以勢爲文之體氣勢非他則婆心也蓮舌也而爲此等文字者又大都於世扞格而不相入落落難合脫却俗臼出言鋒厲而罔有顧恤於是野有淸議朝有厲禁防愈嚴而言愈衆更足以堅言之者之心我中國古代之淸議久在

名士然終不足有救於世二十世紀之清議是在報館夫監督政府木鐸徇路報館之天職也其言愈激其志愈堅韓退之曰物不得其平則鳴報館之爲文殆亦不得其平而鳴者歟英君斂之剏大公報於津門迄今五年矣英君之爲人余雖知之不甚詳然自大公報出版以來余即愛讀而不忍釋手及余來學於津門乃知其爲人而更於盛會義舉時熟聆其演說雖至今未得攀談而其爲人余固稔知毋待喋喋今春英君集其自壬寅以迄於今所爲之詩文都爲一卷顏曰也是集而一種豪宕之氣溢於言表是殆予所謂壽世之山川歟余又聞於人曰英君少好任俠有武士風及長縱遊海外今觀其文徵其事益可見英君周覽天下名山大川素具英颯豪邁之氣概斯其文有雄渾高遠之氣勢願英君宏茲襟抱以救世爲懷孰得謂英雄失意而後藉詩文以發其牢騷哉

光緒丁未六月郭心培拜撰

盧乾齋先生序

今試舉一鵬而問曰爾翼若垂天之雲爾飛越北溟之池何以視乾坤類黑子超萬里如咫尺又試舉大椿而問曰爾壽以八千年爲春秋爾陰以數百畝爲屏蔽何以傲古今而無對戰寒暑而獨存其始一卵一芥微乎小藐乎末矣其繼則磅礴無前包羅萬有遂不知其魄力雄渾體態深厚有吞八荒牟六合之鉅觀奇哉奇哉有神乎其間而不可思也世界所謂因果者得不作如是觀以推解其理由鵬也椿也然其初非從一卵一芥出不獲龎然而莫外其魄力體態如是之宏大偉烈果也而實有因在非於卵芥中種是種子而求鵬與椿且不可得況能爲動物首而植物魁非囈語胡企哉物理且然他更可知今試問美何以强則必曰脫英壓制獨立也又試問法何以興亦必曰傾君專制自由也其餘英意日之雄且傑無不曰去貴族之箝制除澳之羈絆覆幕府之專政

其能脫之傾之去之除之覆之者非人民能自脫之傾之去之除之覆之也是必有鼓舞之維持之抑其非而揚其是舍其舊而謀其新以愛國心發警世論當其百度廢弛朝野不綱河山碎裂夕陽欲墜不知以幾許淚飲幾許血憑弔故國蔓草荒烟皆爲楮墨中原料品始抒其忠憤心肝痛哭文字爲同胞貢獻愚忱也不於片紙中種是因而富强之結果能不翼而飛俾列强亦有今日耶報章爲功詎不偉甚英君斂之以倜儻性負卓犖才歷游名山大川足跡人國者殆徧東半球佳勝而拾諸衣帶中矣所有政治宗教人情風俗物產版圖無不研究靡遺歸而納之懷抱迴翔四顧滿地腥羶寶劍空磨誰爲知己此所以有滄海珠沉之感而駿死臺傾之悲也詎不哀哉自庚子以來聯軍內入乘輿播遷猿鶴蟲沙同歸朽壞英君於是發大願心施轉輪手集數萬貲創大公報館於津門以遒人之職起廢箴膏兢兢乎已數載於茲矣其間政界之怪狀

屢演海疆之警告時聞以及社會之腐敗人事之變更未有不發覆摘奸批郤導窾以放異彩於東大陸推其量與瑪志尼克林威爾諸偉人相頡頏而伯仲當之洵無愧色也謂之爲造時勢之英雄誰曰不然今於也是集中獲覩英君大作觀其淚隨字下血和墨流大有起四千年之古國老大也而少年之病夫也而健全之以筆底之風雲樹政壇之旗幟至爲文豪邁自喜雄勁蒼鬱猶沾沾字句間不足爲英君奇也所可幸者大公報之提倡公益每舉一端無不響應如國民捐之創辦禁美貨之輸入其他立憲之祝江北之賑未有不攘臂大呼視線咸注價値之高久爲寰海所公認無俟鄙人喋喋爲英君引一觴也夫虎嘯則風生龍行則雨施英雄之歌泣世界之耳目通之非英雄別有感動而世之醉於英雄者不自知其歌泣之何自來也其移人不巳深哉英君爲人大抵類此近出其也是集付諸剞劂以平昔之彙集貢獻世人俾曉然於熱誠發

中聲淚俱竭之文章或可藉間接力以喚醒同胞則義士苦心良足償矣嗚呼
精衛能勞曾塡恨海杜宇不倦猶弔山靈余也不敏敢獻芻蕘倘以是作馬首
前驅麾下走卒聊供大雅覆瓿焉也可
光緒丁未年季夏古黃乾齋氏盧懋功序於瀋陽旅次

也是集續編

解題

《也是集續編》，宣統庚戌（二年，1910）十一月天津大公報館鉛印本，行款同《敝帚千金》第一集，綫裝，一册，本書所據底本爲北京師範大學圖書館藏本。封面題簽題『也是集續編』，内封鎸『宣統庚戌十一月/也是集續編/天津大公報館刊』，後附英斂之偕妻愛新覺羅・淑仲、子英千里合影兩幅，首幅附注云『宣統庚戌四月照於津門』，次幅附注云『己酉暮春奉題安蹇先生暨夫人淑仲令郎千里策馬小照　振亞拜稿』。卷首冠《也是集續編自序》，末署『宣統庚戌中秋安蹇自識』。正文首卷卷端題『也是集續編』，次行題『安蹇齋主稿』。收雜文及演説詞四十五篇。

也是集續編

宣統庚戌十一月

也是集

續編

天津大公報館刊

847.9
517-21

英斂之偕內子淑仲小兒千里合影

宣統庚戌四月照於津門

梁孟夫妻
子仲謀
問君慧福
幾生修
家庭樂事
琴書外
更向春郊
縱馬游
己酉暮春奉題
安塞先生暨
夫人淑仲令郎
千里策馬小照
振亞拜稿

也是集續編自序

丁未之夏安蹇曾編其聱牙惡劣之文顏曰也是集隨報附印積累成帙其間或類杞人之多憂或如山膏之善罵或抒己謬見或拾人唾餘然不過報館之文章毫無價值可言者也不意竟蒙阿好諸君子紛賜序跋多方獎許妄攀風雅盜竊虛名慚悚曷已嗣是而後感時撫事雖仍有所作而時局愈叢脞心志愈灰頹學殖愈荒落蓋懨懨視息苟活人間而心死久矣比者以二三知己屢相規勸謂既受救主愛人之誡不當厭棄世事一任稿木死灰苟一息尚存應竭其能力以圖國利民福効國民一份子之天職竊念區區一身貧病之餘既無才德復乏學問況又久爲社會所詬病欲圖自効恰似一部廿四史從何處說起使仍事吾措大生活日拈毫弄翰向社會絮聒其不入耳之言乎無論其不動人視聽無補於事實且有江管花枯春蠶絲盡之慨然舍是又絕無可自

託之業足以表樹者思之至再無已則仍編吾剩意殘詞之也是集姑附於箸作之列謬託於牖世之文以謝吾偷生之諂素飡之羞何如世之君子倘有笑之者毋寧哀之也

宣統庚戌中秋安蹇自識

也是集續編

安蹇齋主稿

亡國奴戲 丁未

麻雀牌者近年來盛行於北方上而貴官顯爵下而巨商富賈無不趨之如狂沉溺忘返其一擲巨萬廢時失業爲害不可勝言前此本館徵文曾有鴉片烟與麻雀牌利害之比較一題作者敷陳利害極中肯綮至敝箸亡國奴戲一文尤痛切雋永有如晨鐘奈言者諄諄聽者藐藐雖極悲憫無可如何也今者鴉片之害舉國皆知政府禁除之亦甚力惟麻雀一事衆皆視爲無關緊要之游戲且有上有好者下尤加甚之勢僕不惜舌弊脣焦反覆絮聒或得喚沈迷於孽海針疢痼於膏肓乎因特錄此篇以冠卷首

昔陶侃斥摴蒱爲牧猪奴戲誠以其賭術粗鄙且嗜之者大都走卒負販故有

是稱也二十世紀之新中國新機勃興南風北競首先溥遍於所謂上等社會者厥維麻雀牌每見嗜之者濡首其中忘餐廢寢大有東坡嗜河豚値得一死之概更可詫者其魔力之大何以如是之猛烈且嗜之者非維新學子即政界闒官久擬諡之以嘉名然至今尙未得當昨忽得尺一書羅羅數紙深幸啓予因亟錄之公此美名於後世之辭典其函云

僕以庚子之第二年自西安罷役歸始學得麻雀之戲其始不過藉遣愁懷聊消長晝已耳迨叉摸日久妙趣橫生興味濃深變化莫測洵有超然萬有飄飄欲仙之樂夫麻雀之爲物也提神旺氣有如鴉片排愁遣悶遠過酒漿公餘則消案牘之勞讌會且聯賓主之雅謀缺者藉以獲聯絡之索冶游者可以買娼鴇之歡勝固欣然敗亦可喜不意人世間竟有如斯快事也顧僕獨不幸因崇拜此物竟致職褫財空身敗名裂高堂以忿而亡身荊妻因憂而成疾膝下嗷

嗷之子女亦因是皆失其教養乃形骸枯瘠竟剩一把窮骨頭而親故揶揄無
復昔日好面目飢寒交迫怨艾情深急以向日珍藏之麻雀牌一副大書其匣
上四字曰亡國奴戲亦觸目驚心痛自刻責意也乃晝夜焦煎感而成夢不意
長年之牢騷抑鬱於夢境得一展其愁眉但見華堂明燭前舞後歌倚翠偎紅
興高采烈無何酒闌曲罷三五良朋復蹡入局爲麻雀之戲以消餘興僕見獵
心喜攘腕軒眉雙手齊下但聞牌聲鏜鞳清脆入聽正呼盧喝雉神思遄飛際
而年來諸懊恨失意狀陡觸心頭因懔然自思曰吾何爲背誓冒眚而更入此
局得無喪心滅恥必作亡國奴而後已乎如此嘿念乃置牌舉首四視同人覺
諸人額上隱隱皆現有字跡蜿蜒曲折類旁行書僕以曾經留學於洋文亦畧
窺門徑遂譯其文正亡國奴戲四字大驚而痦汗出不已拭目以觀蕭條四壁
惟破几上藏牌之匣如靈光之僅存正對吾面也嘆息間鏜鞳之聲入耳甚急

披衣起視日將近午乃諸債主剝啄門外詬詈喧嘵也迨善遣債主去急援筆記之郵致報館冀告同胞幸以僕之失足爲前車之鑒夫僕自哀不暇尙爲人謀然婆心不死亦現身說法意耳

安蹇氏曰右來函蓋憤世嫉邪之流託言譏諷要不能無偏激過當處豈不聞孔子飽食終日博奕猶賢之語乎夫以區區之麻雀又豈亡國之足云唐末之葉子戲亦不幸適値其會耳自古僞學腐儒拘迂固執往往而然如五子之歌甘酒嗜音峻宇雕墻皆在亡國之列然則今日横覽五洲凡雄强富庶之邦墻則務其雕宇則極其峻嗜音甘酒相競成風不惟其不亡而反蒸蒸日上何也不揣其本徒齊其末烏乎可哉雖然我中國今日之濟濟多士槃槃大才舍麻雀外惟貪私舍貪私外惟麻雀叔寶全無心肝劉禪樂不思蜀此就可以徵見者言之若其充腸朽腐滿腹骯髒誰得一一而剖視之然則諡之曰亡國奴戲

或不爲過

非變法之爲難實變心之爲難 丁未

語曰天下無難事只怕有心人此言雖小可以喻大比者吾國自甲午以來懲於屢敗之辱而變法變法之談不絕於道路崇新者曰琴瑟不調解而更張勢所必至竺舊者曰仍舊貫如之何何必變亂祖制徒取紛擾於是聚訟盈庭此攻彼擊紛紛藉藉國內騷然乃天心未覺悔禍人事日益乖張瞎馬深池實逼處此於斯時也雖善爲守者亦有不得不與世推移翻然圖改其轍者於是學堂興矣於是科舉廢矣於是派五大臣諮訪各國政治矣於是詔預備立憲矣於是改內官制矣大有發憤爲雄咸與維新之慨從此循序前進雖不能立躋富强要亦當日起有功漸入佳境乃觀於邇來之朝政則叢脞紛紜朝三暮四殊不能測其究極觀於邇來之人心則誕妄詭僻思亂走險殊無可冀去苦惱

而就幸福者以一國之大數萬萬之衆昏沉茫昧斷送於寥寥數輩之手嗟乎天胡不弔忍於出此然平心思之禍由自求天何嘗醉舉一切去安就危辭福就禍糾結纏縛如亂絲而不可以理者豈有他謬巧只不過一私字造就之耳夫一循乎私則不能開誠心布公道不能開誠布公則無望推賢薦能舍己從人倘不能開誠布公舍己從人即欲提倡一商業而整齊發達之尚不可況一國政治之大乎且私者惟恐不利於己也爲保己故無論傷天理害大局者皆肯爲之所謂患得患失無所不至小之傾陷同僚大之負賣君國惟視其力之所能致而孜孜焉其他殘賊斯民又何足算哉藐忽輿論更無須計矣善乎時賢之語曰使吾國操政柄者果賢且才也吾國何爲困亂而至此吾國所以困亂至此者必操政柄者不賢不才也明矣此二語鄙人每奉之爲金言想彼諸大老雖善爲掩護亦無詞以辯之也近者朝局如奕棋騰笑於五洲即我國村

夫愚婦稍識黑白者亦知其不可乃竟出於赫赫皇皇之當道斯非奇且怪哉如趙啓霖之妄事彈劾辱及親貴罷官宜也乃振貝子以年富力强當差勤愼者偶遭誣衊何以聽其去官乃段芝貴之才堪大用簡在帝心者無端受此毁謗　朝廷正當奬慰之何以遽變方針置之不用若瞿軍機以樞要重臣其無才無德也何以伴食多年其有爲有守也何以彈章一上不待查覆遽爾解職豈預備立憲之時代固當如此乎此中隱情非草茅下士之所得知也至岑督之毋庸陛見者而竟來朝來朝而竟授郵傳部乃郵傳部之開幞台步未穩說白未完忽爾又拜兩廣之命豈非奇之又奇怪之又怪乎其他瑣碎各節欲舉述之日亦不足卽此犖犖數大端已不成一國家之作用推其原因得毋無大公之心而惟出以私意乎乃堂堂一國之政治不出以公心但任以私意且此私意竟奉爲神聖之不可侵犯順之則吉逆之則凶捷於影響傾天柱絕地維

皆可稍拂逆此私則不可此心之不能變而謂法之能變是豈非惡醉而强酒欲越而北轅乎草茅下士愛國心切望治情殷非敢肆其訕謗緣我國之百骸千孔不勝僂指姑於病根所在爲頂門針對症藥一盡其欸欸愚忱故更爲之斷曰此心一變則若網在綱有條不紊此心不變則鏤氷畫脂無益徒勞

黨禍株連實爲促國之命脈 丁未

近自皖撫被刺案出警電紛馳南北大吏咸有戒心而一般趨承小人邀寵冒功多方株逮風聲鶴唳舉國騷然其措置乖方自取紛擾南北各報已論不一論矣本報初不着一字者以電音簡畧事出非常不欲爲捕風捉影之談徒亂人意乃不旋踵而女教習秋瑾以正法聞旬日間各處以捕獲餘黨聞風之所靡波及全國來軫方遒正不知其所底止竊謂當權諸公辦理此案之失當蓋有數端執筆人不爲死者悲而獨爲我國家前途悲悲其種禍愈大結怨愈深

而渙散人心隳墮士氣自殘種類貽笑鄰邦其效果所獲亦不過促國之速亡
而已
夫徐錫麟之刺恩撫獲而殺之以命償命原無不可乃既殺而猶剖其心啖其
肉此等野蠻兇殘行徑不期見於二十世紀之中國且剖心啖肉等舉何補於
既死之恩撫何傷於既殺之徐錫麟不過徒激怒於人心使知中國官吏之兇
殘狠戾別具肺腸更堅該黨從逆之心而官逼民反有由來矣
至秋瑾之株連被殺據南北各報所傳聞其被逮情形殊出人理之外確否情
實茲不具論但以一女子身有何能力有何設施而謂爲黨於革命以猛獅搏
兎之力擒之似此種種野蠻手段已不見直於萬國況既無證據又無口供遽
處斬刑斯豈非野蠻已極暗無天日之世界乎倘此等事行於數十年前即滅
門十族碎屍萬段亦非怪事自通海後萬國觀摩已不應再有此等舉動況今

以煌煌詔旨三令五申預備立憲之時代乎

乃禍之方興未艾也今日此處捕一形跡可疑之人明日彼處拿一來路不明之客非刑拷治屈打成招錯拿無錯放情屈命不屈官場之法言老吏之讞語往往如此嗟乎爲淵驅魚草菅人命渙人心灰士氣擾社會危邦家何其日增月盛有加無已也

預備立憲徒託空言修改法律虛應故事惟其如此故外人時存一輕藐之心領事裁判權則無日望其收回不收回領事裁判權是我甘居於野蠻地位而不得列於各國之平等不能居平等則兼弱攻昧取亂侮亡一任他人之所爲嗚呼愈不能自立愈野蠻愈野蠻愈不能自立盛衰興亡殷鑒歷歷我執政當權諸公盍一澄其心目思所以固邦家弭禍患之道而一眞實致其力哉

當英之威多利亞女皇初即位也有行刺未成被獲者女皇諭令善遇之使得

畢逃其襟懷讞定罪當死女皇發特別恩旨釋之舉國感頌皇之寬仁莫可名狀自是終威多利亞之世無謀叛者若夫俄國爲處置革命黨最嚴之國乃叛黨之多在全球亦首屈一指殊有殺一來百之概其故何居老子云民不畏死奈何以死畏之子產云作威防怨豈不遽止然猶防川孟子云以力服人非心服以德服人中心悅而誠服凡此云云其理可深長思也但吾中國近年以來

朝廷德意雖殷奈格於昏庸貪鄙之百官骫法營私殘賊剝削爲各國所獨有此所以亂黨得所藉口鋌而走險而不惜也倘得賢官長視民如傷愛民如子　朝廷復將嚴刑峻法移於貪官汚吏之身使不得少有殘虐斯民則民方感戴頌揚之不暇又安有自外生成甘心樂禍者哉惟其不以民爲重故邦本先失本搖邦亂其因果相承明若觀火豈有他奇而難了澈者哉今我國家不欲久安長治則亦已矣倘猶有振奮之心當急起直追力返舊轍毋再爲種禍

栽殃自貽伊戚也

以上諸端所以責望當權者備至而於亂黨獨無一言以及之乎夫亂黨亦大可憐矣人性固不相遠豈有生而甘心從逆樂禍者其始也不過激於一二政治之不平迨愈激愈烈勢成騎虎不意三百年來忽興種族之思夫種族之思在今日亦極下矣更不意以三百年相習混化同色同文之人不問善惡而必欲排之殺之於素不相習異色異言之人而反欲親之奉之此眞大惑不解之事也或曰排滿所以保我漢族將其秕政陋習一掃而空之再興中國正所以不爲異族奴隸也大義宏仁孰過於此殊不知此輩目的既乖識見尤謬謂此輩無腦病明利害其孰信之今夫中國之兵敵外強雖不足平內亂則有餘此世人所恒言者也此輩以卵敵石浪擲性命不智一也株連無辜擾亂社會不仁二也倘使得所展布戰禍紛陳則外人必藉詞保護商務以兵力而收漁人

之利彼時恐欲求爲第二庚子賠款駐兵亦不可得矣其覆種滅邦不仁不智乖張錯謬至於何極故吾每謂妄談革命者爲不解是非不明利害且多係素有腦病之人然究係誰爲迫之使然此不可不一思也顧吾亦嘗聞人云今之社會非破壞不能成立非摧枯拉朽不能咸與維新夫破壞吾固聞命矣但成立者吾不知果何若且由何處下手吾輩燕雀固不識鴻鵠之志也況此輩宗旨已定固難喻以是非曉以利害吾亦無事其喋喋惟吾婆心不死今所切望者仍在政府政府用人行政果能從此掃除私意一秉大公發奮爲雄虛心實力則補牢未見無術人心未必皆死惜疢痼之疾無瞑眩之藥委靡敷衍則待斃奄奄倒行逆施則促禍尤烈言念及此曷勝骨悚倘猶此株連波及殘狠爲懷則內憂外患交迭而乘東望勾驪是吾最新之撮影也嗟乎噬臍何及哉泣血何補哉

恭讀七月十三日　上諭貢言丁未

中國近數年來水旱偏災層見疊出　朝廷視民如傷發帑移粟撫䘏備至即如去歲江北之浩災哀鴻百萬　九重宵旰廑懷大有減膳撤樂寢不安席之勢而昊天不弔今歲近畿一帶先以旱厲後以水祲十數州縣皆成澤國小民蕩析離居慘苦萬狀乃　深宮軫念民依發帑銀四萬兩着地方官妥爲賑濟並　諭此後儲備救災銀兩交銀行生息不准任意挪用　朝廷德意之加浹髓淪肌凡有血氣能無感頌草野小民於感頌之餘尤不能無所貢言爲我執政者告夫良相之治國等於良醫之治疾良相消患於未萌良醫防疾於未然否則昧於曲突徙薪之前計迨烈焰飛騰始行撲救火雖幸止而爛額焦頭爲害巳不可勝言矣今者中國之政治內而樞臣外而督撫是誰肯深謀遠慮爲長治久安之計而不存五日京兆之心者即素著賢名之員亦不過以敷衍爲

政隨時因應而已其他之僉壬邪佞惟知保位固寵但以子女財帛是念者更何足論哉是誰於國是民依眞本大源處一致其力者此中國之現象所以日就敗亡日形窮弱也即如各省之偏災紛至迭乘無歲無有　朝廷雖一視同仁動撥鉅欵然及於小民者實杯水車薪於勢仍屬無濟雖有各省志士仁人惻隱爲懷痌瘝在抱百般羅掘設法勸捐雖近日風氣大開人民愛羣思想頗覺發達然長此搜括必有終窮之一日豈治國保民之道哉查歐洲十九世紀以前大慈善家倡憐貧救苦之主義組織各種善會不惟於饑饉水旱偏災盡力拯救即於平日之困窮潦倒之儔亦賙之恤之歲有粟而月有金俾無告貧民得享溫飽無凍餒虞似此仁風慈雨沾被羣黎雖我中國三代之隆亦難多見究之一國之生機有限萬民之觖望無窮不甯惟是且人心之有恃無恐則恣意懶惰不圖振興惡果影響於全國者甚大卒之國弱民貧百事叢脞此有

識者所以倡自立之說斥均富之論也讀者有疑吾言之隣於刻薄而無愛羣之思乎是大不然原夫經國之道鞏一國如磐石進萬民於幸福有大者遠者在煦煦之仁孑孑之義無當也農事不講水利不興人治疎虞天行自烈但知賑災於既見何如防患於未然夫國家之仁政人民之善懷何嘗不是苟不思興利除弊之方爲釜底抽薪之計則堯舜猶病致嘆於宣尼曰亦不足見識於孟子且不惟難滿衆望而亦大罔斯民使斯民依賴爲心懶惰成性則一國之生利人少分利人多而效之所極必見蝕於優强滅種覆國而後已然則爲今之計奈何曰國衆既失敎養於平時今當此蚩蚩無辜之氓蕩析離居呻吟待斃安得不喘汗奔走以謀出之水火俾登袵席然但圖救此燃眉不思所以講種植調溝洫爲興利除害一勞永逸之計豈非揚湯止沸隔靴搔癢自貽伊戚無補根本乎但籌備之責是在政府勿以其無近功速效遂恝置之執筆人監

督嚮導之天職僅此而已政府乎政府乎請三思之勿徒爲目前敷衍計也

答來函 丁未

承示大教洋洋數百言愛國之誠嫉俗之切情見乎辭洵古之傷心人也其所規進於鄙人者甚至反覆披讀慚感交併顧今日之時代過渡時代也所謂畫餅立憲者亦迫於不得已而出此繼以報館之鼓吹亂黨之紛擾乃變畫餅爲畫虎是亦紾臂徐徐慰情勝無之意也乃熱心國是者遽責以日起有功競求完美意非不善其奈反於事實何凡近今所設施姑以俗諺喻其狀態則所謂舊店新招牌是也非今日之貨異於昔日之貨也不過粉飾門面聊眩估客而已至於官場社會之腐敗惡劣又何足異正諺所謂靛缸無白布是也緣卑汚成套牢不可破倘有出汙不染卓然自立者則非種必除排斥攘擊必絕其迹而後已此所謂衆人皆飲狂泉水安許一人獨不狂者也嗚呼源之濁者其流

不能淸本旣剝者其枝詎能盛夫以官界當社會之樞紐握政治之大權旣已如彼矣而一切學界軍界實業界詎能望其有眞實之振興迅速之進步不種其因但責其果未見有當於事理也

至報館爲國民耳目喉舌善之者則監督嚮導轉移社會天職非輕惡之者則處士橫議顚倒是非憎玆多口總之但稍能自立主持正理者未有不爲官界眼釘肉刺必去之而後快者也然果有救正於國補助於民卽拚棄性命犧牲一切又何足吝惟審查旣久尙未得其當耳夫僕斷非同流合汚爲摸稜派以取媚流俗者顧京報近事前車不遠其所收效力果又何在雖封閉爲一時淸流所惋惜而崇敬然又弱一个吾道其孤豈不愈使社會黑暗而恣彼輩肆無忌憚乎

嗚呼國亡而家竟何依身死而財將奚用就積極方面言我官長誠識時俊傑

能趁火打劫博得升官發財揚眉吐氣也就消極方面言我官長雖貪如豺狼巧如狐兎其實蠢若猪狗枉若馬牛詎知傀儡登場百年同盡不過教歌舞者與他人樂少年聚貨財者爲子孫種寃孽何如實心實力愛國保民以免我子孫邦家同底於淪胥也其奈瞳仁反背心竅昏迷何哉印度勾驪前車具在天何曾醉人自乖違豈但乖違仍復招求醞釀而不已徒使抱杞憂者淚盡繼之以血今且無涕可揮矣

雖然一國之强弱全視民之程度高下爲比例其奈我國民智力當此幼穉之萌芽詎能經此狂風驟雨之摧折其不萎靡枯槁者亦稀矣爲今之計亦惟有開民智作民氣忍死須臾聊盡所能徐爲培植而已區區之老朽腐敗貪私昏繆者尙何望哉

附來函

屢讀貴報其悲憫胞與之懷溢於言表每令人低徊流連欷歔不已然猶嫌尙多顧忌而不敢言間事標榜而涉於阿好也今何時乎尙不敢將官界學界軍界實業界之情形據實直陳使若輩天良發現共濟時艱不亦負報界之天職乎試看今日之官界其汲汲皇皇者升官也發財也冐功也樹立黨援也調濟私人也朘削百姓也宿娼喫酒打麻雀牌也國將亡種將滅非所知也學界中其管理所知者逢迎也教習所知者敷衍也學生所知者挑剔飯食凌侮師長妄自尊大聚衆滋擾而已至國危望其扶持種亡望其保存非所知也保國保民者軍旅也僕雖未涉其間以耳所聞洵堪疾首何忍詳述富國富民者實業也數年以來此處立工廠彼處闢利源眞似知實業之所關者大也及細查其實實爲外洋之銷貨場也所闢利源實絕小民之養命源也間有一二熱心者製土貨以抵洋貨而上下人等非特不知互相維

持反加意吹求使不能暢銷而後已無怪人謂我黃種悉是凉血動物也我國之現象如此不待强鄰逼處已無幸免之理況碧眼虬鬚侏儒强悍之輩已爭來促我四萬萬之命耶僕年愈古稀或不至親覩滅亡之慘今既多病勢難久存聊向先生一鳴勿曠天職時時大聲疾呼使夢夢同胞稍爲醒悟俾免埃及印度高麗之續先生之功不在禹下也榮辱死生命也勿瞻顧畏懼而效寒蟬可也紙短情長言隨淚下務期爲道自重待死叟熊志中頓首

北京視察識小錄 丁未

人莫不愛其本鄉天性然矣僕生於北京長於北京至戊戌秋始外出作汗漫之游九年於茲矣雖有時間亦歸省然不過三五日之流連覺固陋情形沉沉終古從未見有所變更也顧人每議僕對於北京多譏斥之談少愛護之意得毋忘本有幸此父母之邦乎非也夫愛之深者故望之切望之切者

故責之嚴且人民對於邦國負責如子女而人民之於邦國則非若子女之事父母惟以先意承旨敬順無違爲目的者必也導之誘之督之責之以期日進夫文明痛革其陋習然後始足奠邦基於久遠拔同胞於困危夫豈献諛貢媚同流合汚遂得稱爲社會肖子乎昨偶至京有所感觸歸而拉雜記之要皆瑣碎無關緊要之談至政界犖犖大端固非草莽所得窺測而妄參末議者語云賢者識大不賢識小其此之謂乎若云吹毛求疵於西施面上故索瘢痕則失僕愛護本鄉之意遠矣

道路之平坦○僕不踏長安塵土已二年於茲矣昨偶抽暇作上國之觀光覺氣象一新大非昔比其觸於目而快於心者則道路之坦平無復曩時坎坷凸凹穢汚不治之象矣馬路以碎石鋪墊如津滬各租界制甬路兩旁之零星商鋪貨攤亦皆驅除凈盡車馬循左而行巡警當中而立不可謂無進步焉然都

中人士惰懶性成凡事因陋就簡只求苟安不能勤加修治以致馬路驟觀頗似平坦乘車行於其上則震搖顛簸亦較昔日不甚相遠所望有管理之責者當始終不懈毋敷衍苟安爲外人齒冷也

巡警之盡職○北京貴人向以不守警章爲榮耀此則難責巡警之遇事退縮執法不力也近雖修有官厕然在厕外便溺之人時有所見此則不能不爲巡警咎也沿路乞丐追人討索此則有關於治化者更有於冬日故意赤身露肉叫號於途冀動人憐者此實國之大耻望當道者有以嚴禁而安插之也

偵探之勤敏○新政繁興豪傑蠭起而探訪員之靈敏有足驚者京津車站一帶偵員密布盤查行旅不遺餘力至於留學生之歸國其苦蓋有不可勝言者矣其實北京車站放炸彈者安徽刺恩撫者都非洋裝之人諸君未免錯認題目過於盡職矣

十二

車站賣票人之精覈〇中國圜法之壞在地球首屈一指本國錢不通行重視外國洋元此極可怪之事至於大洋小洋之别尤覺煩瑣不堪然商務中小洋貼水按照市價此尙無論出入一律照貼至於車站賣票凡有零數必索大洋找出之洋絕不貼水後經有口傳之章程凡在五角以上者收大洋五角以下者收小洋此亦不可厚非者僕此次至京張鐵路及前門車站因數友同行合而購票其零數則在五角以上若分而計之每票零實不過小洋三二角車站人竟索大洋乃向詰問彼以爲零數已過五角以上須給大洋僕乃更問售票人在此供職果無薪水專以訛索此項爲進益乎彼竟佯若不聞眞有忍德也僕素痛詈中國爲賊國一切商賈交易每以欺詐哄騙爲能事以非分苟得爲彩倖不意堂堂官辦之車站亦如此可痛也

宣講員之明通〇自治會宣講所研究處閱報社觸目皆是此亦進步之一端

也一晚偶至一處聽講講員登台大有說評書之神情學問深淺固亦不必深論而其中謬理乖論不一而足甚至演講風從艮地起及五行生尅各端然此本不足怪煌煌 宮門抄及 欽頒時憲書固明明有此也此其正所以遵王也嗚呼如此之宣講員不惟不能開民智而反足以助迷信僕竊以爲有不如無也

報界之繁盛○北京報界之享大名與社會程度適當其可者要推京話日報爲第一自該報禁閉後旋興旋滅之報逾十數種僕以無暇多未寓目此等報演說紀事概用白話取其易於開通下等社會用意本極可嘉至主持報務之人想皆熱心國事植品端方識見遠大學問優長者予小子何敢妄加評議獨是有一最可笑者各報紙之篇幅格式次序一皆摹仿京話日報不敢稍有更張豈京話日報之格式盡善盡美無以復加乎抑震於該報之盛名意在影射

以圖多銷乎語云取法乎上僅得乎中况惟該報之是趨是步其所得不知當在何等也至文言各報錚錚佼佼其轉移社會之力甚大近日不知因何妙悟忽插入花叢一門婉孌萬狀媟狎滿紙爲嫖界作前驅充妓女之忠僕近日自治會新章以開設妓館者爲不正當之營業不知此類報章勸嫖誘賭引壞無數青年其營業爲正當否也或曰子眞迂闊頑梗不識趨時妙訣蓋一有此門不惟報紙藉以多銷且無窮之利益皆將源源而出也僕曰此事確否不得而知但此等腥穢之錢凡稍具人格者鮮不嘔吐僕獨惜其有轉移社會之力者竟爲社會所轉移剛正於前者而忽猥褻於後諺所謂狗改不了喫矢也

飯館之發達○南城外一帶之酒樓飯館每至晚間車馬盈門幾無插足地聽僕從之喧呼非某新衙門之某大人即某新部之某老爺京師本首善之區百官薈萃酒食徵逐之事在所不免斷不能以三家村窮學究之眼孔而妄加譏

彈也但最可怪者每至一館經行窗下無意中傳入耳鼓之聲浪此等濟濟人才翩翩時彥所歡呼而樂道者非戲園之品評卽娼寮之談判再不然則官缺之肥瘠運氣之優劣此等事僕非謂當絕口不談始完其假道學之面目特詫其褻如充耳千部一腔除此外闃其無聞也殷憂啓聖多難興邦不圖大創奇辱後而驕奢淫逸之景象竟如此其速復國民程度國民程度誠使僕無涕可揮亦不屑再作此迂闊無謂評語矣

烟捲之盛行○北京變法之事獨烟捲一項爲最速最溥上自王公貴官下至走卒乞丐莫不口啣一枝以鳴得意僕一晚行經某街轉灣處舉目忽見星火燐燐紅成一片初極驚詫細視之則行路者十數人人啣一烟蠕蠕以步也不覺失笑更可怪者時遇年纔五六歲之童男童女亦翹首啣烟噴雲吐霧因悟此卽中國變法之現象而跨竈突前各國亦未能比其勇猛精進也按各國於

幼童吸烟懸有厲禁我當道於此等陋俗宜用干涉主義嚴爲禁止雖然其大於此等事要於此等事者毫未舉辦不可勝述又何有區區幼童吸烟之足云乎語云勿以善小而不爲此亦僕識小錄題中應有之義也

續北京視察識小錄丁未

或曰識小錄曷爲不憚煩瑣絮聒不休喋喋招厭如此僕乃正色答之曰勿以善小而不爲勿以惡小而爲之昭烈之言可爲明訓語云此言雖小可以喻大亦正吾識小錄之謂也倘閱者能見微知著毖後懲前則未嘗無補於世道未嘗無益於人心且行遠自邇登高必卑泰山起於培塿長江發於濫觴小又何足病乎子不觀吾前錄飯館之發達一段乎彼誠政界一活現象也政界諸公明治體知愛國達時勢者固不乏人然一齊衆楚孤掌難鳴亦惟有咨嗟太息莫可如何自葆彝良潔身引退而已其餘諸公上焉者旅進

旅退不妨苟同靜待時機徐圖補救雖良知尙未盡泯然伴食亦頗可羞下焉者淋漓酣暢一往情深借水行舟趁火打劫因其全無心肝故亦不足斥責此所以觸目接耳凡所謂達官長者除講烹調論服御評優品妓麻雀輸贏官缺肥瘠外幾若人間無復有他事矣嗚呼豺狼當道安問狐貍此皮毛改革麻雀政治之所由成也報紙者其所職司乃政府耳目國民喉舌者也知而不言曷對社會不辭煩瑣再續吾文

寬嚴兩面之特別法度◎自古驅民在信誠一言爲重百金輕今人未可非商鞅商鞅能令政必行此荊公新法不行寄慨之詩也夫立法貴一執法貴嚴此古今中外立國之要點也且立法必自貴近始貴近而不守法徒於貧賤小民嚴峻以繩之未有能悅服人心久安長治者也即如向者於提筐擔籠小負販抽籤賭博之事則嚴加禁止雷厲風行而於執法行政之貴官要職無晝無夜

鉅萬狂賭反毫不聞問豈不大可怪哉漢以列侯聚賭褫職者七十餘人是漢法遠勝今法而能自貴近始也近日闊官貴族嗜亡國奴戲者有如中狂其廢時失業耗喪資財猶屬小焉者也至墮人格卑志氣損精神尤害之最烈者相習成風沉迷不返不至國亡家滅而不已爲今之計欲整頓國是劃一法律必自嚴禁官長賭博始凡官界之聚賭者准各報訪聞將姓名揭載政府從而嚴究力罰之庶惡風絶善政興執法惟一無貴賤之偏畸矣

只許州官放火不准黎民點燈中國政治大都如此又豈僅賭博一事禁小民不禁貴官乎然此猶其隱而難見者也最可奇可怪者莫如前門東車站之稅關監查凡由津所來行旅無不傾箱倒篋嚴密搜檢即手提小包小件亦皆啓視不得放鬆可謂認眞矣然此但下車西行之客如此也若下車東行進水門之人無論誰何即包裹纍纍馬馱車載亦無人過問又凡送客至車站者不准

入柵謂妨雜亂也若由水門出至車站無論多人從不阻止因水門爲外人所開也若謂外人不受鉗制煩擾何爲獨鉗制煩擾於華人若謂華人當鉗制煩擾何爲進水門之華人亦利益均沾竟得便宜行事如此此眞一疑難問題也類於此事關於行法不一者更有戲園外人所設戲園則不分男女一律賣座中國爲禮義之邦嚴別男女故慶樂園等於白晝雖三尺小女亦不得携入若至晚間則婦女紛來爲定章所准故僕今布告國人曰行客欲進前門而懼盤查煩擾者可進水門婦女欲進戲園而懼警察阻止者可於黑夜此中國之特別制度官場之方便法門也

大同日報發刊祝詞 戊申

社會演進之階級雖曰視乎人爲然豈無關於天事者哉中國習俗凡國家興亡世運隆替莫不委之於天命斯則最爲任天而治之弊以故數千年來多事

保守少所創興既憚創興則其保守亦不成爲保守不過支離破碎相與敷衍而已

時勢造英雄英雄造時勢其間必有最要之密點苟非遭際時會情感過人者必不能爲造時勢之英雄苟非天性肫篤堅挺不拔者亦必不能成時勢所造之英雄二者情勢不同然究其原因實循環相資而水到渠成時至果熟非冒然倖致也

社會既入文明界域而聯萬民情感溝其耳目喉舌而一之者厥維報紙我國士夫雖甚惡其訕訐龐雜力事剗除扼抑然其道久久益盛其故何哉人不能與天抗也顧天理雖强竟亦有時而窮不過其窮爲暫而其强則顛撲不破終必獲最後之戰勝

庚子變後不肖創大公報於津門斯時得於天者半得於人者半雖敝報卑之

無甚高論然千金敝帚私竊愛之信之謂於社會不無小補雖然時勢造英雄渺乎其小英雄造時勢闊乎其邈不過羣生蠕蠕果核內之一分子相與喑啞其鳴而已顧識既短淺力亦棉薄所局地位既塞且儉故不能如海上諸雄得放言之樂獲銷行之廣而汶汶汨汨但冀其似續不已已足願望此中堅苦卓絕固非彼愈隆盛愈昌旺者所得知也

比者以彼二三失意憤激狹隘者流號召黨徒張皇詞說事種族主義而不知其徒取紛擾自促滅亡也於是在東留學諸君憂之乃邀集同志爲大同日報以融洽反正之顧融洽之實即爲實行立憲化除滿漢諸大問題該報所持卽純爲此主義報既發刊頗爲老成練達輩所歡迎於是復謀設日報於京師京師固政治之樞紐地也向陽花木近水樓臺得聲氣之先獲監督之切雖然其適宜與否亦有兩方面之可言不見夫中華報京報之往事乎雖大同報之組

合與宗旨較彼兩報固有不同然前事不忘後事之師也倘諸君愛國情熱見有僨事悞國罔民諸行爲而痛擊力排之則捋虎鬚攖龍鱗其勢亟屬可危若但依阿詭隨作虎倀附驥尾則又有負初志奈監督嚮導之大職何預揣諸君地位之艱難或有過於僕者雖然亦不得不貢一言爲諸君勉彼韓非之說難方朔之諷諫諸君請熟玩之而批郤導窾徐引善誘膽大心細智圓行方或有挽於危局有補於民生乎諸君勉乎哉

往者僕嘗戲題一聯云域中四大世外三公今政聞社諸公爲純全組織政黨行將刊報於漢皋名曰大江北京今有大同矣天津則有大公是今日中國已有三大矣所缺一大不卜當於何時何地出之雖駑駘騏驥比擬不倫然熱望立憲啓牖民智其目的則無不同此則僕旣視大同日報之發刊復不敢不自勉者域中四大茲已鼎足而三僕雖不肖願執鞭曳履謹隨諸君子後也

天津日日新聞三千號祝詞 己酉

酷暑鑠金汗揮如雨方子藥雨褦襶而過我曰吾報今且三千號矣忝在同業子盍一言以爲祝僕聞之乃矍然而謝曰姑無論鄙人位卑身賤學陋才疎不足爲貴報祝今更見疑被謗重爲流俗所詬病倘吾言之恐迂談囈說行且爲貴報累奈之何哉方子曰無傷也子姑妄言之申申喋喋一洩其牢騷憤懣亦大快事無失其自由也可僕聞而氣壯遂援筆而爲之詞曰

夫報紙者國民之耳目社會之迴聲也善者則政府監督國民嚮導爲人羣豪傑惡者則逢惡助虐顚倒混淆爲斯文敗類豪傑乎敗類乎要皆與人民有密切關係布帛菽粟而外一日不可離者也津沽爲京師門戶通商互市開風氣之先故日報創行亦獨早顧人事變遷旋起旋滅者不知其凡幾方子者多癖嗜而善變遷者也初癖繪畫旋癖篆刻遞嬗而癖金石癖碑版癖泉幣癖烟壺

癖擊球今更癖士丹（即郵票）矣不封故步隨境轉移人每譏其無常然獨於衆所難能鮮克有終焦神勞思之日報竟綿綿延延爲號至三千之多爲時將九載之久於北方報界佔先進之資格且一手一足之烈孜孜兀兀而未見其有倦容不亦奇哉嘗見世之激昂志士慷慨少年矣不曰獻身國家則曰犧牲社會其始也以義聲號召謂開民智造民福者莫日報若於是糾合資財大張旗鼓聲勢赫濯洵有拔山撼岳之概試靜觀其後乃不旋踵間或以揮霍而虧負股東或以欺騙而見惡社會或藉爲終南之捷徑或挾爲發塚之詩書朝秦暮楚口是心非邪僻卑汚莫可究詰而方子者則不然不矜才不使氣誰毀誰譽一付諸太空冥冥而惟懇懇懃懃抱定主義以附麗社會鼓吹人羣也今方子更擬於該報三千號後大事改良力求進步書曰日日新又日新綜核名實久而彌厲方子其有爲僕曷勝拭目俟之

金錫侯君年譜叙 戊申

僕家世微寒先代無達者生長陋巷耳目所逮罔非俗物稍長從事稗官教科籍博今古於所謂忠臣肝膽俠士心腸諸美德浸灌腦囊低徊仰止一往情深凜凜乎已具不可一世之概矣迨弱冠前後交結多窮苦無聊輩酒酣耳熱相與抵掌談天下事遇奸貪悞國豪暴虐民諸行爲未嘗不髮指眦裂痛恨唾罵爲之結轖終宵也緣夫窮愁與憤激固有相得益彰之理勢由是釀成一種憤世嫉俗心儼成第二之天性而於達官顯爵尤多鄙薄所執理由久之益信其非妄更非倒行逆施輩標榜鳴高之客氣比也每念一國所繫其禍福盛衰惟承上起下之官最操其權力使我國之官人果皆賢且才也吾國效果所呈何竟若是今阽危杌隉而不可終日者則肉食者鄙可斷言也始吾以爲官者特臃腫麻木如陳白沙所謂飢能食渴能飲能著衣服能行淫慾而已此外蠢蠢

非所容心也既而出歷稍資始悟彼中優勝劣敗固自有道箇中三味惜吾不能爲破的之言以質之還請得意諸公清夜捫心憬然自思當亦自悔誤落塵網而不能如草野之得葆彝良瀟洒自由矣諸君試思其有不圓熟輭媚陰險排軋而能獲寵取悅固位保軀者乎其有眞誠愛國熱血爲民勇往直前剛正不阿而能得安其祿位見悅於上司者乎嗚呼世風所趨成茲怪相有愛惡無是非實今日中國社會之天演也愛者是者何財貨輭媚是也惡者非者何廉介直梗是也嗟乎天其醉耶運其否耶夫復何言徒駡詈亦奚益者豈窮變通久之理固未極其會耶

瓜爾佳錫侯者博達英明士也僕與之有十年如水之交自其入官後僕遂以一己之痼習概視同今之官者矣去冬得見金知事手諭錄一書披覽一通覺其措置警政井井有條諸葛公綜核名實精心曾文正不嫌瑣碎美德不圖於

斯見之然後知君固非尸位素餐昏食庸碌輩所得望其項背竊念如君者以實心行實政於微官末職或得効其一手一足之烈倘位至八座身領封圻則顧忌必多牽掣叢起便不復爾爾矣不意君如此竟以去職聞嗚呼何予見之不廣耶豈微官末職亦有道大難容之憾耶世之昧昧者流每謂在小官則難行其志在大官則操縱自如何不一審今之赫赫當權嚴嚴宰輔其所設施建樹又何如耶乃知今之得容與委蛇於政界者官不拘尊卑職無論散要其不形同木偶性如流質而又有奥援善貢献者難乎免於今之世矣比者君之高足申權氏爲君纂輯年譜盛加稱贊推爲海內人才第一亦無聊之極思也夫英雄之造時勢亦當乘時時勢之造英雄在能自樹非漫然侈然即可倖致者往年好事者有英北金南之謠以僕之疎野寒微妄擬高賢時彥狗尾續貂一何可笑顧僕與君忝在知交承索一言不敢以不文辭遂拉雜書之如右

直隸局所學堂職員一覽表書後 己酉

右表爲友人倉卒調查不詳不備遺漏在所難免本館以其足資談政治者之研究故不惜連篇累牘傾筐倒篋以出之也乃年前屢接閱報者來函多方指摘或謂本館調查不清或謂本館有意隱避而一般卑鄙之徒更謂本館受人賄託故從漏畧此不値識者一笑之談也夫堂堂局所爲政治所關大憲用人自有鑒衡之平豈同市私豢養之比且雖一人而兼三五差一月而得千百兩皆昭昭在人耳目者無所用其隱諱本館雖心懷貪鄙意欲得賄又何從而得乎且各局所雖用人如此其多月費如此其繁乃懷才不遇投閒置散者實繁有徒其勤愼趨公淸苦自守曾不如富家奴常不得飽飯喫者尤所在多有也語云博施濟衆堯舜猶病不其然乎子產乘輿不能人人而濟之亦自然之勢也該表年前已出八版其未經登錄者尚不止此今既貽不詳不備之譏請從

此截止亦不必災梨禍棗徒招嫌忌矣語云舉一隅堪以三隅反嘗一臠足知全鼎味其以此爲本館解嘲乎

詩云濟濟多士文王以寧此可爲北洋上得賢臣頌矣夫一國之大勞心勞力治人治於人各有其分無足怪也今北洋一區除實缺正印官長外而治人者如此其多其輔世澤民蔚爲治化之盛不待言矣雖然凡此百官既不能枵腹從公尤不能毁家紓難所有爾俸爾祿無非民膏民脂勞力者食人勞心者食於人此固爲古今中外之通義惟區區愚蒙所獨不解此勞心者究關於勞力者何事而必使勞力者以食之也若謂其心不勞則又未免誣罔吾嘗見其衣冠僕僕伺候於院門矣奔走於車站矣三節兩壽之趨蹌矣然此猶少數也其最衆最多無晝無夜蜂擁蟻集勞不可言者則南北妓館之趨謁也三台兩台花酒之吽號也十圈八圈麻雀之叉摸也此外則馳馬車也入戲園也講烹調

也倘穿戴也攘攘擾擾恣情揮霍若或驅之若或迫之勞心焦思可憐孰甚官之所以爲官者如此而已果東山妓卽是蒼生乎此區區愚蒙所不能解者也雖然我中國旣演成此種貴賤勞逸之現相則彼聰明才智欲佔優勝地步者孰不願攀麟附鳳而求爲之官哉豈東坡但願生兒愚且魯無災無患作公卿爲獨智哉嗚呼夫復何言

幼時嘗愛呂新吾先生題身家盛衰循環圖語今倘依稀憶之其迂腐之談有合於今之開明之世否則不敢知茲特節錄數語再爲此表作跋

六合之內民生不知幾千萬矣以天所生之物養天所生之民均衣平食無令有餘不足倘僅僅不敷用而況富者田連阡陌金滿箱囊飫甘饜濃踏繡鋪錦歌兒舞女醉月眠花畫棟雕粱乘堅策肥其狼藉暴殄之餘猶足以飫童僕而飽狗彘乃耕夫織婦早作夜勤祁寒酷暑黧身枯面枵腹攢眉兒羸女鬻終歲

苦辛如馬牛而一家衣食如乞丐又瞽目殘肢孤兒獨老菜色鵠衣爲溝中瘠爲道旁殣者在在有之諸無告人不可勝數彼其驕奢安逸之性豈與我殊哉天地之財只有此數富貴榮華既與我乎獨偏貧賤憂戚既與彼乎獨苦是有餘者之所棄餘乃不足者之所棄命者也天何親何私爾何功何德而令久享此乎明者觀於目前其盛衰可歷歷指矣爾曹不幸身不嘗不足之味以享用爲當然以儉素爲恥事將施與不能而慢棄則不甚惜焉積孽自躬獲罪於天矣作循環圖以警之

光榮乎羞辱乎丁未

幼時讀韓文盤谷序至大丈夫得志當時一段未嘗不鄙其識見之陋志趣之卑深怪大丈夫一生巨的即如斯而已乎迨少長畧涉事故始知人自束髮入塾師友所督責父母所期望者舉不出此一旦得志揚眉吐氣固亦其宜

惟時至今日五洲大通風氣移易是在識時務之俊傑力爲破除陋習免致見藐外人而不意種種怪相時呈目前他不具論卽如長官之行台門外猶飾以蘆席照壁塗以紅綠雜色以耀觀瞻此當四五千年以前土堦茅茨時代未嘗不爲華彩然介於層樓延閣峻宇雕牆之中相形之下文野懸殊夫亦何樂而爲此

又嘗見中國長官之出前呼後擁儀仗塞途所以張天朝威儀眩市童耳目者亦云至矣獨惜當此通商口岸華洋雜處之間以蓬垢羣丐襤褸蹣跚奔走從事謂可揚威威於何揚謂可護駕駕從何護長官倘一自思亦當啞然失笑惟以陋習相沿恬不爲怪殊可歎耳

往者巴黎賽會中國出品陳列場作衙署式門塗朱色滿嵌巨釘釘則木質糊以金箔觀者無不掩口匿笑以爲華人性習虛僞不識媸妍好爲無益之鋪張

此後彼國人士凡遇虛僞無實之事輒相與嘲曰此中國樣子也

或曰子之眼孔太小不於犖犖大端致其獻替而偏毛舉細故任意吹求不亦傎乎今我對於外人之輕騎減從者則可非之曰君子不重則不威千金之子坐不垂堂自吾從大夫後不可徒行也對於外人奢侈靡麗者則可辯之曰被褐懷玉古有明訓彼雖金玉其外者實敗絮其中也用夷變夏烏乎可

無所不用其謬 丁未

中國政治之設施向惟四字四字維何曰（隨時敷衍）是已近日百度維新駸駸進步由四字而增至六字六字維何曰（無所不用其謬）是已即如圜法一端本取周流爲用者也舉世皆從七錢二分之制而我則必用一兩者以爲之梗衣服一端本取便利爲宜者也舉世皆從短襟窄袖之制而我則必用博大臃腫者以爲之蹇其他類此者尤不勝枚舉不知我國人之腦筋肺腑何以偏

具此特別構造也或曰議禮制度政府自有權衡若夫見異思遷果施妄效則爲根基淺薄喜事少年之所爲何足與語國家事曰獨斷之權衡有則誠有矣其奈舍利就害何其奈招羞取辱何其奈自尋煩惱何此有心人所以無涕可揮而但餘無聊之嬉笑與怒駡

名教功臣丁未

猶憶丁酉戊戌間前吏部侍郎長萃每憤憤向人言曰吾殊不解西法何以能治國倘使西法能治國然則吾中國四五千年聖賢相傳之政治學術皆非乎恐斷斷無此理也居今日欲使中國富強但剔除其積弊足已毋徒襲西法以取亂也云云當盧漢鐵路之議興朝 旨有招集公司字樣長公見而復大憤曰不意公司二字竟登之 上諭中嗚呼此眞天翻地覆之秋也然則公司二字何以邪僻汚穢竟如是而不當登之 上諭則長公未能宣其理由不過使

聞者但知中國不應有此而已其他類此之讆言謬論不一而足無暇多述至庚子長公卒以附和義和團被譴此固其所無足深論乃最可怪者時至今日人心蒙昧已開凡中西之所以富强貧弱之故昭然若揭苟非素有心疾皆可識其根源之所在不意竟有素負大名留學外洋至十餘年之久回國佐大僚之幕亦經有年者而發言立論形之簡章竟至與長公同一鼻孔出氣（其疏中鄙歐洲各國至今尚無禮部爲未進化之證）嗚呼豈不奇哉然天下之事當利害未分之際固爲此亦一是非彼亦一是非原難執定也僕所痛心疾首而不能已於言者在此疊辱屢挫之餘物弊民凋而後猶謬執古義以重爲吾四萬萬同胞摧其生機阻其進步爲可悲也

中國火柴即仿效西法之代表 丁未

國家之盛衰人民之强弱豈偶然哉其所以盛衰强弱必有一致之之原因也

此原因卽所謂根本夫本固則枝榮根深則葉茂否則枯萎摧折不能發達必
日就於死亡
國家之根本何在曰興學也練兵也勸工也通商也皆爲富强之根本也中國
十數年來擧國上下擾擾攘攘對於以上數者未嘗不知所從事且舍短取長
仿效改革大有不遺餘力惟日不遑之概然成效未覩弊竇轉滋何哉曰所事
雖根本之圖矣惜根本中之根本則未之講求故也根本中之根本何在曰心
而已矣夫心者萬法之源百體之主也語云源之濁者其流不能淸本之剝者
其枝不能盛舍本逐末昧源趨流縱終日皇皇喘汗奔走絕不能收良美之效
果亦祇見其徒勞而已矣
中國教道不修人心日澆虛嬌誑哄欺己欺人凡事但取皮毛淺嘗輒止即詡
詡向人曰吾已得個中三昧矣他人奈我何哉嗚呼此其所以種劣國危毫無

進步爲世不齒不能與世界各强國並駕也歟

惟其心法不講根本既失也故大者法度朝章用人行政無不有名無實粉飾因循小者通商惠工興作製造亦無不因陋就簡偷工減料以爲敷衍塞責計乃者屢聞志士號召於人曰開利源哉塞漏巵哉雖其大者遠者尙未之圖然得尺則尺得寸則寸又何得以瑣屑而忽之乃涓涓細流最溥遍最衆多者則莫紙烟與火柴兩項若起而抵之誰曰不宜顧紙烟仿造者雖有數家今竟何如耶蓋巳等諸滅跡銷聲矣火柴一項北京則有口口出現天津則有口口出現當初造時工精料美價亦相宜人爭樂用迨銷行稍廣爲日無多忽大不如前盒則易裂砂則易落藥頭既不均木梃則易斷大有十叩柴扉九不開之勢遂使用之者攢眉疾首痛詈不已嗚呼此即中國仿效西法之代表歟而一切興學練兵勸工通商可類推矣僕之言此非有感於彼火柴也非破壞彼名譽

阻其鐵路也因感於我國之改革仿效大都有始無終有名無實徒爲自欺欺人而終以自貽伊戚爲可痛也倘閱者深思猛省而力求根本先正其心實事求是則中國之興可計日而待矣

按該兩公司之火柴自儆報攻斥後頗知改良日有進步可敬也

論畫報丁未

近世之人常言欲知國之強弱民之智愚當於其報紙之多寡卜之斯言也豈不然乎京津兩處近二年來報紙勃興五花八門目不暇給而畫報一種工本既省售價亦廉便於婦孺引人入勝故消行亦最廣且遍觀其名稱不曰利國則曰益民猗歟盛哉此可爲吾國民賀矣雖然鄙人遇閒偶一披閱各種畫報其是否地醜德齊莫能相尙則不敢妄加評斷然千部一腔千人一面者則無一篇不載娼窰公案者是也查各種畫報逐日向各處喊賣而畧識之無之學

生最樂購閱使其腦筋中所印者非南朝金粉卽北地胭脂非醋海生波卽金屋貯美嗚呼所謂利國益民種種佳美名稱固如此乎鄙人迂腐所以不能不痛心疾首而視此輩如蝎蛇也

或曰報紙者所以采風問俗遇事直書有聞必錄者也今我國之社會如此之社會故報紙亦如此之報紙雖談風月而不妨加以箴言雖涉狎邪而正好進以規諷數典者詎可忘祖立言者要不離宗此正實事求是誘掖人羣之苦心也豈若爾輩之僞君子日講天德王道不切時事之空言而便謂其能利國益民乎且爾輩所謂利益者吾則未之見但知其觸怒於官府騰謗於時流且政治風俗亦未見因之由漓而歸厚不過徒矜憤戾自惹禍災而已今各畫報能以利國益民之實事振興市面警誡人心爲官府所嘉許爲社會所歡迎且己欲立而立人者則人之利而利己矣不然何日增月盛駸駸其不已乎且吾子

二十六

之爲此說尤有爲盛德之累者蓋阻隔他人銷路擴充自家銷路妄事誹謗見嫉同行此則百喙莫解者耳

僕聞之乃矍然而謝曰是何敢且諺不云乎愛喫蘿蔔不喫梨又云船多不碍江言論者固有自由營業者反無自由乎是在人之自辨而自取之矣

中國當立激發天良會丁未

昔有大儒偕門弟子開行於街市遇市人爭吵甲詈乙曰汝無天理乙還甲曰汝無天理甲詈乙曰汝昧良心乙還甲曰汝昧良心大儒謂門弟子曰小子聽之彼輩講學論道也門弟子曰彼輩明明互相罵詈何謂論道大儒曰汝不聞彼輩相責之言乎一則曰天理再則曰良心聲聲以天理良心爲詞非論道而何不過彼輩明於責人而昧於自省而已

夫天理良心爲生人所同具只緣爲物慾所朦習染漸失馴至夜氣梏亡幾希

難復竟流於禽獸而不自知然責人之明則未嘗缺乏今我國無論農工商吏
倘人人以責人之明責己恕己之意恕人將已失之天理已昧之良心刮磨搜
剔培養而擴充之則心正身修家齊國治矣又何至爲五洲萬國動譏爲劣種
哉維新乎變法乎文事乎武備乎要非喪天理昧良心之人所能辦到好處此
鄙人所以提倡各等社會皆當立激發天良研究會者實拔本塞源論也

可怪戊申

中國銀元不能通行於中國外國銀元反可使用於各省可怪
中國度支部郵傳部銀行而外若民政若陸軍皆有自設銀行之議恐此後凡
屬一衙門如都察院翰林院等皆將踵而行之矣可怪
局所委員每月薪水數十金而敢盈千累萬嫖賭可怪
闔人無不以麻雀爲生活可怪

二十七

有錢嫖賭無錢作義舉可怪

有錢嫖賭無錢還債尤可怪

愛國志士維新少年必以娼寮爲聚集地可怪

此不過略舉數端而已若充類引述則筆不勝書惟中國可怪之多也故入於耳觸於目者無不呈此怪現相乃揮涕爲之歌曰可怪可怪何其多國亡國亡將奈何

駁可怪

讀前報閒評之各種可怪不禁笑之以鼻責報誠可謂少見多怪矣夫洋元本用夷變夏之粃政其通行與否原不足計又何論於各省嘗見世之痛恨洋貨洋學者而獨不恨夫洋元此則眞可怪

銀行者金融之機關萬事之根本也愈多愈妙無論都察院翰林院可設立即

太醫院欽天監亦何嘗不可設立乎立銀行則款有歸宿免侵吞中飽之弊所不解者其性質果銀行乎果錢鋪乎此則或可怪

自古弛跅之士率多才華無用之人別名忠厚局所委員月薪數十金而能盈千累萬嫖賭者是由於運籌有道操縱自如也子但見其月得數十金而不知其另有無名之收入且子但見其今日嫖賭之用盈千累萬而更不知其他日收獲之數且尤加於千萬子殆不工計學不解遠圖故不免爲眼孔小之窮措大耳

獉狉之民飲食而外無所營開明之世游戲之道必多術夫麻雀之五花八門變化不測者正徵人民之進步也詫爲怪異何其固陋蠢頑乃爾耶無怪子之不闊也

僞君子不如眞小人務虛名何若適眞性古人詩云與其身後求虛名不若花

二十八

前醉杯酒此眞能達觀者也況賭者可發橫財嫖者最暢幽興何必沽名賣好
隱惡揚善爲

嫖賭之事或迫於情面而不可却或意有所託而勉事委蛇此不可概論也若夫債之不還必其逼迫不急或權力不屬者也況中國權限向不分明或謂另有首尾則尙不知誰欠誰債此果足怪乎

愛國志士維新少年以娼寮爲聚集地者此正信陵君醇酒婦人意也倘結社集會議論政治研究學理則有涉革命煽亂之嫌疑人而非痴何必自尋煩惱若夫尋花問柳選色徵歌既不犯國章又聯合友誼此亦社會風氣驅之使然也子不根本之推勘而惟皮毛之吹求子之深怪於人者更恐人之深怪於子矣語云見怪不怪其怪自敗又何必大驚小怪

周急乎繼富乎 戊申

淫雨無賴憂懷欲霽北河一帶已成澤國小民蕩析流離悽苦萬狀嗟乎千間廣厦徒興杜老之悲萬頃浩波何堪其魚之慘我國頻年災歉如江北如粵東如安徽如湖廣而嘉峪關內外復赤地千里民間素鮮蓋藏官吏向無籌備隱患何堪設想而三五窮而在下者雖胞與情殷百方號召究之太倉一粟九牛一毛渺乎小矣

或曰濟衆博施堯舜猶病有國者倘一以煦嫗賑卹爲政是使人生倚賴之心失自立之道豈國之福哉曰是固然矣雖然此等理解可預籌之於晏安平素之時非可概論於災難既罹之後且近今文明各國雖極端主持自立自強之道然育孤養老等堂卹災救難各會方蒸蒸日上未嘗少忽獨惜我國於此等善舉若有若無名不副實且更可怪者我國卑田之院乃在上而不在下爲民之殃爲國之蠹孰有奇於此者哉子不觀夫各省之濫官冗吏滿坑滿谷乎毫

無所事坐享厚精其腦滿腸肥高車大馬窮奢極慾猖賭狂嫖何一非民膏民脂所敲剝徵取者乎今苟節其狼藉暴殄之餘用濟此菜色鶉衣之輩養之教之以培國本則人心得其平天心轉其順矣嗟乎顧誰爲爲之不過徒喚奈何而已

說報 戊申

報紙之天職所以爲君耳目作民喉舌者也若夫民之寃苦官之貪邪知而不言則有負天職故一國之有報紙猶人身之有耳目喉舌也然則今之官場深惡痛絕於報紙者何哉爲報紙作辯護者則曰正不容邪邪復妒正是正當之比例也彼明季楊漣左光斗輩之被害非其明証耶爲官場作辯護者則曰報紙之人才果皆聰明正直之人才乎果無訐人私以賣直毀人名以圖財者乎果無顚倒是非混淆黑白含沙射影負嵎逞威者乎若然則無怪官場恨之忌

之之不已又從而封之禁之箝束之不遺餘力也曰然則除官報外凡報皆爲一邱之貉乎何無一報爲官場所嘉許豈眞正不容邪之比例然耶曰是又不然夫報紙者傳疑傳信斷不免百密一疎論是論非要不無千得一失指伏摘奸雖極正當而弄權者則情有不甘口誅筆伐雖甚精嚴而負屈者則猶嫌不切偶觸權貴之忌則禍患堪虞稍事平和之談則督責交至對於官長則有莠言亂政妄事攻擊之嫌對於社會則有畏避權貴依阿取容之誚直是進退失據嬴角跋胡亦安能批郤導窾每人而悅乎夫以巨萬之血本博得焦神勞思不遑寢處且日在畏懼法網中人非至愚何樂出此此吾之所以牢騷憤懣廢然思返直欲蒙袂入市披髮下荒又誰能荊棘林中打盹睡麪糊盆裏耍琉璃耶噫

有强權無公理丁未

古語云屈死不告狀又曰是大不服小是官不服民又曰一字入公門九牛曳不出凡此諸語實中國古來久經事故深有閱歷遠見高識者之聖言也或曰然則世間無是非無曲直一任此造化小兒顛倒播弄彼所謂是則是彼所謂非則非乎彼所謂曲則曲彼所謂直則直乎吾嘗讀諸譯本小說如黑蠢野蠻之酋長喜怒賞罰每不當理之正且怒則殺人喜亦殺人其固別具肺腸奈何其兇殘險狠任意所之一似天亦畏其威棱而不敢加之貶罰者乎曰惡是何見之不廣也天下有强權無公理有愛惡無是非彼嘵嘵妄執公理是非爭辯不休者是未得權勢未獲利益且不識保身遠禍之道者也聖人不云乎不在其位不謀其政又云居是邦不非其大夫古謂天下無不是的父母父母如此況居高位掌大權之人乎彼草木小民林林總總生何足愛死何足惜豈不識更有五字金言曰情屈命不屈嗟呼吾輩蟻生安分隨時聽天由命可也

讀連日舉薦人才疏有感戊申

天生一世之才必足一世之用爲此語者想有深透之經驗而始云然也雖然人才既足世用千百年來而治世常少亂世常多何也說者曰此賢才在野佞倖當朝故也倘使朝無倖位野無遺賢其有不風雲際會治化休隆者乎雖然此等理由不可謂非正當之解釋惟當此時代僕則不能無惑而尚有難遽信者嘗於甲辰夏間著有今世人才果足今世之用乎問題一篇以質海內大有西北空羣東南乏美之概其狂妄與否己亦不知然所自信者則無論人才之有無即有亦斷不能容於今之世也何則夫拔茅連茹易著彙征之占異苔同岑古與臭味之感迨葵花向日自無柳絮之因風而白狐跳梁更來黃貍之吽壁且馬鳴而牛不應者非不聞也聲氣之應求異也

比者朝廷側席求賢詔旨敦促大臣薦剡交迭便蕃上以是求下以是應揆之

闢門籲俊之心以人事君之義不可謂非明良遇合千載一時雖然其事實與名稱果能誠信相孚毫無欺飾與否此則非局外人所得知還請質之當事諸公捫心自問可也執筆人所得知者則今方亟亟從事箝束報館摧折輿論使必噤同寒蟬而始快其私耳嗚呼自古求人才未有不自求直言始者今直道不行上下相欺姑爲掩飾籠絡之計是較葉公好龍之不若豈眞有千金市骨之思哉夫相需之殷尙不免相遇之疎而况冥索眩售揣塞敷衍擾擾如此乎以如此之網羅而入彀之英雄其分量亦可想矣嗚呼杞人憂天者以身之在天下也漆女悲嘯者以家之有繫魯國也毋云謗誹朝政心實無他尙謂輕藐大人則吾豈敢

續保薦人才

昨報紀政府以內外臣工奏保人才官員佔居多數惟屈身下位隱跡閭閻之

士尚未切實搜羅更宜設法招致用備任使云云按此事之確否不得而知姑就傳聞論之執筆人對於此事始而喜繼而疑終且大惑不解姑覼縷陳之以冀世之明達者指正焉

喜者何喜政府之盛德淵深鑒衡精當虛懷若谷不自滿假也推此心則致君堯舜輔世昇平何難之有然而使草莽小人不能無疑焉疑者何緣我國之政府向來維其名不責其實勤其始每懈其終即如經濟特科之往事當其始未嘗不赫赫炎炎傳爲盛事及其終則闃寂無聞不過如絮之隨風泡之現影旋歸於無何有之鄉矣夫亦何樂此僕僕徒勞無事自擾哉倘謂所取之非才也何妨再懸正格以求之倘謂所取之有才也何未聞一登用之以試所學今之求才得毋又蹈故轍此吾人不能無疑者也且人才者不限於時不限於地者也如咸同間胡文忠曾文正汲善引賢惟日不足一時湖湘間鳳起蛟騰蔚爲

中興之盛今　詔旨責大吏薦舉人才每省多不得過五人少亦須有一人豈人才如蘿蔔白菜之屬每畦種多則地分力洩而不獲蓄滋長養者歟此吾人大惑不解者一也從前科舉求才例有定額倘遇　覃恩沛澤之際則有增廣中額之舉此等功令識者每深譏其不當夫爲國求賢豈應噢咻姑息市之以私今科舉既廢仍沿曩昔之陋習用求眞才果何當乎此吾人大惑不解者又一也

又人才者以歷練而識見高以經驗而才猷著今之倘侍督撫皆積有資格屢經任用者也捨此不問另求人才是倘侍督撫之無人才也明矣向無才者求人才其收效得毋同責趙括之視師令延壽之圖美乎其不僨事失實者蓋亦寡矣此吾人大惑不解者又一也

數年以來內患外侮危象迭呈革命排滿邪說蠭起政府不揣其致病之由而

急求救亡之法乃朝下一令曰庶政公諸輿論夕下一令曰破格進用人才其他如保商恤刑警官邪求民隱開利源除積弊等　煌煌聖諭不啻三令五申究之痼習未除方針無定亦徒自取紛擾而無善果之可收推其所以致此者只欠一誠字耳誠之所以不至者以無深遠之識見未受痛切之艱辛故游移反覆暮四朝三爲一時敷衍之計而已嗚呼居今日而言求人才苟非推誠相與共圖國事吾恐僞才日進眞才遠颺朝廷多一求才之虛名國家未獲人才之實益卒之國之危亡不係於人才之缺乏正出於今日之人才濟濟也可慨也夫

答問 戊申

或問於僕曰子之報名大公果能指伏摘奸不畏彊禦爲國家策治安爲人民除禍患毫無顧忌一秉大公乎僕乃踧踖忸怩而答之曰乃若其志則未嘗不

大公矣奈事與心違實難名副何君今但以大義相詰責未免不諳時局不識利害徒爲局外之皮相論矣當此晦盲否塞之秋風俗人心澆漓已極其欺詐奸貪陰險狠戾爲五洲所獨有吾倘燃牛渚之犀鑄禹王之鼎則握蠹攖蜂禍患立見不惟將巨萬之血本浪爲一擲且不欲存一線光明於黑暗世界矣或曰子何見之不廣而量之甚卑耶夫報紙者雖亦商務之一端究非商家之孳孳爲利者比監政府導國民本其天職之所在今但從事敷衍鋪張取容官府於一切悞國殃民之粃政凡所以斬國脈劃生機者皆緘口不一言不過日播弄無關痛癢之陳言以塞責或毛舉無權勢者之瑣碎以賣直不惟使觀者欲睡直灰國民之心助兇頑之焰是國事之日就敗壞奸邪之肆無忌憚者皆報紙之不敢直言實爲厲階其罪不亦大哉僕聞之乃憤然而告之曰天下興亡匹夫有責者是不識輕重之讆言也大厦將傾一木難支者是大有閱歷之至

論也夫巨萬之血本無論其爲已有爲共有倘一擲而有補救於危亡則吾何惜而不擲豈惟血本之不惜一擲卽吾頭顱亦何惜其一擲鄙人前者閒評嘗謂指伏摘奸雖極正當而弄權者情有不甘夫不甘者豈嘿嘿無爲遂畢乃事乎必設盡方法箝之束之傾之陷之務快其報復而後已此鄙人數年中屢經小試其端者也今則謂僕爲驚弓之鳥也可謂僕爲經露寒蟬也可不過偷存視息靜待果熟同淪於浩刦已耳嗚呼吾其太平咒詛耶嗚呼吾其譫語無倫耶願與肢已殘而心未死者一質証之

人格 戊申

世人才德兼全者固難得其選大都性情忠直者或不免滯迂性情奸邪者每優於伎倆奸邪者則易獲一時徼倖忠直者則不免與俗乖違性本天成最難變易夫不能使奸邪成忠直者亦猶水火氷炭不能變易其性質者也歷覽賢

人正士抱道自守有所不爲然不免動多黏滯或闇於世情不合時尙所以進難退易罕覩成功而奸滑邪僻者流則脅肩諂笑圓轉隨時無所謂天良無所謂節操苟利其私則一往直前無復顧忌趁火打刼是其長才落井下石爲其慣技雖兇終隕末鮮克保全然烈烈轟轟未嘗不誇耀一時驚世駭俗也雖然人羣社會賴以安和而不墮者厥惟道德至於法律則有時而窮人民或得假借而趨避之古今之英雄豪傑率皆出於道德而非成於法律雖然道國齊民之術舍法律而無由以道德空而法律實也是以有國者當以道德爲體以法律爲用而吾黨所注重者則當時時刻刻竭盡心力以道德爲斯民倡也

可憐哉社會一般之心理 己酉

語云調高和寡物貴知稀不其然乎夫君子之正誼明道要貴乎合眞理準至情期其遠大功利之所在而維持導引之其一鬨之輿論茫昧之公義隨聲附

和之勇往非所取也且所貴於眞是非者不在多數庸夫俗子之贊揚而在一二哲士達人之認許世之淺陋者固不足以語此也雖然趨媚流俗者固不爲高而矯情立異者亦豈足爲正乎要在明其是非審其利害辨其緩急而一準乎天理彝良斯得矣鄙人創辦大公報八年於茲矣雖學疎才短無補時艱然所可自信者獨此彝良不昧不爲利驅也且自始迄今毫無改易總以救國愛羣明正闢邪爲宗旨此爲明達忠正者所共鑒諒意一般眼瞶心盲之輩妄爲揣測謬事攻擊而不啻自供其鄙倍僕於是不能不痛惜我社會一般之心理程度低下而難躋於高尙優美之國民也

去歲本報所登直隸局所職員一覽表嗣以其後半調查未能詳備因而中止今春首期出報鄙人曾爲該表書後一篇雖無深文奧義然可謂發自衷誠針針見血矣乃一般顚倒是非者流謂本館受官家之賄故爲隱蔽之此一事也

社會之心理竟如此

又今日姜李氏一案事出非常情殊可恨幸我同業諸君指摘攻擊不遺餘力本報亦從之一紀再紀至於十紀而不已乃不意竟有盲心者流匿名來函謂本館曾受姜某賄銀一千五百元以此語證之則前日之醒華畫報所繪報館出賣人命價洋一千五百元之諷畫得所源流矣夫本報於姜李氏一案不用全力注之者誠以國家政治較此重且大者正多且各報已盡其天職不避嫌忌本報無須因人之熱而自附於任俠負義之末座且本報於姜李氏爰書未定之案而命題則曰殺妻案已屬不合律法頗嫌非分況自始至終又何嘗有一言袒及姜某本報具在可復按也受賄者固如此乎此又一事也社會之心理竟如此

又前者商報論教民無故逼民入教事鄙人曾據理以駁之該報大度優容不

加論辯乃遲至兩旬之久有託名銳鋒氏者慷慨仗義逞其清辯滔滔登於北京愛國報鄙人讀之敢不理屈辭窮誠當避其銳而不敢攖其鋒矣乃前此曾有匿名來函自屬爲義和拳者謂鄙人兩次袒教可殺可殺夫鄙人守死善道固不畏殺且以爲道見殺爲榮惜君之愚昧猖狂未結成羣之義和團不敢逞其蠻殺耳此又一事也社會之心理竟如此

今僕不避仇怨不辭迂腐爲社會正告一言曰造世英雄必先道德非徒勦襲假借便可自居志士自命先覺者也且世之是非必觀其最後之戰勝（如江西江大令自殺案始之洶洶者後竟何如耶）徒逞意氣尙囂張奚爲哉君輩先宜敦其品誼練其學識誠能以平理近情順道公量如新政眞詮所標八字身體而力行之則人格高社會蠡矣且凡動以賄賂誣人者恐皆羨慕賄賂而未得者也鄙人雖不敢謂彝良獨多於諸君然見義勇爲當仁不讓實不敢落

諸君後諸君反躬自問其亦不以此言爲狂誕乎凡此表暴矜張僕亦自嫌其淺陋卑鄙然對於此等社會詎得巳哉高明幸諒之

報館包年之奇聞 戊申

西國富紳大賈每有律師醫士包年之舉其法係向素所信服之律師醫士無論有事無事歲供若干金以爲常倘至遇事則該律師醫士爲効勞盡力不復另索酬費此所謂包年也中國此風尙無行之者有之則賤業中之娼妓然耳乃近日道路風傳有某報館向某富紳要索包年之奇聞緣有一種卑鄙報館挾有聞必錄之法力每向爲富不仁一流恫嚇曰某某事件吾必登報富者懼壞名譽或干不便也則出鉅款賄免之此世所習聞者也近日之事則某報所挾者大富者雖出鉅款挽魯仲連一流爲之緩頰然該報只允此次之事姑隱不宣謂此後我之言論自由權固在也無已則必須爲包年之舉乎歲出若干

金以爲常則此後無論如何雖事大如天亦斷不登錄云云嗚呼異哉報業中竟有包年之舉誠爲花樣翻新生財有道者矣吾聞之爲神經不寗者終夜非妒其能而羨其利也以吾措大眼孔老生肺腸不能不痛心疾首爲吾業悲也夫報界以清華高貴之品所以主持清議維持公理者也乃竟出此卑汚苟賤之流要挾索賄顚倒是非吾誠欲焚君苗之硯矣倘按元朝區南人十等之例（大元區南人爲十等七匠八娼九儒十丐）則此類報館當在賤娼之下强盜之上斯文敗類云乎哉斯文敗類云乎哉

大人來了 戊申

北京供人消遣之雜技如昆弋兩腔西皮二簧說評書唱時調種種之外更有一種名曰相聲者實滑稽傳中特別人才也其登場獻技並無長篇大論之正文不過隨意將社會中之情態摭拾一二或形相或音聲摹擬仿效加以譏評

以供笑樂此所謂相聲也該相聲者每一張口人則捧腹甚有聞其趣語數年後向人述之聞者尙笑不可仰其感動力亦云大矣猶憶童年聞其形容九門提督出門之威風一段今述之以供當道之一察焉（京中雖親王貴胄出門倂無儀仗且無驅逐行人之事獨九門提督出則有囚首喪面破帽鶉衣之看街兵在前執黑皮鞭高聲唱喝云大人來了大人來了）

相聲者摹看街兵之腔調喝云大人來了駱駝抱起來（惡其碍路也）大人來了驢車趕溝裏去（嫌其破蔽也）大人來了老太太把孩子摔死（恐其啼聲聒耳也）

嗚呼大人之所以爲大人如此而已矣無怪世之旣艷羡大人者而又痛恨大人也

中國之信義丁未

謂中國人不信義者盲論也謂中國官長不信義者尤盲論也然則信義果何在曰要視其用於何方面耳一人也訂約雖屢負欠債每不償然有某妓囑其攜酒某友招其打牌必先時而趨不少遷越不信義者果能如此乎又每見時至年節一切債負皆可從緩獨此局帳必急急以摒擋之且賞犒加優不信義者果能如此乎至於官長雖撫字政拙催科心勞政事遷延心非口是要亦有不得已之苦衷在若夫暮夜苞苴受人囑託欲官升則不難破格擢除且如鼓應聲欲訟勝則不難反直爲曲且立竿見影彼反汗食言侵吞乾沒者從不一見此謂之不信義可乎或曰第一類重色不重友人羣之蟊賊何足齒及第二類欺君枉民國家之蠹害誅有餘辜且其貨眞價實公平交易者正如商家之以廣招徠也信義云乎哉

求雨得雨 戊申

古書紀載成湯時大旱七年禱於桑林以六事自責曰政不節歟民失職歟宮室崇歟女謁盛歟苞苴行歟讒夫昌歟言未已大雨數千里此中國紀載禱雨之鼻祖也後世沿爲掌故每至亢旱之時則設壇祈禱粉飾虛文一若人類之於昊天有如家人父子茍遇患難困苦時悲號哀籲便可邀其回怒獲其施恩者雖然此等觀念亦不可槪非以人類本當乾翼爲懷肅恭昭事藉以遷善改惡使社會日臻上理耳乃降至今日於凡古人精義繆以千里徒尙此無謂之虛文恃此無憑之謬理而復加以異端邪說蕪雜猥鄙不可究詰殊使有心人心傷鼻笑而莫可如何也

至論雨果可求而得乎雨果可求而得則湯王何不於初旱二年三年時一申虔禱何必待至七年始得此妙法始悟其政不節民失職等六事乎此等理由眞欲索解人而不得矣雖然此等理由不可通此等情事則尙順若夫今日之

苞苴盛讒夫昌民失職政不節不知較成湯時爲何若乃欲因旱求雨於此等根本上毫不加省不過諸官長於麻雀花酒之餘冠袍帶履向荒唐無稽之木偶霉腐朽爛之鐵牌燃數支香叩幾次首更令無道德無學問之僧道撞鐘擊鼓歌唱喧嗷遂了乃事而謂此等感召竟能得雨乎此外更有官長傳諭商家住戶以黃紙大書特書標於門上曰（哈好大雨）（大雨傾盆）（金龍四大王）種種鄙俚不文之詞一若靈符秘咒貼之便可渥沛甘霖者尤可笑者求雨之時必須禁止屠宰然食肉之人則每飡並未嘗減縮一臠也何則白晝不屠宰則夜間屠宰之城內不屠宰或城外屠宰之夫五尺童子尚不可欺豈天道明神反可以此手段欺弄之乎嗚呼諸如此類果野蠻之現相乎抑文明之政治乎（前歲某報著有答客問祈雨一篇謂求雨爲中國文明政治非淺學俗子所得知）方今力圖變法百事維新獨此最野蠻最愚昧之陋習尚不忍一掃

而空之則我中國之官長有無頭腦能否有爲亦可想而知矣非僕之好事毛舉細故爲無謂之批評諸公請思以此區區尙不能奮發決斷則大者遠者又何論焉孟子曰如知其非義斯速已矣還問當局諸公今日中國之求雨果爲合義否乎

天津入春以來苦旱近日正在求雨昨日午後竟得大雨數刻頗覺淸爽此亦適逢其會耳無知愚民必謂此雨爲官長求禱之力然則既有此求禱之力何不於兩月前求之兩月前果雨則麥田尙可豐收秋稼亦得播種豈不大妙何必挨至此無可奈何時始爲此舉乎尤有大可笑者爲官場日後必有一番謝降之事一若此雨果爲諸公之力所致者嗚呼諸公果有致雨之力乎亦腆顏無識之甚者矣

駁某報論逼民入教事 己酉

蟻穴潰隄星火燎原歷來大故每起於微末而明者燭事幾先砭疾腠裏則消禍於無形造福於不覺世之庸夫俗子固不足以知此也造福然造禍亦何獨不然夫當義和團初起時保淸滅洋之聲喧呶於朝野詎不義氣干雲忠心貫日其卒也身滅家亡國社幾屋而喪失主權貽累賠款元氣因之而大虧者何哉則坐徒以一時渾濁之血氣用事而不一審事體之虛實利害故也今某報所登思患預防一論觀其題目豈不甚美查其事實則謂保定高陽一帶教民無故逼民入教民間不從互相鬬毆云云夫教理無論爲天主爲耶穌最貴信仰自由尤貴心誠志篤斷無逼人入教之理今該報據此等無根浮言遽加論斷雖其識高學邃言之成章易聳俗人觀聽奈背於事理殊無討論之價値何夫教旨所崇拜者爲何事所禁戒者爲何條著論人亦嘗探詢一二否乎查教中誡律雖多要以愛主愛人爲總括敎士等雖不才安有以朝乾夕惕口誦心

唯之宗旨而顯相違背以害人擾世爲樂者乎此等良法美德固非未受教化者所夢想得到者也無怪乎其言之舛也再該論中有不應以文明法對待中國教民之語讀此一語則其深惡痛絕處心積慮者昭然若揭而得其病源之所在矣明者何待深辯夫所據之事既不免捕風捉影則所持之理自屬於畫脂鏤冰僕研究教理逾二十年此等謠諑久矣聞之爛熟世俗憎嫉教道之念深中於心故論斷每失其平原無足怪僕所懼者該報一人倡之世俗百人和之則市虎杯蛇僵桃代李庚子之禍不難復見於今日也僕豈好辯哉

濟濟人才應運生 己酉

鄙人素雖病狂幸未喪心十數年來竟陷於旁觀憤激譏謗派於是陡漲一種愛國熱妄期我同胞奮發有爲堅苦刻厲洗國恥救危亡故不憚筆禿唇焦日責其狂瞽迂愚之見乃數年來起視官界則貪私殘暴荒謬卑鄙如故也商界

則欺騙攘奪排擠傾軋如故也工界則偷工減料因陋就簡如故也學界則頑固囂張迂腐不化如故也於是每欷歔慨痛日益其憂危或者慰之曰今一線光明堪爲國民進步賀者則報紙之日見其多爲差強人意事夫報紙以先覺之資格負愛國之熱忱振聾發聵喚醒國民雖非富強之程功實屬開明之基礎子何未之察乎曰此等優褒美譽不才亦忝附驥尾榮寵何如奈名雖是而實則非使志士顏羞高人心痛何今之紛紛藉藉所在爭鳴者除勸嫖誘賭毀謗敲詐淆亂是非顚倒黑白外其裨補世道匡正人心者碩果晨星寥寥無幾凡此靡雜痗爛之品自夫正人視之直一種黴菌黑疫瀰漫蔓延流毒社會爲可痛也或者又慰之曰方今中國各舊社會謬種流傳錮蔽朦昧固難望其一旦改轍抽骨換胎且地醜德齊莫能相尚一齊衆楚最易搖奪改造社會力挽狂瀾是在英雄豪傑矣子不見夫科舉罷後擔簦負笈遠涉重洋有所謂留學

生者人多於鯽吸新鮮空氣受優美化裁淬礪觀摩甄陶簡練於凡他人之所以富强隆盛者莫不窺其奧邃一旦學成歸國措置挹注則我國轉弱爲强超生滅死惟將來之主人翁是賴矣曰誠然鄙人亦嘗作如是觀念矣今之桀桀大才赫赫人望假以柯斧坐言起行者已不一其人矣審其平日大言炎炎主張破壞者有人主張改革者有人主張聯合者又有人而且意氣激昂不可一世迨夷考其實靜觀其後則行藏言行判若兩人然後知所抱之目的富貴利達也所持之宗旨迎合傾軋也所施之手段陰險狠辣也所事之工夫麻雀花酒也風流佳話欲畢述之而難窮然後悟中國人才向以八股爲利祿階梯者今則移敲門磚於是矣嗚呼凡此絢爛報紙彬郁人才不惟無道大難容懷才不遇之感且受社會歡迎蒙當權擊賞而一任其吐氣揚眉自鳴得意謂非應運而生而何此鄙人所以不能不由妒生羨而一齒及之也

亡國之言 己酉

諺語俗言一國之風俗政教存焉中國習俗之語世代相傳聞之令人痛心疾首者不一而足如云屈死不告狀又云衙門口向南開有理無錢莫進來又云官逼民反綜觀以上諸言我國之風俗政教概可想見夫官逼民反者無非由訟獄寃抑而來此所以談變法强國者必以改正法律除免刑訊爲入手乃今改變舊制已非一日然吾每聞訟獄之不平較昔殆有甚焉發審之員大有朕即國家之狀態無所謂法律無所謂情理但憑一已之喜怒爲是非强壓手段較專制獨夫爲尤烈吾獨不解其何心豈必逼民反而後快耶或曰子何見之迂也夫以月得數十金之委員花天酒地揮霍自如蔴雀之牌一擲千百其黠金之術固有在也此所以壓制民人之事尤必以逼迫富戶爲第一要義雖民寃而官已升雖國亡而家已富一朝權在手便把令來行夫復何恤

嗚呼中國之訴訟 己酉

諂上驕下爲我國官吏歷來相傳之心法然所應貢諂獻媚於上者爲數無多而所得逞驕示傲於下者爲數乃不可紀極此官之利市大有一子萬粒之優穫所以人人艷羨覬覦而不惜出絕大之價値以求之也

至於執法刑審之官則尤如天如帝大有朕即法律神聖不可侵犯之威嚴擁兵百萬不知獄吏之貴周勃之慨言從可想矣至屈死不告狀一言尤曲繪此中之三昧近世名人之言曰中國訟獄之黑闇非刑拷訊慘無天日使循此不變而國不亡者是眞無天理矣言之沉痛至可傷也

近者預備立憲改定法律設審判廳官將一洗相沿之毒矣乃吾聞訟事之寃抑審官之兇酷曾不稍減於昔日或訟不得直者故爲此誣毀之言以洩忿耶

雖然此姑不具論今但以候審一事論之殊爲汚衊人格待人有不及牲畜者

當此炎炎酷暑之時男女老幼鵠立於烈日之下竟有自晨至暮不得提訊者昨有友人親見廳中候訊婦女懷抱小兒乾渴煩苦之狀令人不忍正視且兒啼女號又不許擅離尺地凡一涉訟不論有理與否必先受無名暗刑彼高坐堂皇者豈彝良盡皆澌滅從不一生哀矜之念乎望諸長官於麻雀花酒之餘聊代小民設身處地一思想之此亦無傷諂上驕下之心法致失其體統者也

輿論與是非 己酉

近世名人之言曰有强權無公理有愛惡無是非其然乎其不然乎曰此是非得半之言也五洲萬國凡顱圓趾方有知識能語言者好善惡惡具有同情安有不論是非不講公理者雖然所謂是非公理不過此亦一是非彼亦一是非此亦一公理彼亦一公理而已初無一定之格式可奉爲準則者也曰如子之說詎非摸棱兩可善惡混將毋同之類乎夫亂臣賊子人人得而誅之子終不

能謂亂臣賊子人人得而敬之也曰名義所定是固然矣夫亂臣賊子固不得強人人而敬之然亂臣賊子固未嘗不自命爲忠臣孝子而反詈人爲亂臣賊子也周公恐懼王莽謙恭不過是非之論定公理之昭明不在當時每於後世也不然屈原之衆醉獨醒寧投於汨羅盧梭之困頓流離不容於鄉里若衡以多數少數之論其一屈當無復伸之日奈何一則遺言奉爲騷經一則銅像表於通市而一時之毀譽流俗之是非果足重輕乎

致鼠輩書己酉

字奉子卿足下爾我爲鄰久相安靜故予不畜貍奴非因儉而始然也誠以卿輩細弱且素無穿墉嚙櫃之擾極可相安無事各樂其天卽偶爾汚一殘羹踐一剩飯或嗽一蠟頭或舐一燈盞爲害無幾予心原可優容不意近日試步而升反德爲怨前夜啓瓿盜粟米於倉箱昨宵嚙髮斷辮繩於寢枕絹帕失而牆

壁穿襪履傷而書籍缺予原欲容其再奈卿輩將視予爲懦夫何雖臨以武必先以文倘卿輩知機斂跡退避則舊好仍在不然若逞靈巧而不畏或恣蠢頑而不知則予將覓獵藥設滾磚支竹篋以待則卿輩休矣莫謂予薄於情也右文爲同治間春雨軒先生游戲之作僕幼時頗愛其滑稽諷世可助談資不意今數十年尚能憶之昨有所觸錄出以供一笑夫世之英雄斥人每以鼠輩爲詈緣鼠之爲物誠可惡而不可愛也誠可避而不可親也何則鼠之於人傷害雖屬細微但其不以陽而以陰晝伏夜行鬼鬼祟祟覓己利而擾公害且令人防不勝防因其既不畏勞而又多暇更恃齒利也至於大庭廣衆之中人欲與之爲難者則瑟縮畏避渺不可得不過含沙射影偃蹇窸窣憑其尖吻肆意汚衊而已國家之蟊社會之蠹斷推此種倘其明目張胆顯示牴牾僕亦服其勇敢欽其光明嗚呼惜其種性難變而終成爲鼠輩也亦可憐哉

代鼠輩答書

夫六合盧牟八荒亭毒森森萬有並蓄兼容始成茲蕃變陸離之世界此莊周之齊物論所以並列於逍遙遊也奈何一孔之夫挾其如豆目光妄別媸姸浪事褒貶遂矜矜自詡得是非之正盡好惡之公哉亦多見其不自量耳查吾輩自太始以來即隨諸動物以受生箸於易（艮爲鼠）詠於詩雜出於傳記百家之書上溯譜牒由來遠矣君今以剩飯殘羹蠟頭燈盞之細故而欲大事撻伐力行報復則不免味忌器之投矣君亦知吾輩城社之憑有恃無恐乎夫以吾輩之腐者鴟鴞得之尙可以嚇鵷鶵況其壽長三百肉重萬斤力可毁牛巧能食鳥者乎至若有皮用譏於無禮吐腸自徵其悔心孟賁必噬是其勇也東坡受誣何其智哉（東坡有黠鼠賦）芳徽美德僂指難窮詎可以一邱之貉概同譏斥至於君之所以深惡痛絕爲社會害者殆首尾兩端穴不能掩身行不能

先人五技俱窮之鼯君耳於予輩何尤是不可以不辨

報館與學堂己酉

報館開通風氣者也學堂培育人材者也皆擅通德之稱負先覺之任作人羣楷模爲社會響導厥職顧不重哉倘濫厠匪人豈惟貽士林羞爲國家蠹其流毒將有不可勝言者矣夫報館學堂雖皆居於輔翼社會高尙地位然其黠有不同者則報館本商業性質學堂號義務熱心此則貨利不妨明言彼則名譽不容稍玷者也雖然又孰知以商業圖利者或竟無利可得以義務鳴人者竟居然大獲其利不亦怪哉

今有人焉既組織學堂又聯絡報館作名利雙收計以造育人材爲言也今日向官府求補助以化私爲公倡議也明日言某廟產當沒收不識某富室奢侈而不熱心即斥某豪商揮霍而不急公益以教育美名爲號召挾報館勢力爲

四十五

攻擊虎威善假狼慾難塡其爲術誠黠而居心亦狡矣哉始而見其儉樸刻厲敝衣舊履惟日孜孜不無可取近則見其氣象光昌呼朋引類園館居樓徵逐無虛日矣或所謂居移氣養移體彼一時此一時者非耶至於報館斯文敗類是其固有之徽號花天酒地儼同應盡之天職亦不足責矣而此輩教育家以靈敏手段嶄然露頭角肆其狼行千里食肉之才至今尙無嘉名以錫之不無闕典嗚呼今而後報館要挾外復多一教育家矣社會之稍有屯積者其尙愼之哉

金錢安樂二主義凡含生負氣之儔無不欲之不可獨責於報館而可獨責於教育家何則此以鉅資爲商業之事彼以捐募居義務之名也倘應得之得應享之享絕無分外詐取强求亦落落丈夫矣孰若彼揜惡助善口是心非自欺欺人之大教育家而復此攻彼擊明槍暗劍日肆其毒螫於社會哉然天理昭

彰心勞日拙久無不敗諸君但耐性以待之靜觀其後可也天理固獲最後之戰勝僕已屢言之矣

報館銘二首仿陋室銘體

報不在高銷行則名館不在大印刷則靈斯是報館發吾德馨半屋堆紙白滿架列鉛青校對多腐儒排字無白丁可以談風月注嫖經有機軸之亂耳有稿件之勞形花酒怡情樓麻雀賞心亭主筆云何暇之有

館不在高有匾則名報不在深白話則靈斯是報館惟吾營生新聞貴迎合言論忌持平自能聯權貴從此傲白丁何必儆官邪重民情有官府之干涉有報律之纏縈北京彭翼仲南海唐繼星總廳云何難之有

擊壤新年頌戊申

歲暮之感言新年之祝頌年年歲歲故套相沿陳腐可厭僕於今年元旦謝絕

酬應閉戶燕居反聽靜觀悠然自得偶向架上抽取擊壤集一部信手披閱覺妙趣橫生頭頭是道會心固不在遠得意竟爾忘言夫邵子世所謂內聖外王學貫天人筆參造化者也固非高唱玄理空談性命者之可比又非若世俗所目爲神仙前知高隱避世之類然其學術施之今日是否切時合用尚不敢知惟念至理之在天地如大海汪洋於地球取之不禁用之不竭得深則深得淺則淺前古後今東海西海雖時勢各有不同進步互有遲速然此理此心無能或貳此賢哲曠達之士所以深慨道在邇而求諸遠天下本無事庸人自擾之也今撮取康節先生詩數章聊當新年之頌其間或興或比若合若離在讀者各就見地心領而神會之謂爲格調翻新也可謂爲筆枯借潤也亦無不可

新年爲何而祝頌

一歲之事勤在春一日之事勤在晨一生之事勤在少一端之事勤在新

祝頌必以君國爲先然國家何以得治平
皐陶遇舜伊尹逢湯武丁得傅文王獲姜齊知管仲漢識張良諸葛開蜀玄齡
啓唐

然則中國數千年之景象如何
亂多於治害多於利悲多於喜惡多於美一陰一陽奈何如此

有剝不復處困無亨何故
王公大人天下具瞻輕流傳習重損威嚴此尚未了彼安能兼非爲失道又復
起貪譬如生子當求克肖不教義方教之竊盜

循果求因有感斯應
民情既樂和氣爲祥民情既憂戾氣爲殃祥爲雨露天下豐穰殃爲水旱天下
凶荒　君子去事民有餘祥小人去事民有餘殃

告政府

憂國心深爲愛君愛君須更重於身口中講得未必是手裏做成方算眞妄意動時難照物俗情私處莫知人厚誣天下凶之甚多少英才在下塵嘉善旣難投先生宜罷休履霜猶可救滅木更難求獸困重來日鴻飛遠去秋民飢惟恃食食外盡悠悠

君子知人出於知小人知人出於私出於知則同乎理者謂之是異乎理者謂之非出於私則同乎己者謂之是異乎己者謂之非

告不善者

悲哉不善人禀此凶戾德非惟敗人家又能敗人國

未有一分功先立十分敵所得無分毫所喪無紀極

告社會

所謂十分人須有十分眞非謂能寫字非謂能爲文非謂眉目秀非謂衣服新
欲行人世上直須問己身
所謂十分人須有十分事事苟不十分終是未完備事父盡其心事兄盡其意
事君盡其忠事師盡其義

告組織國會者

人有賢愚事無巨細得不艱難失必容易惡死好生去害就利天下之人其情
無異人無忽畧事貴丁寧忽略近薄丁寧近誠　君子小人亦常相半時止時
行或治或亂

告守舊者

時之來兮其勢可乘時之去兮其事遂生前日之事兮今日不行今日之事兮
後來必更時久則患生事久則弊生弊患相仍人何以寧

告教員

不知陰陽不知天地不知人情不知物理强爲人師寧不自愧

告報館

不知何鐵打成針一打成針只刺心料得人心不過寸刺時須刺十分深

新年首先祝頌速行立憲者何故

天下非一事天下非一人天下非一物天下非一身皇王帝伯時其人長如存百千萬億年其事長如新可以辦庶政可以齊黎民可以美教化可以和疎親可以正夫婦可以明君臣可以贊天地可以感鬼神規人何切切誨人何諄諄送人何戀戀贈人何懃懃無歲無佳節無月無嘉辰無時無佳景無處無佳賓罇中有美酒坐上無妖氛胸中有美物心上無埃塵忍不用大筆書字如車輪三千有餘首布爲天下春

邵子之詩美不勝錄右所載不過偶翻一卷中隨意摭拾數首而已愚謂此等詩最宜於小學唱歌之用陶鑄性情涵泳妙趣爲無上上品望有心世道者採擇修飾譜之樂章傳佈學校較空談尊經妄保國粹者詎不更勝一籌乎

關外旅行小記戊申

僕賦性迂愚動多膠滯學不貞遇素乏涵養以致鬱鬱多病憤火時興親厚憐其愚而憫其孤也屢相規諷示以隨境養和明哲保身之道僕良言入耳詎無情感然終未能遽易其初也歲戊申初冬柴君敷霖以僕日就尩羸食量銳減拉同作關外之游乃於初九日清早赴金湯橋步登小火輪赴塘沽並購搭赴營口之船票是晨大霧極濃兩岸莫辨八時後起碇霧氣尤重汽笛嗚嗚作聲以警來船九時過大直沽後觸岸膠舟拖帶良久無效候潮升始得開行近一點時霧晴天宇開朗空氣澄鮮兩岸楊柳嫩黃深碧交相掩映時有一二團瓢

點綴樹中更兼短草衰蘆隨岸曲折彌望不絶僕以風塵齷齪鬱鬱長年乍臨曠野如脫籓鳥覺一草一木無不生情別饒雅趣況當茲明瑟水木皎潔天光一棹中流游行自在其有不悠然神遠浩然自得者哉僕性雅愛秋末冬初之景象嘗謂其色慘淡者類志士之憂時也其容清明者正志氣之如神也其氣凜冽者即剛果不阿具拔除兇邪之威棱其意蕭條者乃澹泊寧靜有泥塗軒冕之志趣是以秋之既至也陰霾晦澁百沴頓消蚤虱蚊蠅諸邪辟易且百穀登場秋成慰望發洩既畢藏密待時奈何世人輩悲秋而樂春也近哺抵塘沽寓時利和小火輪公司時利和者取意於天時地利人和也塘沽街市不大旅店甚多往年大輪不能達津時南北旅客多集於此故燈火連宵極形熱鬧近則海河疏濬輪船長驅直入該埠陡形冷落此贏彼絀固難乎其爲調劑哉晚飯後公司遣華安小輪送至大沽訪友夜分歸時明月當空金波萬頃兩三燈

火遠浦微明少時薄霧挾夜潮俱來捕魚之船若隱若現但聞款乃入耳漁歌遙答澄碧天空萬里如水恍然作蘇子赤壁後游也快甚

初十日早登赴營口船見鴂形菜色之男女艙內外皆滿擁擠不堪幾無插足地且兒啼女號極形嘈雜視之良有不忍舟人爲予等覓一室亦隘穢難堪時南風大作天氣將變乃議棄船票換乘火車遂復將行李携回聞近日往來營口各船爭相跌價意圖多載乃船面之人毫無遮避一遭風雨任其吹淋並聞前此遇風時被浪捲入海中者七八人且此等事已非一次既無苦主亦無人過問嗚呼中國人命之賤乃若是乎往年讀黑奴籲天錄至其形容慘苦之狀每泣不可仰今且目擊而身遇之矣嗚呼安得我賢明長官於夙夜勤勞之外一察及此爲約束限制之以保我民命哉

夜近十一點赴車站大風極冷購二等赴營口票登車後人甚滿有守車兵臥

於座位僕乃旁立待之該兵毫不推讓一似火車專爲彼輩優待室者至唐山有偵探員登車突前向予詰問僕乃未能奉公守法爲恭順之答詞以素惡彼輩妄擾行旅也旋又換一幹員向前遽問曰汝係何班者汝曾出使日本乎彼言出使日本云者想卽曾游歷日本或留學日本之謂也予不禁爲之捧腹今而後僕又得剪辮易服之利害一問題焉僕昔嘗妄謂髮辮之有百害無一利且謂剪辮易服爲勇猛改革之起點故不惟自發議論且徵文焉不惟徵文且躬先實行焉誠以爲世界大勢所趨而此豚奴之誚歧視之情在在均形其羞辱至於不便工作油膩汚衣猶其小焉者也今數年來僕所獲之利益不過行李過關時洋員稍斂其蠻橫之氣火車購票時票房倘訛索大洋可以理折之不受其欺其次則西人之公園可以一涉足焉人力車夫兜攬坐客呼以大人焉至其種種妨害則有不可勝言者矣第一有革命黨之嫌疑倘一經旅行則

偵探見之如飢狼之攫食如餓犬之奔骨苦苦盤詰呶呶不休殊不知北京之炸彈安徽之刺客何一爲剪髮者所爲乎人果圖謀不軌正當混俗和光使人不覺安有標奇立異自安眼線者奈偵探諸君偏與無辮者爲難使無辮者不得其自由嗚呼危矣苦矣其次則閒行鄉野羣兒噪呼一切購買多索價值村犬遇之而狂吠小兒見之而驚啼至於官場尤相側目而其徽號則非毛子即洋鬼也其他妨碍倘難枚舉無怪知交中之剪辮者近且一一蓄留矣黨同伐異庸碌固然習俗移人賢者不免嗚呼開創之人物固稱爲破天荒哉

夜於車中無所見只有冷而已天明十一日七點後抵山海關出關後北面山巒層疊迤邐不斷至溝帮子換車東南行漸不見山數百里彌望斥鹵窪潦之地雖有隴畝之跡似久不耕種者倘經農學家研究想不至終此曠廢是在得人矣薄暮抵營口河極寬購票乘汽機渡船約一小時始達碼頭因稅關設此

故必須東西橫渡數里之遙也然則車站倘修於稅關對岸豈不便民利商乎此中情形非匆匆過客所得知不敢妄加議論登岸後停行李於愼記赴滙海樓西浪友人以馬車來迎赴東首青堆子友人處宿夜微雨

十二日七點後河干散步泥濘難行河中停泊火輪十數隻按營口本名沒溝營街長近二十里寬三五里人煙稠密商店繁盛爲東三省最要門戶近自日俄戰後日人來營者累萬盈千生意亦夥其間三大利權爲日人所經營者一飲水一電話一輕便鐵路午刻友約源記西浪飯後於愼記作大字聯極久頗足消遣也

十三日天明起同友出游沿大街西行直至西首天后宮未見一茶肆按中國各省風俗但有數十戶之小村落必有一茶社爲聚集地今營口以二十餘里之長街數十萬衆之人民竟無一茶肆實怪現相也天后宮前有一茶攤於彼

小坐聞一老人言該埠繁盛遠不及昔自輪船通行後中國帆船銳減十倍近自火車通行而三省運貨之五六套大車亦銳減十倍夫此十倍之車船養人幾何各人能否改業抑或失業不得而知嗚呼强存弱亡優勝劣敗念之令人心悸

入天后宮看碑訖乃南行東轉數里後遥見一圓式高亭行近聞咕嚕之聲遠達戶外乃清眞禮拜寺附設一小學堂也惟寺門高標新月式土爾其國旗夫回教入中國已千數百年久隸爲中國之氓今乃高懸土旗爲教門之標識乎爲種族之標識乎是不可不研究之一端也近午游歸飯後復應友人求作大字良久晡復出向東南隅游至土圍荒冷無所見

十四日嚴寒六時起乘馬車赴牛家屯日本車站（牛家屯一帶爲中國巡警不及之地聞每至夜分時有刼搶之事亦旅行者一害也）七時後開向東南

行漸入山環至大石橋停有時同車有日本小兒及幼女六七人背負書袋係由營口至此讀書者凡赴學之兒女搭車俱不索值大石橋車站極大一切房式建造皆日本風身行其間渾不知其爲彼爲此也由此折東北行午後三時抵奉天車站乃僱轎車沿輕便鐵軌行兩旁俱日本商鋪及旅館約數百家觀其景象似無甚生意者至西邊門有新建鐵栅一上書陪都重地四字入栅兩旁皆中國鋪戶大致極似北京景象間有一二日本商店栅門外北面爲新修之公園公園北爲各國領事館園基頗爲寬敞有新建大小數亭而所栽短松無逾三尺者當車馬奔馳之孔道旁黃塵如霧大失園亭幽雅之致似此構造不免有黃金虛牝之慨中國新政大都此公園類歟進城訪友舊雨數輩相見甚歡即約於海天春晚餐奉天自戰事後百物騰貴較津滬各埠尤昂聽鼓諸公雖月得數百金大有長安不易居之歎一友寓於旅館中房舍僅四五間頗

不便適月尚須出洋五十番餘可類推矣有絲房一項商店貨色極全俗謂上至綢緞下至葱蒜亦他處所未聞也晚主於城內友人家

十五日午後大風極冷偕友赴　北陵一伸瞻仰出邊門後北望大似北京德勝門外遙望黃寺景象行七八里近　陵一帶短樹叢茂周圍數里正面　宮門內有石象駝馬等對立而青松翠柏拔地參天鬱鬱蒼蒼極盤挐蒸蔚之盛進　宮門為方城中有　享殿城前門為三層樓極高峻城後門上為　聖祖仁皇帝御書　太宗文皇帝聖德碑碑甚高不能細辨字句此後則　陵寢矣城之四角有樓乃空無所有瞻眺既畢始歸進城後至女子師範學校晤呂梅生女士女士受聘來奉天講己逾二年女學生二百餘人彬彬頗有進步沾彼時雨坐我春風亦人生大樂事也陪都舊俗女子無纏足醜德無矮才陋[illegible]有女生皆長身健碩落落大方此為各省未有大強人意事也

奉天城周圍約十里共八門城內街作井字式東西南北每面二門俗呼以大小別之正面者則東大西小側面者則南大北小其實門式相同並無大小之別也城之中爲　大內舊將軍府在前街之左側府左爲新公署東三省總督駐節處也　大內正面爲　大清門前之東西栅門亦名爲東華西華側聞曾在　內供職者云　宮內正殿爲　通政殿東面爲　飛龍閣西面爲　翔鳳閣正殿後有最高之三層樓爲　龍鳳樓卽藏歷代　玉牒處也左右二小所爲東西兩宮再後則爲　神殿殿宇雖不崇閎而一切整齊且數百年來亦未損壞並聞飛龍翔鳳兩閣內收藏寶貴品物極多東閣內有　太宗御製天然鹿角椅極工巧其法係以鹿之頭骨處作椅背將角枝向下倒揷承以木座座心以籐編製極精細倚背之板嵌以硬木上有　純廟御製詩頌此椅惜其詞未傳也有大熊兩隻楦以稻草長約八尺爲乾隆時吉林將軍阿進呈至所藏

銅器大小尊彝之屬自三代以下有八百件之多紅綠鏽色斑駁古趣盎然爲外間不多經見之物至磁庫則爲樓七楹上下列置皆滿大小器件數千自明以下至乾隆爲止青花五彩淨地窰變皆近今稀有物也至西閣則有　純廟御用蟒袍一襲刺繡工細蟒身純以小珠嵌成平均無跡毫無損傷且未變色純廟御佩小刀兩柄柄以鑽石嵌成精緻整齊寶光射目意者或彼時西洋教士供奉　內廷者所製腰刀五柄各有名稱鐫於刀上其柄或青玉或白玉另鑲以五色寶石堆成花樣更有朝珠一挂通身皆係珍珠徑圓至三分之大佛頭則爲青金石背墜係一天然精圓珠大如拇指盔一頂黑地嵌以珍珠週有唐古忒字更有寶燒瓶一個高約七八寸白質豆青彩琢以花有乾坤交泰瓶一個製頗巧其瓶高亦七八寸式如長項罇瓶肚則以銀錠扣榍聯合能活動而不能分離提起由縫隙乃見其中更有極紅小瓶一個亦外間未有之物

也有雕漆小盒一個大約五寸玲瓏剔透色近黝暗至於字畫則自五代以下宋元明及國初諸名家極夥皆裹以錦囊貯以木匣上海近出之神洲國光集惜乎不能得此十之一且無此精品也各幅或有名人題跋或書恭進大臣姓名頂上皆有　御覽之寶至於美術像眞品中則無過於西清續鑑之所繪國朝各省制錢（如同福臨東江等字之錢）及三代以下泉幣刀布之類或錢面緣鏽間以紅癥或字跡模糊已經土蝕維妙維肖形狀逼眞閱者每疑爲眞品嵌入紙中者及以手捫之始知皆爲紙上所繪眞神乎技矣其他種種尙難徧舉

謹按我國自維新以來凡强國利民之舉無不步武西法舍短取長大之朝章法律文事武功小之器具房廬舟車服御近且設市場以興商務造公園以樂游人立習藝所以教養惰民拓種植園以研究農事獨至於博物之院美術之

館尙缺如焉夫我國爲四千年之古國開化獨早文物最盛直駕全球而上之今乃窳敗陳腐因陋就簡日形退步大有一落千丈之勢顧不大可哀乎夫欲使一國文明進步必先使人民有優美志趣高尙感情然後層累直上馴致富强今歐美諸强國無論矣即日本新進一島國凡通都大邑無不有博物院美術館之設爲化私爲公與民同樂法良意美爲益無窮今我國以無數寶物閟藏幽閉一任其塵封蠹飽消磨於無何有之鄉不惟淹沒靈秀使希世珍奇抱投暗之憾且使國民乏觀摩之益失競進之心閉其優美感情阻其高尙思想不寗惟是且使外人入國觀光者但見其窳陋不窺其精華輕藐之情旣生愛重之心何有在上者盍一審其利害得失亟效西法爲博物院之設乎

或曰所貴於寶物者識稀則品貴數見則不鮮且韞於櫝則倍形珍重炫於市則易惹禍災况以帝室之秘玩向市廛以雜陳不惟啓輕褻之端且恐致慢藏

之誨古人深意不可忽也曰惡是何言也試觀我中國古今收藏家不曰子孫永寶則曰不出戶庭夷考其實則不出戶庭者反多移於外國子孫永寶者未見延及三世其弊則在不以公而以私也今各國之典型具在成效昭然利害得失無待刺刺是望大有權力者以大公無我爲懷詳切奏陳請建設帝室博物館於通都大邑之軒敞爽適處將久秘不宣日就淩替之品物公之國人一國之寶物以一國之衆共賞鑒之共保護之既免監守自盜之虞復免湮沒不彰之憾一舉數得何樂而不爲哉

十七日早如常午同友江南春飯歸寓梅生女士來談近作詩章僕學殖荒陋俗塵八斗與似竹枯胸爲茅塞久矣女士去後因枯坐無聊乃勉强依韻塡砌四律姑附於此以博一笑

恥將屈宋作衙官作古從來我自歡落筆萬言匡時策揮戈一叱折衝鞍眼中

易涸千行淚胸次難平萬丈瀾獨有嶺松强人意孤高臘盡不知寒
傲骨從來不畏寒偶從邊塞試征鞍不經破壞難言治惟有殷憂始得歡豪傑
趨時同中酒英雄造世總因官競存優勝參天演擾擾徒興萬頃瀾
日新機局若翻瀾盲進勞勞擾百官不識民天事邦本可憐葛暑竟裘寒一家
哭切千家哭萬姓歡空數姓歡百度待興民智昧不堪愁思壓征鞍
興嗟髀肉久離鞍壯志而今未肯寒痛我何方奠磐石憐他平地起波瀾不圖
疇昔干戈忩遽易今朝槃敦歡豈計傷廉與傷惠但災無患且居官

十八日清早起偕柴君赴新車站回津友人挽留不忍遽別意極殷厚至堪銘感此次僕以病出游原無目的行雲流水隨地盤桓惟因柴君略有私務回津料理因念同出同歸亦免長途寂寞故與在奉友人更訂後約平原十日飲姑俟他日凡事以留有餘不盡爲佳此次興未盡而遽返者亦勉制僕粗豪之素

性從事含蓄意也開行後見河水已冰三五兒童於冰上嬉戲關外天氣早寒於此可見二等車中并未生火寒威凜冽中人欲僵至三等車則男女擁擠疊足而立致難轉側觀之使人氣悶夫天下事無比較則不能定其優劣論其是非今但論營口達奉天火車中日鐵路各一兩相比較則我中國相形見絀之情眞無國格矣試畧言之日本之車極潔淨中國之車極穢汚日本之車有煖筒中國之車有爐空設尙未生火日本三等客位多時即行添車中國三等客位待之不如猪狗何則比如人畜猪三十必備圈以容納之若添畜至五十斷不能仍用三十之圈令其互相踐踏必擴其圈地使之從容也今我火車售票無定數人加多而不添車不知多加一車於管理人有何損少加一車於管理人有何益也或曰去歲十一月十六日東車行至溝帮子時天寒風緊轉瞬間即凍斃四人如此凍斃行旅已非一次僕乃詢問凍斃者作何處置曰不過搭

於站旁次日掩埋而已又何處置之有嗚呼人以貧窮始出外謀生乃消息隔絕落得無名男子因凍身死八字可憐凍斃車中骨未必非春閨夢裏人念之爲悲痛不勝也雖然僕因此乃更有所悟今三等車中雖十分擁擠而不加車者想正官長仁慈之懷令其相偎取煖或不至時有凍斃之事歟嗟嗟中國人命之賤大地所無於乘船則如彼於乘車又如此抑或官長乃代天行道以遏人滿之患以節生齒之繁耶嗚呼非吾淺識者所得知矣

車中與客閒談客乃津人久商於營奉間者告僕曰中日兩國火車之優劣幾於事事懸殊搭中國車除頭等客位少得自由外餘者皆處於奴隸地位即如票房之訛索（車價零數不應索大洋而硬行使客出大洋任彼找還不按市價僕於各站屢見之心爲不平乃見票房貼有告示其中有搭客多方取巧及格外體恤等字樣嗚呼以貧搭車乃受此等體恤長官知乎不知乎忌諱直言

之國其效果乃如此）查票之呼斥三等車中踐人而過到站不宣告地名向車守問話不以禮回答其他瑣碎諸端不能盡述至日本之車則不然無論何等搭客彼輩皆以商賈之道相待非若中國以官長面孔相臨也且尤可異者日本之售票房專收日本國幣中國之售票者中國之錢反多挑剔不收若裝運貨物則更不同凡由營至奉從中國車運貨者至溝帮子則有稅由日本車則無稅中國車不惟有稅且抑勒阻難袖中暗遞之物非滿掛鈎者之意則不能速行也凡此種種中國官長知乎不知乎若不知而一任其腐敗則有曠職守難逃失察之咎若知而故縱則其罪不容誅其心不可問是直狼狽爲奸爲叢驅雀蠹國殃民之尤也嗚呼國之興衰强弱豈有他繆巧哉一則實事求是奉公守法一則因循敷衍蔑理循私云爾僕聞其言頗中肯綮非妄爲訕謗者比因發公德心爲附錄於此倘言者無罪聞者足警使賢長官得藉以整頓萬

一乎則不枉僕此次冒冷衝寒采風問俗意矣

由我國火車之不及外人乃更憶及郵局僕在津於初六日早致奉天一函爲告友人於初八日晚車迎接眷屬之事詎意此函至十三日晚始達又於十三日早七點前在營口總局門外郵筒親置一函致奉天囑友人十四日晚車相接至十五日午後始達又於奉天十四日午前置郵筒致本城一函至十六日午後始達以此三事質之居奉天友人友人乃責僕曰君係自取煩惱也倘有要信何不送之日本郵局日本郵局既速且妥從無悞事者嗚呼人欲愛國難乎其爲愛矣欲推廣郵政收回利權者其聽諸

由郵政而推及電報由電報而推及銀行莫不條條相反大相逕庭僕亦不暇一一絮聒徒招嫌忌矣總之中外政治之異點於根源處逈不相謀一則用人行政量才稱能顧惜輿論自不得不以國利民福爲目的一則用人行政情面

賄賂不恤人言量資本之多寡視情面之輕重以爲相當之補償而謀求得遂者既欲收還血本復欲優獲子金所以剝商困民孳孳其不足者亦勢使然也商剝民困累及全局國於何利當權者豈盡彝良滅絕毫不省識必誤國殃民而後快乎然頽波既墮跌宕掀翻竟不自主於無可如何之中利害兩權莫已爲切此所以倒行逆施趁火打刼者之多也笑罵由他好官自做尚不失爲識時俊傑何樂而不爲乎嗚呼一國而演成此鬼蜮世界人人自私同羣相賊欲競勝列強生存大地也得乎使愛國憂群之士直無涕可揮矣（日本電報價值之廉不啻倍蓰日本之銀紙大小各幣到處一律流行中國之銀紙各幣則滯累困難言不勝言且大小洋之折兌漲撥一出一入喫虧極鉅不知何年我商民始脫其苦也噫）

或曰子於官長之苦心孤詣德政善法曾不一加頌揚而專毛舉細瑣妄事攻

排雖曰志在警奸貪而恤困苦得毋詆毀過當乎且天下事旁觀者每不諳當局之苦言之匪艱行之惟艱也

僕乃答之曰天下事無比較則不能分其優劣僕固先言之矣非若俗語所云長他人威風滅自己銳氣甘心作虎倀爲狐媚也且凡身經關外者倘非豚魚之愚誰不知利弊優劣之誰屬所不知者惟我貴官長者而已尤可怪者在他人則近悅遠來稱頌不已在我國則咨嗟怨歎怒不敢言凡稍具前識之明者能不驚心怵目思傾萬斛熱血爲滌刷此莫大之汚點乎此有心人所以不能已於言者豈有他哉

僕此次游於營口者不過二日游於奉天者不過三日所見聞者不過什一於千百已有如許可傷心可痛哭者倘知而不言則天良有所不忍但言之無濟則罪不在我過有攸歸至舍大言小不嫌瑣碎者亦自有說夫國家政治之犖

五十九

犖大者遠慮深謀或爲吾小民知識所不及或爲吾小民利害未躬親遽加論斷每有隔膜誤會之譏今耳觸目接躬與膚受瑣碎諸端既爲個人利害之所繫且爲長官聰明所難周故聊一敷陳冀或得進步改良民受其賜古人云不矜細行終累大德凡事勿以善小而不爲火然泉達徐事擴充則弊除利興自蔚爲治化之盛矣諸公識此意亦知僕之呶呶不休者出於公而非出於私尚望當道諸公絕其私而布其公則國民幸福邦基鞏固吾之天職於是乎亦云盡矣

是日午間於二等車中尚不十分寒冷憑窗領略風景憂悶暫忘殘柳未彫遠山欲睡因憶及鍾味蘊子爵（鍾公名祺庚子全家殉難）甲午歲關外諸詩頗能寫其胸臆爲低徊吟誦者久之撫今追昔感慨流連不知其爲悲爲憤也因附數詩於此以公同賞

馬首重迴意惘然天經地義豈空談名揚帝里身難隱生入邊疆死亦甘氷雪四山寒且滑輪蹄千里再而三先鋒殉節元戎貶赴敵彌敎義憤含

入出榆關馬不停鷄聲茅店幾番聽亂沙碎石來邊水秋柳斜陽過廣甯旅雁叫殘新月白寒鴉飛入亂山青春明　恩遇渾如昨蓦憶　蕉園涕欲零

馳驅千里飽風霜地角天涯問舊防旅跡眞敎邊地盡憂懷直共海天長賢才在野時誰補險要無人事可傷立馬金山形勝地不堪民物久荒凉

軍營秋色兩蕭條恢復佳音久寂寥君辱甯敎臣不死飯餘只有恨難消

熊岳南來氣候溫亂山滄海杳無垠停鞭忽聽村氓語如此巖疆坐付人

峰頭石立宛愁顏訪古揮鞭客思閒苦戰連年成浩刼世間多少望兒山

車次錦州停時晷長見二三等客座紛購食物關外一帶沿站所售燒鷄頗肥美作金黃色價亦不昂每隻約洋兩角有零惟售茶水者頗覺欺人以薄淡之

六十

半開水一碗即索十文之銅元一枚因二三等客車概不備客飲水（日本車則有飲水）人皆乾喝至站時紛爭購飲倉卒未遍及而車已開行不意行路難至今猶爲中國絕唱也

於錦州車站見一友人面目頗熟惜忘其姓字因向之探詢該處新政光景友人乃指陳利弊侃侃如數家珍言近有一線光明倘經引伸類長毅力實行堪爲國利民福惟中國歷來官事有才志者權力不屬有權力者才志不及所以遇合之難千古同慨也比者有金錫侯君名梁者以官京師不得志鬱鬱適茲土蒙菊帥賞識俾知旗務昨派來錦調查一切以爲新政入手公之來此不十數日挈領提綱有條不紊計分調查事爲八項一土地二戶口三營制四財政五生計六教育七政俗八歷史

計分整頓事爲五條一旗務變通二官制改併三兵丁安置四地畝整理五款

項清查
計各事臚列十六表一調查總表二各城統轄表三地畝表四旗倉徵收錢糧表五戶口表六官兵原額及曠缺表七官兵俸餉地畝數目表八兵餉實數表九官兵隨缺地租詳數表十額外款項數目表十一副都統協領正雜各項進款表十二副都統協領掌管事宜表十三承辦差員事務款項表十四學堂表十五旗務變通辦法表十六副都統裁缺交代事宜表以上皆調查所得倂清出現欵及每年餘款各二萬餘金擬移作整頓旗務籌辦生計之用此皆化私爲公不動正欵者也倘再清查地畝將歷年積弊一律剔淨則所籌出者倘可十倍以此練兵興學設工廠興農業其爲利不亦大乎錦州試辦果收其效他處踵而行之又豈僅三省蒙福而已哉僕聞之未加可否謹爲嘿記其說緣與金公叨屬知交倘從而揄揚之恐蹈附會標榜之誚夫我國由立憲預備之發

六十一

表自當首及滿漢消融之問題顧消融滿漢則非裁旗不爲功以旗人二百餘年盡服兵義務不准謀事他項生產數百萬素無營業之人一旦口糧遽裁將嗷嗷其何待哺此籌畫八旗生計之大問題生焉但茲事體大久無妥適之謀畫雖曩者延君錫九之條陳羅羅井井切實可行然久之闃然無聞想當權諸公繁劇旁午於此重大之件未敢輕易解決也今以金公之大才細心卓識毅力倘得於彼久安其位盡展其抱負迨成績昭然各省倣辦所關於中國前途者詎小補哉僕喜極故不嫌其詞費爲附識於此

過錦州後無甚可紀迨日薄崦嵫朔風料峭同車之人皆寒噤畏縮有如蟄蟲更有一七十餘之老人涕泗長垂僵偃欲死見之令人酸惻僕乃憤然向車守詰問既設火爐何不生火然則此項煤炭皆爲爾應得之陋規而轉售之耶車守乃亦忿然向僕曰吾亦願生火也但此項煤炭由何處領取君勿妄事挑剔

少安勿躁可也僕殊不解其語往時冬季搭車實見有火然則今日或爲時尚早猶未發煤耶絕不至有無處領煤之理入夜一燈如豆燐燐似鬼火且無燈不漏人行其下每致汚衣至二等車中黑暗尤甚八時抵山海關寓於同豐棧

十九日早進城一游午乘轎車赴南海經日本兵營衆兵正在修路從事鍬畚極爲踴躍過此後邱垤高下樹木扶疏曲折盤旋頗饒幽趣數里中高柳長楊遮避天日聞皆前葉志超軍門駐紮時所植也少時過法國兵營兵亦修路按兵丁無事修路既便行人亦勞則思善之一端也再南爲德國兵營刻下已交還中國闃寂無人但餘數行鉛房而已抵海邊萬里長城盡頭處爲英國兵營但有印度兵數十駐守該處基址頗高原爲澄海樓樓已傾圮前面有海關安設之燈杆夜間懸燈以爲航海者標的高基上有　純廟御製詩碑半就剝蝕更有　成廟與大臣聯句詩兩碑一爲祁寯藻書一爲姚文田書皆傾倒瓦礫

中台下一碑欵立有天開海岳四大字石面糢糊無年月姓字可考然審其字勢似不甚古或明時物也台下少西一巨石俗呼爲老龍頭東望海岸水中一石矗起如塔俗傳爲姜女墳台上瞻眺良久天風浪浪海山蒼蒼大有超然物外之致台下正西爲龍王廟已一片瓦礫矣再西一廟爲海神廟係乾隆時敕建有乾隆　御製詩殿中神像一無所存爲庚子聯軍駐紮時銷毀院內傍牆平列二碑係鮑春霆所書一曰北燕傳五桂一曰西蜀有三蘇句既平泛字亦俗劣不知何所取意也再西半里許則爲天后宮此廟雖爲民建然頗得形勢基址高約二丈以上由東面入門升階爲院落一所正殿三楹東西配殿各三楹前面一廳四周繞以石欄樹木周匝茂密再升階數層又一院落爲正殿三楹東西配殿各三楹前一牌坊高聳此乃廟之主殿也一切神像亦淨盡無存已作西人消夏處西面一抱厦頗得勢繚以短垣俯臨清溪澄澈見底游鱗

可數大有濠梁妙趣僕乃左瞻右眺逸興遄飛流連不忍遽去山海關之勝景固在[illegible]海而南海一帶則以天后宮爲最勝處天后宮基址既高負山面海頗利眺遠而其尤得勢者爲廟中西面之抱廈憑臨一望北則峯巒層疊極峨嵯崇峻之觀西則遠山隱隱起伏迴環作拱抱之狀而東南縱目則碧海接天蒼波無際洋洋乎大觀也百尺欄杆橫海立一生襟抱與天開兩句堪以題贈況是日天氣極爲晶朗嵐光海氣融合蕩漾滌魄怡魂身置其間洵有浩浩淩空飄飄欲仙之概斯時也僕塵襟頓洗俗慮全消海鶴閒鷗頗將終老不復問人間事矣已而夕陽在山淡霞照水蒼茫暮色漸幕眼簾不得已回首歸途北面白雲如帶斜繫山腰知爲城市晚炊餘煙結成匹練以娛歸客也無何冷雀投林啾啁作響時見三五村人或驅犢作謳或荷鍤長嘯相與穿林渡澗而歸回棧後飯罷旋臥睡極酣穩

二十日早七鐘後搭火車行數刻至湯河下換乘閘平火車至秦王島安頓行李後至海邊游眺見由岸上作兩碼頭伸入海中甚長大沽封凍後最便之碼頭也旋登小山至海關所設燈杆下坐眺山作紅色草木不生而三五洋式房舍迤邐相間皆西人避暑處惜是日風作天色將變無甚可觀惟有驚濤拍岸而已迴憶庚子新春由此履冰登舟南下時景況已有天淵之別移時歸秦王島街市一遊該街面積周圍不止十里然皆散漫疏落作蕭條狀商店雖亦不少皆冷閉無生意因向一茶肆坐聽村人談此次　玉牒經過時縣中徵索差徭大有鷄犬不安之勢各舖戶挨家征收多者一元少者數角農民則以地畝計算尤可異者不論商民凡見其家有水缸桌凳杉槁之類皆以紙條貼記云備　皇差之用且尤可怪者凡見冢大樹不亦從而貼記意若將伐以待用者民人懼則出資以了合之亦非必爲砍伐倘有恩德也並聞該村有某傳籍差

人則勒令出土胚二千運送山海關備用然此等土胚若以大車運送數十里凸凹之路不免盡成虀粉若從火車運送則爲費甚大不如向山海關就近購辦之爲愈也卒之亦蒙差役寬免折錢以去僕生長京師從不解差徭之事前聞此次恭送　玉牒大典由火車行一免向年之繁擾不圖臨榆一縣所屬各村卒土報効竟至此極此爲長官所命乎抑爲差役假端勒索乎不可得而知也或沿路各州縣皆如此乎抑獨臨榆一縣如此乎是亦不可得而知也姑附記於此以闕疑

二十一日五更即起搭秦王島火車至湯河昨日午後兩次向秦王島車站詢今早開車時刻據該站售票房以薄怒不耐之面孔答曰明早無車開行後訪之他人始知每早俱有車開但須早爲等候而已嗚呼中國鐵路執事各人何其一道同風若此豈其德慧智術一脈相傳演成此派乎八點後換通車近暮

抵津車中無事以泰西名家小說自遣時行囊中携有賊史一部讀之不覺將
僕素日之憤悶牢騷一時牽起茲節錄畏廬先生該書小序數言即作僕此次
旅行記之結束云

英倫百年前庶政之窳無異中國特水師強耳迭更司極力抉摘下等社會
之積弊作爲小說俾政府知而改之此書專叙積賊意在卑田育嬰各院之
不善而司其事者又實爲製賊之機器竊物爲賊竊國家公欵亦爲賊而竊
欵之賊即辦賊之人英之執政轉信任之直云以巨賊管小賊可耳

又云顧英之强能改革而從善也吾華從而改之亦正易易所恨無迭更司
其人舉社會中積弊著爲小說用告當事耳

附演說三段

到底是氣數不是呢

我們中國是何等的國呀豈不是自命爲天朝的麽豈不是自稱爲禮義之邦的麽論起來開化最早人民最多而且是地大物博在世界上固然是無比的了也不怪如此的自尊自大然而到了今日之下光景是怎麽樣了呢簡直的在世界上成了一個活受罪的國了論起財政來是窮的要死論起武備來是輭弱已極論起人民的程度來是愚蠢頑固台沒開化的野人也差不了多少你說這些個緣故果然因爲什麽呢這些個病根子果然坐在那裏呢說到這裏凡是稍有點知識的人總能說出幾條緣故來或是說王道不行人心不古所以凡事都是有名無實欺飾詐僞或是說君權不尊大小臣工都沒有警懼的心所以凡事總是因循敷衍毫無振作然而最估多數兒的說法又總是出

不了氣數兩個字所以常看見老先生們坐在一處就唉聲歎氣的說拉盛極必衰亂極必治這是天運循環氣數一定的呀人有什麽法子呢天塌砸衆人在數的難逃阿然而以上的這幾樣講章兒也不是毫無道理也不是毫無閱歷究竟總沒說到根源上若說是聖道不行你看歷代的尊敬孔子是有加無已到了近來更把孔子升入大祀已然是尊如天帝了這還算聖道不行麽有人又說拉把孔子升入大祀這並不是聖道大行阿這不過是用外面的虛禮尊敬孔子那怎麽算遵行聖道呢倘或能夠尊經重禮按着聖人所說的話一條一條的實行那早已就一德同風化行俗美三代之盛何難再見於今日呢嗳呀在下聽了這樣的議論也不知道有幾千百次拉我那原有的辯論也不是三言五語能說得盡的比方要把這一層說清楚了至少也要費幾萬句話如今我剪斷節說先請問衆位能孔子之道自漢唐宋明以來沒有不推尊誦

法的然而在漢唐宋明以來那一個時代算是如日中天最盛行的時候呢縱然有一時的小治小安然而終沒有到了大同極盛的時代不用說大同極盛就是說國家果能得了百十年的太平人民果能享了百十年的幸福恐怕廿四史上也沒有罷何況到了如今亂七八糟的時代風俗越加澆薄人心越加詭詐自泰西各種的學說灌入了中國然後纔知道中國數千年來所最寶貴尊崇如金科玉律的經書其中的瑕瑜互見罅漏百出不加變通敢則有點行不下去了衆位乍聽見我這些狂言亂語恐怕不免說我是侮聖無法大逆不道罷然而這個眞理是久而愈明的衆位若肯虛心請把新政眞詮那部書裏論經書的那些條細細的參酌參酌或者也可以明白眞是眞非了

無奈平常的人總是以先入爲主絕不肯虛下心去討論況且又加上護短自是的毛病瞎在皮毛上爭閑氣從來少有在是非利害的實際上考較的我們

六十六

中國數千年中明明的受了這政教的累了還是絕不肯認帳這也是把則先法古的教道輸入了遺傳性了人人不但絕不敢破除舊套而且是執迷不悟雖受了什麼樣的困苦也是至死不悔你說可憐不可憐呢及至到了十分下不去的時候沒得可說了這就歸咎到氣數天意上去了絕不懂得改絃更張舍短取長研究一個是非究竟至於說君權不尊這句話據在下看簡直的是喪心病狂直不懂得天地生人的原理了中國自一統專制家天下的制度興出來幾千年中總是愁雲慘霧的時候多光天化日的時候少了而且最似是而非最假公濟私的莫過於以孝治天下這句話了如今我還句話一說出來輭弱的人聽見是掩耳却走强橫的人聽見是冲口痛罵平和的人也說你眞是大逆不道目無法紀已極了古聖先賢傳下來的天經地義你敢信口侮毁麼在下說且慢且慢你不用拿聖經賢傳的道理責備我我也不必引證已過

的歷史細講那利害是非如今就拿眼前說罷我們數千年的禮義之邦最講綱常道德的一個國君臣之間的感情是怎麽樣官民之間的感情是怎麽樣人民與人民的感情是怎麽樣爲君的自稱是宵旰憂勞爲臣的自稱是鞠躬盡瘁爲民的自稱是奉公守法既然這麽樣就該當國富民强日有進步爲何如今反而降到三等野蠻國裏去呢這不是一件奇怪的事麽總而言之我們國裏自數千年來就是專尚浮文不講眞理專重虛禮不講實際不論什麽事只要說得好聽就完了到了今日之下擠得萬難了逼得無法了政治不得不變了法律不得不改了想不到那會巴結的還要遞個條陳說臣留學外國多年深明其中的利弊中國是數千年的禮義之邦外國到如今連禮部還沒有設呢在上的還要說我們中國最以倫常爲重修改法律不可不加小心這樣看起來外國既沒有禮部又不講倫常雖然一時的僥倖得了强盛終究是夷

狄野蠻總常久不了阿噯呀話雖是這樣說你也不過快活快活嘴罷了你可
那裏知道現在的上天也不公道了也是欺軟怕硬不保護那講禮義的人專
寵愛那講强盛的人了這可有什麽法子呢我老實再告訴你幾句正經的罷
你也不用說氣數不氣數你可聽見說過順天者存逆天者亡這兩句話麽你
還聽見說過皇天無親惟德是輔這兩句話麽你們該當把心眼裏的油朦去
一去也巴結巴結上天衜着他心眼做一做順着天心治天下比以孝治天下
强的遠了以孝治天下究竟還是人的意思那裏頭總不免了夾雜着偏情私
慾總不免輕重失宜是非顚倒輕重失宜是非顚倒也不要緊無奈一國的萬
民可就跟着受了苦了有人說上天的意思我們怎麽能知道呢怎麽纔算順
着他呢我可以引出書上兩句話告訴你就是天視自我民視天聽自我民聽

不是氣數是什麽呢

前面我勞叨了一段很長的白話什麼重聖道拉尊君權拉以孝治天下拉許多的人總不明白我是什麼意思更有許多的人說我是非聖無法狂言亂道他說古聖先賢制禮定法都有深意總爲的是維持綱常名教定秩序保治安那一番因時制宜的苦心豈是率意而行信口而講的呢後生小子淺見薄識妄加批評豈不是悖逆狂妄自取罪戾麼我聽見這一派的大義責備我也不能不加思索思索無奈我們中國現今的這些個說法在我想是專爲箝制人口用的絕不是爲折服人心用的而且更不是爲講是非利害用的我本不是讀書的人你不用合我講那些字義偺們還是在是非利害上說罷什麼爲是呢我說有利者就爲是什麼爲非呢我說有害者就爲非我們中國不講眞利害專爭虛是非也不是一天了到了今日之下萬國交通優勝劣敗强存弱亡的道理是不能再含混的了眞是立竿見影眼裏揷棒槌也沒有什麼深奧難

懂的理但則不是十分蠢頑的人沒有不能明白的無奈越是我們那大老先生博學鴻儒他越相反的烈害這是什麼緣故呢你說這不是食古不化中了書毒了麼然而絕不是書悞了他實在是他悞了書了現在也沒有工夫千言萬語的辯論那古今的是非我但請良心未死的衆位平心靜氣的思想思想我們如今是什麼時代拿我們中國各樣的事合西國各樣的事比較比較誰好誰歹這是顯而易見的爲什麼我們還是硬昧着良心說話咬定了我們是對呢有人說我們論起理來是遠勝過西洋的不過論一切的作爲我們不及西洋罷了嗳呀這話眞奇了一切的作爲不是都從理論上發出來的麼豈有源清流濁本剝枝盛的理呢總而言之我們雖然浮面上瞎說預備立憲內容上絕不肯破除那入骨的霉毒依然按着那家天下絕對專制的作爲不過自速其亡罷了論些個空綱常講些個假道德又什麼以孝治天下那是白饒阿

你若說我這些話是大逆不道請你看孟子已經說過了君之視臣如土芥則臣視君如寇仇又云民為貴社稷次之君為輕更有古人說的以一人治天下非以天下奉一人難道這都是大逆不道麼唷到了今日之下科學大明危亡的萬分我們還是守定了請鐵牌祭黃木救護日月蝕焚衣冠燒法船講風水堂堂的一個國這還算最重要的典禮怎麼不叫人笑的肚子疼呢我說這些話實在是眞忠君實在是眞愛國絕不是目無法紀絕不敢輕君侮上因為我也是國民的一分子若不說明了眞理隨在這裏頭作亡國的僇民眞是寃枉至極了再者不是這些事都關乎國的存亡然而這些個陋俗蠻風絕不肯稍改那別的事情也就可想而知了

孝悌探險錄

我有一個老友他在二十年前作了一部小說大概名字叫澆愁集罷那書中

有一段因循島詳細的情形我是記不甚清楚了大概在那島裏做官的都是狼專以朘削民的脂膏爲事更加是賄賂公行逢迎諂媚草菅人命假公濟私除此以外自上至下不過迷迷糊糊的鬼混而已而且凡是貴官長者不是無懷民就是長樂老整天的喫歡玩樂猖嫖狂賭鬧個不休後來怎麼樣的結果我也忘記了大概總是仗着祖上的德厚又因爲風水佔的好人人又知道推八字講相法故此化凶爲吉轉危爲安一天比一天的强盛起來了後來各國沒有不懷德畏威的居然成了一個世界上富强的大國你說這不是氣數應該麽不意昨天我在外頭閒游走到一個完德巷看見有一個固本齋他是專賣各種國粹的小說並且有告白一段說我這小說總都是講些個忠孝綱常最是維持名教的我看了就很納悶心裏自想如今不是人人都講維新了麽講維新的人是最恨忠孝綱常的他這些個書怎麼能消售呢我一邊想着就

信手拿了幾本看看看見那些個名目也有𠮟愚忠報國的也有𠮟癡孝感天的也有𠮟什麼三綱精義的也有𠮟什麼禮威三千詳註的也有𠮟制梃記的也有𠮟發塚緣的五光十色眞是美不勝收到了末後看見一本裝潢的光彩陸離拿綿繡包裹着十分的珍重上面金幌幌的五個大字寫的是孝悌探險錄我因爲這個名字很奇就把裏頭的節目看一遍原來是有一位富貴少年天性忠厚素日並沒出過門專是在家讀書有一天被衆人舉了他作一個最大的船上一個船主同船的水手們都是些個七老八十的大儒這一天要往南極探險看見風順就放洋入了大海一帆風順船頭激水如箭之速少時間狂風大起船身搖蕩的危急萬分這時候船主的母親就發命說拉今天的午餐沒有什麼鮮味聽說這海中的大魚非常的肥美你何妨停船撒一網呢船主本是天性純孝不敢違背立刻就要打魚這時候船主的弟兄又說拉竟有

七十一

魚沒有別的菜蔬也不好下飯方纔走過來的數十里內我見那海帶菜十分的茂盛你何妨轉回船去採一點呢船主又是天性友愛豈肯違背故此又即行轉舵這船裏頭有幾個第十六等的水手位分雖是卑賤到底是走過多次海的看見遇了這樣的浪不把住了舵往前直行還這樣來往的亂鬧這不是不要命了麽故此就捨命的上前攔阻船主大怒說你們這些賤人不明大義我是以孝悌涉波濤憑綱常通南極雖是船翻命喪我也是對得起古聖先賢的我倘若但圖那船的速快順利不顧親長弟兄的情意豈不是作了名教的罪人麽